「多様な働き方」を実現する役割等級人事制度

制度設計のポイントを中小企業の事例で解説

改訂版

西村 聡・山岡美由紀・三ツ星通代［著］

日本法令®

改訂にあたって

初版から６年、この間、新型コロナウィルスの影響によって社会経済は大きく変化してしまいました。巷では「コロナによって社会はグレートリセットされる」、そして「これからはSDGSだ」と耳触りの良い言葉が飛び交っているものの、現実には世界各国で所得格差は拡大し、雇用調整によって非正規社員が職を失い、日本においてはさらにジニ係数が悪化する一方です。この意味では、初版を発行した時と比べ状況が好転しているとはとても思えません。

また、コロナ前から所得格差の解消を目指した日本型同一労働同一賃金が叫ばれてきたものの、一部派遣社員の平均所得がやや向上しただけで終わっており、非正規雇用労働者、定年再雇用者の処遇格差がどう是正されるかについては今後の判決を待たないと未だに方向性が見えない状況です。むしろ、逆行しているのではないかと思えるほど、資格身分を温存し、年次管理、年功賃金が支給される公務員、そして正社員による王国がさらに強固なものとして築かれているようにすら思えます。

そこに近年、「ジョブ型」「メンバーシップ型」という二元論的概念が世の中を大混乱させています。そもそも、解雇規制の緩和の議論の中で出現した概念ですが、この中で、欧米の雇用制度（ジョブ型）への批判として、アメリカの制度における解雇を強調したり、また日本の中小企業を見下したような評論家的な論調にうんざりします。

日本では過去から職務等級制度を導入、運用している企業が少なからず存在し、日本的に職務重視の人事制度を終身雇用の中で実現しています。また、多くの中小企業は、新卒採用が難しく、これまでのキャリアを活かそうとする中途採用者が多く、職務給に適しています。そして、職務等級制度を導入したというだけで解雇が問題になったことはありません。ここが日本であるかぎり、この国の今の判例や労働慣行の上に成り立つ制度でしかなく、全ては日本型にしかなり得ません。そのうえ、組織における職務構造や賃金形態の問題、そして「無限定だから解雇できない」という雇用慣行の問題を混在させた議論は混乱を招くだけです。

一方で、メンバーシップ型を良しとする識者の中には、「解雇が難しいことをメリットとして、日本的、段階的な人材育成方法を活すべし」と説く方がいますが、そもそも戦略に連動した職責を明確にできていない以上、保有能力と職務が連動していないため、どんなに高い能力を養成していても結果を出すことは不可能です。これが職能資格制度やバブル経済崩壊以降に導入された職能給と役割給のハイブリッド型制度が機能しなかった重大な要因であることを未だに気づいていないようです。

これによく似た議論として、「ジョブ型は成果主義だ」、「いや、成果主義でない」という議論についても、理解に苦しみます。これは、成果主義へのヒステリックな反応としか思えないのです。どのような制度であっても仕事とは、戦略的に導かれた職責を果たすことであり、結果を求められているのです。結果とそれを実現する過程（行動）をあわせて成果というのであって、職能資格制度であっても職務遂行能力の保有度だけでなく、業績（成績）評価をしているのはそのためです。しかし、労働生産性が1996年以降、ほぼ向上していないことを考えれば、その結果はすでに証明されています（もっと以前から職務と人事管理に対する考え方が根本的に間違っていたとしかいいようがありません）。

もう言葉遊びは止めて、日本の労働生産性を上げるために、これまでの日本の雇用管理システムで足りないものは何かを早く気づくべきです。

ただここで、ジョブ型人事あるいは職務記述書を導入すれば、組織が目指すべき成果が出るという論法はあまりに安直です。職務分析や職務設計についてはほぼ述べることなく、相変わらず容易な職務記述書の作成方法や神学論争的な人材マネジメント論に終始しており、これでは2000年前後に吹き荒れた欧米型人事制度を成果主義として猛反発した議論と同じで、過ちを繰り返すだけです。

筆者は、雇用管理システムにおいてその基準を職務にするか、職能にするかにかかわらず、職務（特に、職責）を軽んじたシステムでは、組織成果は期待できないと、これまで一貫して訴え続けてきました。これは長年、現場革新と人事管理のコンサルティングを、職務分析や業務分析を中心に、会社規模に関係なく多くの企業で理論的に実践してきたことの結論といえます。

そして、今後ますます少子高齢化が進み生産年齢人口が減少していく中で、労働生産性の向上を目指した働き方改革をアフターコロナ以降の成長戦略においても引き続き強力に推進されなければ、日本経済は本当に衰退していくでしょう。すでに労働生産性において2021年は37位まで転落してしまいました。このような中だからこそ、無責任な正社員目線で「いずれ落ち着くところに落ち着くだろう」や「低所得だから共働きせざるを得ず、必然的にワークライフバランスが進む」というような消極的な態度ではなく、所得が増加するような働き方を追求すると同時に、個々の多様性や生き方を認め合いながら働ける制度を構築していくことで、労使（企業)、社会が豊かになるよう多様な働き方の実現をしていくべきだと考えます。

本書では、初版以降に変化した社会経済の動向と経済および労働政策を踏まえた事例を第3章に追加、充実させました。これらの事例を通して職務分析、職務設計、職務評価そしてこれに連動した賃金のあり方について、事例を通してご理解いただければ幸いです。

最後になりましたが、本書の改訂のためにご尽力いただきました㈱日本法令取締役岩倉春光氏、そしてともに取り組んでいただいた山岡美由紀社会保険労務士事務所山岡美由紀先生、今回から著者として加わっていただいた社会保険労務士みつぼし事務所三ツ星通代先生に対して心よりお礼申し上げます。

令和4年7月

西村　聡

※　本書では、「正社員」とは、期間を特に限定せず定年まで契約を結ぶ雇用形態をいい、「限定正社員」とは、労働契約期間は正社員と同じですが、勤務地、職務、勤務時間などを限定し契約を結ぶ雇用形態で、別称「ジョブ型正社員」ともいいます。正社員、非正規社員とも、法律によって定義づけされていませんが、一般的には、契約社員やパートタイマー、アルバイト、派遣社員のように期間を定めた雇用契約により、正規社員と比べて短い時間で働く社員をいいます。

Contents

第1章　多様な働き方が求められる背景

Ⅰ　日本の雇用慣行とその問題点 …… 2

Ⅱ　雇用形態の多様化とその取組み …… 3

1　多様な雇用形態に関する最近の法制化／3
2　多様な雇用形態の推進を阻む制度と雇用慣行／4

Ⅲ　少子高齢化をめぐる問題 …… 6

1　少子高齢化社会と離職問題／6
2　高齢者再雇用の課題／8

Ⅳ　女性の労働力をめぐる問題 …… 11

1　女性の働き方と離職問題／11
2　女性の活躍促進と経済効果／13
3　女性差別と同一労働同一賃金／16

Ⅴ　ワークライフバランスが生み出したもの …… 18

1　長時間労働と出生率／18
2　ワークライフバランスの誤謬／20
3　共働きの増加と働き方改革／20
4　治療と仕事の両立支援／22
5　多様性を活かす経営と職務分析の必要性／23

Ⅵ　自律した人材を育成することの重要性 …… 25

Ⅶ　労働市場の流動化と多様な働き方の必要性 …………… 27

第2章　多様な働き方を実現するための役割等級人事制度の構築理論

Ⅰ「役割」とは何か …………… 30
1　これまでの人事制度が引き起こした職場の実態／30
2　日本企業がようやく気づき始めた「役割」の重要性／32

Ⅱ　同一労働同一賃金の法制化と職能等級資格制度の矛盾 …………… 34

Ⅲ　役割等級人事制度の概要 …………… 37
1　役割等級人事制度の全体像／37
2　役割等級人事制度で重視する4つの行動（仕事）／38
3　役割等級人事制度構築の流れ／41
4　役割等級人事制度構築・導入までの詳細ステップ／42
5　職務調査から役割基準書作成までの流れ／48
6　プロセス展開表の作成／50

Ⅳ　新たな業務と役割行動 …………… 59
1　新たな業務、役割行動の検討／59
2　特性要因図の書き方／61
3　系統図の書き方／63

Ⅴ　プロセス展開表の作成効果および留意点 …………… 68

Ⅵ　職務分析（記述法）の理解 …………… 70
1　職務分析とは／70

2　職務分析の方法／70
3　職務分析と役割（職務）評価／73

Ⅶ　多様な働き方を実現するための役割（職務）編成と業務分析・業務量調査の手法と進め方 …… 74
1　役割（職務）編成する際の視点／74
2　プロセス展開表を活用した業務分析・業務量調査の手法と進め方／75
3　短時間正社員の役割（職務）編成／78

Ⅷ　多様な働き方と役割給 …… 81
1　役割と賃金／81
2　同一労働同一賃金（役割給）を実現するための課題／82

Ⅸ　賃金格差をめぐる問題 …… 83
1　正社員と非正規社員の賃金格差に関する法原理／83
2　正社員と限定社員、非正規社員との賃金格差の納得性／84
3　正社員と非正規社員の賃金格差に関する判例／86
4　同一労働同一賃金原則の例外となる合理的な理由／91
5　処遇格差を付けるうえでの留意点／92

Ⅹ　短時間正社員の賞与および退職金 …… 93
1　賞与の算定方法／93
2　退職金の算定方法／94

Ⅺ　多様な働き方を推進するための方法と手順 …… 95

1　社員の能力開発、訓練方法の変革／95
2　多様な働き方を支える職場管理／96
3　目標管理制度の運用／97
4　実行手順と日程の見える化／98
5　部下管理と人事考課／99

XII　業務改善・改革の考え方と進め方……………………………… 101
1　ワークライフバランス施策と生産性／101
2　現場改善・改革のための７つの条件／103
3　部門特性と改善手法／106

XIII　要員管理…………………………………………………………… 114
1　要員管理の方法／114
2　要員計画策定のための２つの手法／114
3　マクロ要員計画／115
4　付加価値の活用／116
5　ミクロ要員計画／118
6　ピーク時要員の検討／120
7　緊急事態あるいは特別な異常事態に関連して発生し、しかも発生時期が難しい業務についての対策／121

第3章　多様な働き方と人事労務管理
～日本プロセス株式会社のケースを通して～

■日本プロセス株式会社の概要……………………………………… 124

事例1　中堅現業職、母の介護で退職の危機
――短時間正社員制度で乗り越える…………………………… 129
• 独身男性社員が介護をすることになった／129
• 介護休業を取得／130
• 会社の意識が変わった／131

- 短時間正社員制度導入への準備／131
- 役割の違いと、処遇格差のルールを明確にする／138
- 家族介護のための短時間正社員誕生／139

事例 2　営業職が家族の病気で半年間フルタイム勤務不能に
――転職の危機を救った、上司と同僚のフォローと短時間勤務 …………………………………… 145

- 妻の病気で、育児と仕事の両立に悩む営業社員／145
- 育児休業規程による短時間勤務の対象ではないので、短時間正社員を検討／146
- 離職防止と、顧客満足への不安／148
- 職務分析と、時間短縮による役割変更、目標管理～数値目標を設定し、短時間正社員に／149
- 「年休“時間数”が減る !?」所定労働時間が短くなった場合の年次有給休暇の取扱い／152
- 短時間勤務適用期間満了と、事由解消で正社員に復帰／154

事例 3　画像編集オペレーターが「夫の転勤についていくので退職します」――深刻な人材不足の中で生まれた在宅勤務制度 …… 156

- 夫の転勤が決まった女性社員が突然退職を申し出る／156
- 退職引留め策として在宅勤務を提案／156
- 社長の在宅勤務に対する困惑、顧客満足、納期厳守など不安は山積み／158
- 能力開発の難しさと、品質レベル向上の課題／158
- 労働力確保が厳しい状況下での多様な雇用形態の必要性／158
- 在宅勤務のルールをつくる／159
- 仕事の割当て／160

・遠距離での在宅勤務の場合の対策が課題／167

解説　テレワークの労務管理
――統計・規定・労働時間制度と留意点 ……………………… 169
・テレワークをめぐる周辺事情／169
・テレワークの導入、実施にあたっての留意点／171
・労働条件の明示、就業規則の改定／171
・テレワークと労働時間制度／173
・テレワーク特有の問題／176
・テレワークの導入に関する政府の支援制度／177

事例 4　出産育児のため退職を申し出た画像処理課女性社員
――社内初の育児短時間勤務を在宅で ……………………… 178
・産休、育休取得の前例がない／178
・育児期間中の短時間、在宅勤務の提案／179
・在宅勤務に対する家族の同意／179
・社長の「育児・短時間・在宅勤務」に対する困惑、顧客満足、生産性低下／180
・最初の育児短時間勤務が「在宅勤務」という戸惑い／180
・社長が「育児短時間在宅勤務」に理解を示し始める／180
・「育児短時間・在宅勤務」へ向けて／181
・「育児短時間・在宅勤務」が始まる／181
・「仕事と生活の調和」と「本人の努力と同僚の協力」／182
・勤労意欲と社会保障／183

事例 5　営業企画課長、親の介護で「課長を辞めます」
――フレックスタイム制導入で役割を全う、部下を早期育成
……………………………… 190

- 課長が家族介護のために「課長を辞めたい」と申し出る／190
- 進んでいない人材育成／191
- 介護休業への備えは、制度整備と同時に人材育成も重要／191
- 時間短縮とフレックスタイム制によって管理職業務も／193
- 「週 4 日勤務希望」の申し出に対応／193

事例 6　“重労働”継続雇用を拒否した定年退職者を、ワークシェアリングで再雇用――「定年延長」を考えるきっかけに …………………………………… 198

- 継続雇用を希望しない定年退職者／198
- 定年退職によって人材不足が加速する／198
- 継続雇用を希望したくなる労働条件を整える／199
- 若年アルバイトの正社員登用を検討／201
- 定型業務の定年退職者をワークシェアリングで再雇用／202
- 多様な働き方を導入するうえで管理職に知識が必要／203
- 定年を 65 歳に引き上げることに／203

事例 7　デザイン職イクメン社員が育児休業を申し出る――問題提起と、プライドと、ワークライフバランスと …… 210

- 男性社員が育児休業を申し出た／210
- 拒否することは許されないが、在宅勤務の選択肢を提案してみた／211
- 会社に対する不信感が払しょくされる／212
- 男性社員の育児のための在宅勤務が始まる／214
- 在宅勤務から正社員の通常勤務に復職したものの…／215

事例 8　優秀なパート事務職を、離職防止対策として短時間正社員に
——初めての配置転換で、まさかの退職申し出……………… 222
・正社員並みの職務遂行能力を持つパートタイマーがいる／222
・パートタイマーを評価する仕組みがない／222
・パートタイマーを正社員化する動き／223
・パートタイマーから第 1 号の短時間正社員誕生／224
・配置転換の対象から外れたいので再びパートを希望／225

事例 9　メンタル不調の休職者が復職
——職種変更と短時間勤務で職場環境を整えて迎える……… 229
・休職中のメンタル不調者の復職が決まる／229
・職種変更を伴う短時間勤務／229
・正社員として原職復帰へ／230
■職務再設計と職務評価……………………………………………… 232

事例 10　幹部候補の男性社員が、子供誕生を機に、副業を希望
——時代の流れと会社の方針転換、そして新しい労務管理上の問題………………………………………………… 234
・子の誕生と残業減少、そこで流行りの『副業』を思いつく／234
・社員の副業希望に対して不快感を示す社長／235
・副業解禁への道が開ける／236
・導入にあたっての検討／237
・副業を始めた矢先にトラブルが発生する／241
・副業を認めたことで、新たな労務管理上の問題が生じる／242
・副業する場合の賃金／243

事例 11　何気なく交わされる契約更新『私はこの会社でずっと働けるのかしら』——対応して気づいた規定の不備と、高齢者雇用の課題……249

- 初めての無期転換パートタイマー／249
- 無期転換権行使の申し出に焦る／250
- 無期転換者の定年ルールが見当たらない／251
- 高齢者雇用は健康問題と隣り合わせ／256

事例 12　正社員並みの仕事を担当するようになったパートタイマーを、正社員転換制度によって正社員に——正社員転換制度を運用しやすいルールに変更するきっかけに……259

- 正社員の補助業務を担当するために／259
- 補助業務担当のはずが、正社員の代わりをするように／259
- 正社員転換制度を利用して正社員化を検討／260
- 正社員転換制度によって“タイミングよく”正社員に／261
- 実際に運用して制度の使いにくさが判明／262

規　程　集

役割等級人事制度規程／266
賃金規程／272
在宅勤務規程／285
正社員転換制度規程／291
短時間正社員規程／293

第１章

多様な働き方が求められる背景

I　日本の雇用慣行とその問題点

日本の雇用には、その根本に「無限定正社員」という日本独自の雇用慣行があります。

正社員は一般的に、①無期限雇用、②フルタイム雇用、③直接雇用という３つの特徴があり、そして「無限定」という条件がついています。「無限定正社員」とは、職務や勤務地、労働時間などに制約がないので、職種や勤務地の変更、残業の命令があれば基本的に受け入れなければならないという「暗黙の契約」が成立している社員です。

日本型雇用の特徴というと、終身（長期）雇用制、年功賃金制、企業別労働組合が挙げられてきましたが、これらは、無限定性が前提となっています。したがって職務が限定されていないため、自身の専門性が養われず、他社では通用しない中途半端なゼネラリストとして育成され、それが転職を難しくしています。そうすると、外部労働市場が発達しないことから、職務分析・職務評価など必要がなくなってしまい、同一労働同一賃金の環境が整っていないというのが日本の現状です。

欧米諸国では、転勤は、一部の上級職を除き原則として本人の希望を優先する空席公募方式で採用され、定年制度は廃止（アメリカ、カナダ、イギリス、オーストラリアなど）、労働組合は産業別となっており、日本とは大きく異なります。

Ⅱ　雇用形態の多様化とその取組み

1　多様な雇用形態に関する最近の法制化

高度経済成長期の日本では、終身雇用や年功序列、頻繁な人事異動に象徴される、人事管理に対する伝統的な日本式アプローチが機能していました。

これらの雇用の仕組みは、能力が劣っている労働者の既得権を保護し、能力が優れている人の雇用機会を失わせる結果をもたらしています。これらを改革すれば、「たまたま良い大学を出たけれども生産性の低い人」が大企業に居座るということはなくなるでしょう。また、有能な女性が労働市場に進出しやすくなり、潜在的に生産性の高い人の労働市場への参加が促されることでしょう。労働人口を増やすより、雇用の流動化を図って全体の生産性を高めることこそが生産性を向上させるのではないでしょうか。しかし、現実的には変化が激しいこの時代においても雇用の流動性による生産性の向上は機能していません。だからこそ、変革が必要なのです。

雇用形態ごとの待遇均等化については、2012年8月の改正労働契約法において期間の定めがあることによる不合理な労働条件が禁止され、2015年4月からのパートタイム労働法改正にもこれが盛り込まれました。また、雇用期間の定めの有無によらず、①職務内容、②人材活用の仕組み（人事異動等の有無や範囲）が正社員と同一であれば、正社員との差別的取扱いが禁止されています。

2015年8月28日、女性の職業生活における活躍の推進に関する法律（女性活躍推進法）が成立し、一般事業主行動計画の策定に関する部分については、2016年4月1日から施行されました。

また、2015年9月には、「労働者の職務に応じた待遇の確保等のため

の施策の推進に関する法律（同一労働同一賃金推進法）」が施行されています。これまでのように、雇用形態によって労働者の待遇や雇用の安定性に差が付いたり、それが固定化したりすることは、雇用形態が多様化している今日において、メリットはほとんどなくなってきています。むしろ、これを是正することなどを目的とし、中長期的に同一労働同一賃金の原則に基づいた職務給型の賃金制度へと移行せざるを得なくなってきたといえるでしょう。

2　多様な雇用形態の推進を阻む制度と雇用慣行

（1）　日本における労働力抑制要因

日本には、所得税法上の配偶者控除、国家公務員、大手企業の高額な家族（配偶者）手当など、いわゆる専業主婦といわれる配偶者が優遇される仕組みが存在しています。

また、夫が会社員（公務員）である専業主婦は年金や医療保険等の保険料を納める必要がありません。つまり、性別の役割分担を前提に、税制や社会保障制度が組み立てられています。

これまで、「終身雇用」が謳われる中、不景気なときでも人員削減を実施することなく、可能な範囲で迅速に最適な人的配置をするために、転勤や出向等が行われてきました。これらは、転居を伴う異動を含む制度であり、社員の妻が定職を持たないことで異動後も家事や育児を担うことを前提とした仕組みとなっています。

しかし、近年、こうした日本的な雇用慣行やそれを支える諸制度は、親の介護やプライベートを重視する社員の増加、そして非正規社員の増加等によって時代に合わなくなっています。逆に、慣行そのものが労働力抑制要因となってきているともいえること、さらに多様な働き方を推進しなければならない時代背景を考えると、民間企業の制度設計といった次元ではなく、本来であれば社会保障制度や税制を変えていくことも視野に入れなければならないものなのでしょう。

(2) 硬直化した労働市場

硬直化した労働市場が労働生産性を下押ししているといわれています。

これは、成長が期待される産業に労働者が移動しなければ産業の新陳代謝が進まず、国全体の労働生産性が低下するというものです。

また、労働生産性の伸びと雇用の流動性を示す雇用調整速度（現実の雇用者数が、望ましいと考えられる雇用者数に近づく速さ）の関係において、長期的には、雇用調整速度が速い国ほど労働生産性の上昇率が高くなるという関係が確認されています。したがって、雇用の流動性が改善すると、労働生産性の上昇を通じて、実質賃金を押し上げるはずです。

このため、現在政府では、雇用の流動性改善や労働時間規制の見直し、ジョブ型労働市場の整備によって働き方の柔軟性を高めることで、労働生産性を向上させ、実質賃金の上昇につなげることをねらいとした政策が進められています。

ただし、1つの会社に企業に長くいることで習得できる企業特殊的技能や、一般的技能を身に付けた者と、転職を繰り返すことによってそれらを習得できない者との間には、生産性に差ができてしまいます。

つまり雇用が流動化すると、労働者は、変化する労働市場でも通用する職業能力をどれだけ保有しているかが問われるのです。このため企業は、受け入れた人材を短期間で能力開発し、従業員（正規、非正規それぞれについて）の能力低下を防ぐための方法、高度技能者を養成するためのマイスター制度を導入し、対応しています。

これまで、内部育成を中心としてきた日本的雇用システムでは、クリエイティブで個性豊かな人材を育てることが困難でした。今後は、人材の外部調達が重要になり、このような雇用の流動化に対応した雇用システムの構築・導入が求められているのです。

Ⅲ　少子高齢化をめぐる問題

1　少子高齢化社会と離職問題

今後、急速な少子高齢化の進展に伴って労働力人口が本格的に減少していくことが見込まれる中、将来にわたり安心して暮らせる活力ある社会を実現するためには、就業率・就業者数を上昇させ、持続可能な全員参加型社会を構築していかなければなりません。

我が国の65歳以上の人口の割合は、2010年には23.0％でしたが、2060年予測では39.9％となっています。世界のどの国でもこれまで経験したことがない少子高齢化が予測されているのです。また、15～64歳の生産年齢人口は2013年10月時点で7,901万人と32年ぶりに8,000万人を下回り、2013年12月時点では7,883万人まで減少しています。さらに今後の予測では、2060年には4,418万人まで大幅に減少することが見込まれています（図表1－1参照）。

このような少子高齢化は、労働力人口の減少（政府の長期経済試算では、10年～20年先の我が国は、TFP（全要素生産性）の改善率を現状の0.5％程度見込んでも、労働力人口の減少の影響が大きく、実質GDP成長率はマイナス0.4％程度と推定されている）だけでなく、労働者が抱える育児や介護の問題を契機として正社員からパートタイム労働に切り替えて働く、あるいは流出（退職）するなどの問題をはらんでいます。特に、元々社員数が少ない中小企業にとっては、大企業以上に企業の存続さえ危ぶまれるほどの問題となってくることは間違いありません。

「平成24年就業構造基本調査」（総務省統計局）によると、平成19年10月～平成24 年9月までの5年間に介護・看護のために離職した人は約48.7万人（平成14年10月～平成19年9月は56.8万人）います（図表1－2）。また、そのうち約75％の人が、平成24年10月1日時点

●図表 1－1　高齢化の推移と将来推計

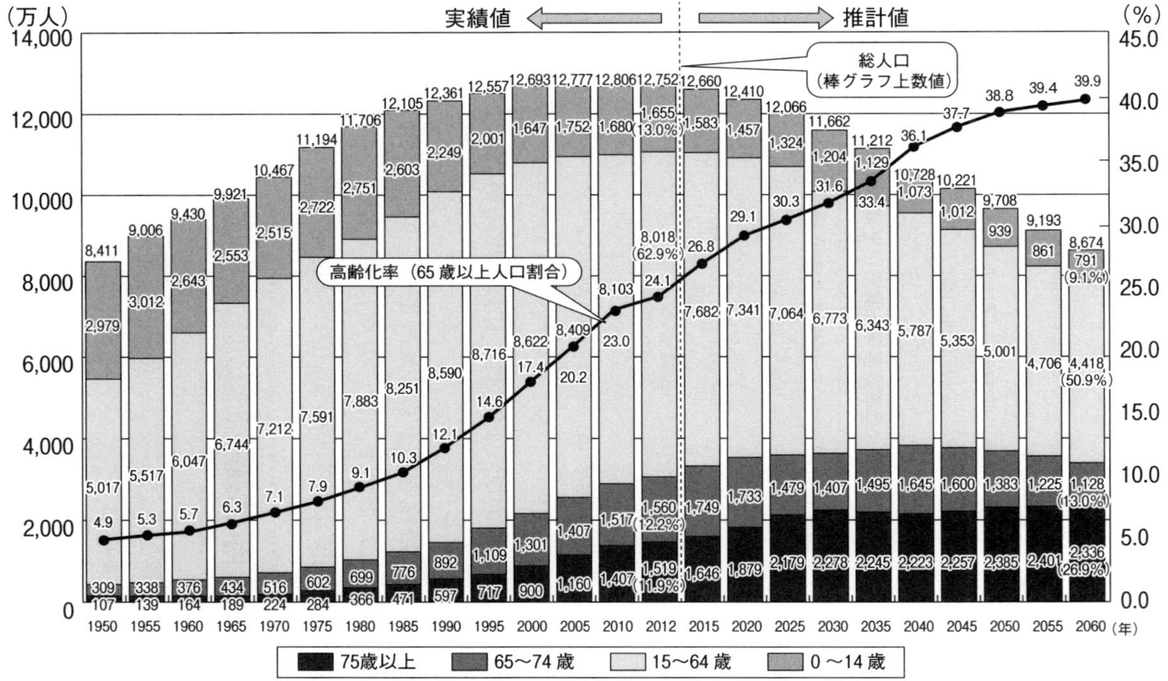

資料：2010 年までは総務省「国勢調査」、2012 年は総務省「人口推計」（平成 24 年 10 月 1 日現在）、2015 年以降は国立社会保障・人口問題研究所「日本の将来推計人口（平成 24 年 1 月推計）」の出生中位・死亡中位仮定による推計結果

（注）1950 年～2010 年の総数は年齢不詳を含む。高齢化率の算出には分母から年齢不詳を除いている。

●図表 1－2　介護により離転職した雇用者数

平成 19 年 10 月～24 年 9 月までに家族の介護・看護のために前職を離転職した雇用者（※）

◆　総計　439,300 人（前回　502,100 人）
（男性 85,500 人、女性 353,800 人）

◆　年齢階層別内訳
15～39 歳　46,500 人（10.6%）
40～59 歳　222,500 人（50.7%）
60 歳以上　170,200 人（38.7%）
※就業者（自営業者等を含む）では 486,900 人

（出典）　総務省「平成 24 年就業構造基本調査」

で就業していません。これは、介護のために退職を余儀なくされている人が相当数おり、また、いったん退職をしてしまうと再就職が難しい現状を表しています。

今後、高齢者、女性、障害者、外国人の活用はもちろん、働く場所や働き方の選択肢を広げること、特に、中小企業の人手不足の解消にもつながるような在宅勤務制度や短時間正社員制度の導入は大きな課題となってくるものと考えられます。

介護を理由とする離職者のうち、35～39 歳、40～44 歳ではパートの離職率が高くなっていますが、45～49 歳以降では、一般労働者、パートともに離職率が高くなっています（図表 1－3）。

2　高齢者再雇用の課題

職能資格制度が運用される中で、現場作業者は自身が持つ技能のレベルや世間相場を意識せず、良くいえば習熟年数で、実際にはほぼ勤続年数によって決まる年功賃金を支給されてきました。

ホワイトカラー（開発技術者は別として）も同様に年功賃金です。しかし、技能者とは異なり、ゼネラリスト育成を標榜した人事ローテーションによって、結果的には社内でしか通用しない中途半端な能力・スキル

●図表1－3　介護の理由による離職率

（単位：％）

区　分	男			女		
	計	一般労働者	パートタイム労働者	計	一般労働者	パートタイム労働者
20～24歳	0.0	0.0	0.0	0.2	0.3	0.0
25～29歳	0.1	0.0	0.2	0.1	0.1	0.1
30～34歳	0.1	0.1	0.0	0.1	0.1	0.1
35～39歳	0.1	0.0	0.6	0.3	0.1	0.8
40～44歳	0.0	0.0	0.2	0.2	0.1	0.5
45～49歳	0.1	0.1	－	0.7	0.9	0.2
50～54歳	0.1	0.1	0.5	0.6	0.5	0.6
55～59歳	0.3	0.1	1.9	0.6	0.4	0.7
60～64歳	0.1	0.1	0.2	0.5	0.3	0.7
65歳以上	0.3	0.5	0.1	0.1	－	0.2

（注）　年齢階級については19歳以下を省略した(0.0または該当数字がないため)。
（出典）　厚生労働省「2013年　雇用動向調査結果」

しか身に付いていないのが現状です。

不幸にも、市場価値とは関係なく決まる年功賃金を受け取っているせいで、高齢者は自身の能力が高いと錯覚し、リストラ、転職、退職時に初めて自身の市場価値を思い知らされることになります。しかし、高年齢者雇用安定法に守られた定年退職後の再雇用者は、再雇用時に、定年前と比較して大幅に低くなった賃金を提示されるとそれに納得せず、会社に対して不満を持ち、そして、モチベーションが下がり、「賃金に見合うだけしか働かない」などと言って簡単な仕事だけを行うようになることがあります。

自身の能力、あるいは従事していた仕事に、支給されていた賃金ほどの価値があったのかどうかを理解させていないことなど、ライフキャリアに関する教育ができていないことが問題なのですが、根本的には、保有能力を基準に序列付けし、賃金を支給する制度「職能資格制度」そのものに大きな問題を抱えていたということでしょう。

この勘違いを一掃するためには、仕事基準の役割等級人事制度あるいは職務等級人事制度の導入しかありません。それによって仕事の価値(仕事の難易度、責任度などによる評価）に賃金が連動し、価値ある仕事に就かないかぎり賃金は上がらないし、そのためには自分自身でキャリアを磨くしかないことを若いうちから自覚させるのです。仕事には、年齢、勤続年数、性による差別はなく、また仕事の結果についても、能力とは異なり客観的に評価することができ、公正に賃金に反映されるものであることを理解させることが重要です。

いまだに「若いうちは能力基準の職能給で、管理監督層になれば仕事基準の職務給あるいは役割給を」という考え方もあるようですが、このような制度は年功的な運用となり、若いうちから職務責任を果たせていないにも関わらず、自分は能力が高いと勘違いした社員をつくり上げてしまう仕組みであり、多様な雇用形態の運用を難しくすることでしょう。

Ⅳ　女性の労働力をめぐる問題

1　女性の働き方と離職問題

女性の労働力率（15歳以上人口に占める労働力人口（就業者＋完全失業者）の割合）は、結婚・出産期に当たる年代にいったん低下し、育児が落ち着いた時期に再び上昇するという、いわゆるＭ字カーブを描いています。近年、Ｍ字の谷の部分が浅くなってきているものの、依然として落込みがみられます（図表1－4）。

●図表１－４　女性の年齢階級別労働力率

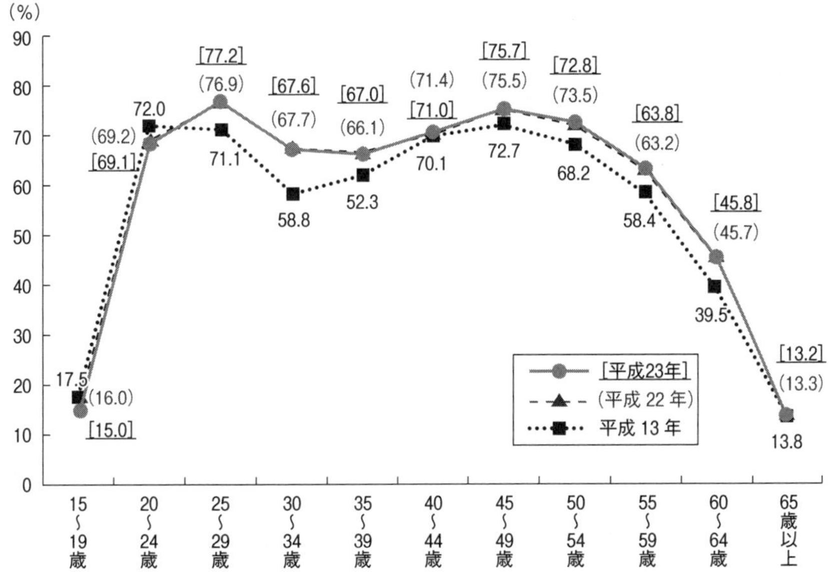

（出典）総務省統計局「労働力調査」（平成13、22、23年）
（注）　平成22年及び23年の比率は、岩手県、宮城県及び福島県を除く全国の結果。

●図表１−５　出産前有職者の継続就業率（雇用形態別）

○ 正規職員とパート・派遣に分けてみると、正規職員の継続就業率も５割を超えた程度であり、パート・派遣の割合はさらに低い。

○ 25 〜 34 歳女性の雇用形態をみると、1990 年の 28. 2％から、2012 年の 40. 9％に、非正規の職員・従業員の割合が高まっている（総務省「労働力調査特別調査」、「労働力調査（詳細集計）」）。

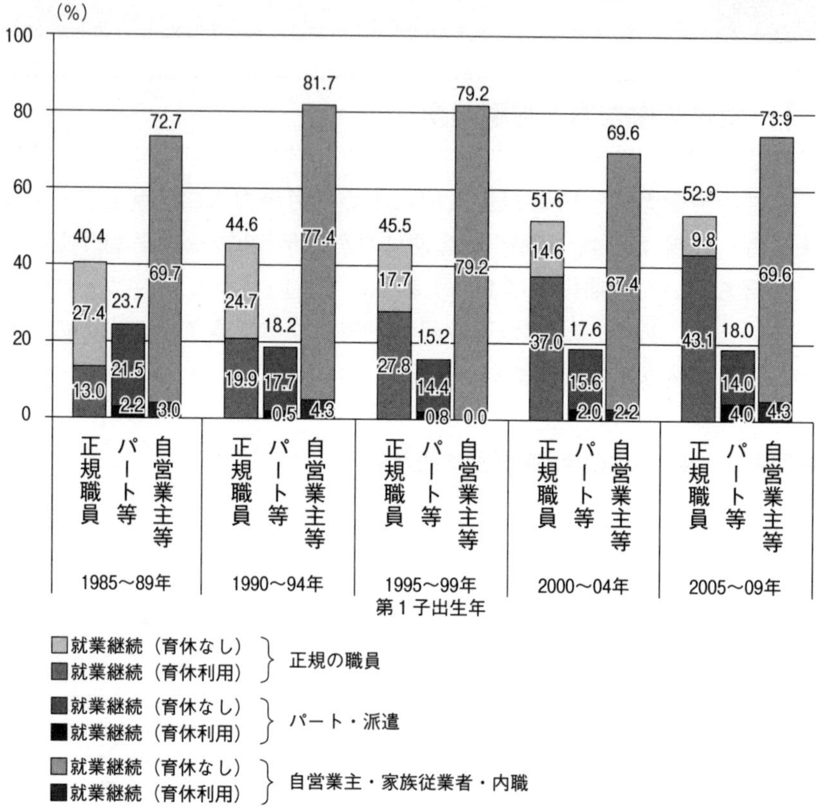

（備考）１．国立社会保障・人口問題研究所「第 14 回出生動向基本調査（夫婦調査）」より作成。

２．第１子が１歳以上 15 歳未満の子を持つ初婚どうし夫婦について集計。

３．出産前後の就業経歴

就業継続（育休利用）〜妊娠判明時就業〜育児休業取得〜子ども１歳時就業

就業継続（育休なし）〜妊娠判明時就業〜育児休業取得なし〜子ども１歳時就業

（出典）内閣府「仕事と生活の調和連携推進・評価部会　仕事と生活の調和関係省庁連携推進会議 合同会議（第 25 回）資料」（2013 年３月 26 日）

●図表1－6　結婚、出産・育児の理由による離職率（女）

（単位：％）

区　分	女					
	結　婚			出産・育児		
	計	一般労働者	パートタイム労働者	計	一般労働者	パートタイム労働者
19歳以下	0.0	0.0	－	0.6	0.3	0.7
20～24歳	1.0	1.4	0.3	0.6	0.6	0.7
25～29歳	3.5	4.3	1.0	1.5	1.3	2.4
30～34歳	1.8	2.2	0.6	1.9	1.3	3.3
35～39歳	0.7	0.9	0.3	1.2	0.9	1.7
40～44歳	0.2	0.3	0.0	0.2	0.2	0.3

（注）　年齢階級については45～49歳以降を省略した（0.0または該当数字がないため）。

①　結婚の理由による離職率は、25～29歳で最も高く、就業形態別では各年齢階級で（19歳以下除く）一般労働者のほうが離職率が高い。

②　出産育児の理由による離職率は30～34歳で最も高く、就業形態別では、各年齢階級でパートのほうが離職率が高くなっている。

（出典）厚生労働省「2013年　雇用動向調査結果」

男女の性別役割分担にとらわれることなく男女共同参画社会の実現に向けた「女性の活躍促進」に異を唱える人はいないのではないでしょうか。

しかし、女性の活躍促進のためには、出産・子育て等による離職を減少させるとともに、それぞれが持つ高い能力を十分に開花させ、活躍できるようにすることが求められます（図表1－5、6）。

2　女性の活躍促進と経済効果

現在、政府は「女性の活躍は成長戦略である」として、多額の予算を確保し、以下の目標を設定し、修正しながら推進しています。

①　大きな政策目標

「M字カーブ問題」の解消に向け、2025年の就業率を、25歳から44歳の女性については82%（2012年の水準から約14ポイント向上）とす

ることを目指す。

② そのための細かい数値目標

・2025年の25歳〜44歳の女性就業率を82%にする（2012年68%、2019年77.7%）。
・2025年の第1子出産前後の女性の継続就業率を70%にする（2010年38%、2014年53.1%）。
・2025年の男性の育児休業取得率を30%にする（2011年2.63%、2020年12.65%）。
・指導的地位に占める女性の割合を2025年までに少なくとも30%程度にする（2020年、管理職に占める女性の割合は、部長相当職では8.4%、課長相当職では10.8%、係長相当職では18.7%）。
・2013、2014年度で約20万人分の保育の受け皿を整備する。
・上記と合わせて、2013〜2017年度で約40万人分の保育の受け皿を整備する。
・2017年度末までの待機児童解消を目指す（2020年12,439人、目標未達のため、2024年までに約14万人分の保育の受け皿を確保）。

また、2012年に公表された国際通貨基金（IMF）ワーキングペーパー「女性は日本を救えるか？」では、「(1) 女性の労働参加率（生産年齢人口に対する労働人口の割合）をG7各国（日本とイタリアを除く）並みに引き上げると（63%から70%に引き上げると）、1人あたりGDP水準が約4%増加する、(2) 女性の労働参加率が北欧並みになれば、1人あたりのGDP水準が約8%増加する」と報告されているなど、大きな経済効果を見込んでいます。

内閣府が先にまとめた「平成25年度　男女共同参画白書」によれば、家事労働は110.7兆円（家事77.5兆円、育児11.7兆円、介護2.4兆円、買い物17.1兆円、社会活動2.0兆円）にも達する大きな金額となっていました。

しかし、そもそもGDPには家事労働が含まれていないことや、女性の活躍によって男性が職を奪われることや、あるいは賃金が低下するこ

とも考えられます。というのも、家計でいうと、妻の収入が、育児や家事代行サービスの購入にそのまま消費されたり（家事労働から市場を通じた家事・育児代行サービス産業への置換えともいわれている）、家事・育児を公平に分担することで夫の就業時間が少なくなり収入が低下した分を妻が補うことができなければ逆にマイナスになるなど、新たな問題が生じるかもしれないという懸念があるからです。もちろん妻が働くことで、家計全体として収入が増加するのが一般的な形です。

他方、見方を変えると、現在の成熟しきった経済状況と日本的雇用システムにおいて、女性が大量に労働市場に供給され、男性と仕事を奪い合うことで、労働コストが下がり（賃金の低下）、これによって企業の競争力が強化され、経済成長が促されるのではないかという捉え方もあります。

政策的には、これからの男女共同参画社会を築くための企業や政府の制度的な仕組みのために、これまで長年にわたって投下されてきた膨大な調整コストに加え、女性の活躍を促進する仕組みを築き上げるための新たな大きな調整コストが必要になります。前述のとおり現時点では、女性の活躍推進による経済効果が明確でないため、経済成長要因とするのではなく、倫理的な観点から議論されるべき問題として扱うべきという意見もあります。

明らかなのは今後、少子高齢化によって、年金や医療・介護といった社会保障関連費用が増加していくということであり、この社会保障の支え手は就業者です。この社会保障関連費用の負担の増加をわかりやすく説明するために、65歳以上の高齢者に対する65歳未満の人口（生産年齢人口）の比率を用いる場合が多くあります。しかし、理論的に正しい指標は、就業者１人あたりに対する非就業者の人口（年齢にかかわらず社会全体で就業者１人が何人の非就業者を支えるか）であり、これまでの数十年間はほぼ安定しています。ただ、これからの急激に進んでいく少子高齢化において、就業者数を増やすことが最も重要な対策であり、そのためにはこれまで就業していなかった高齢者や女性が活躍できる多様な働き方の実現が求められています。

3 女性差別と同一労働同一賃金

同一労働同一賃金の原則は、ヨーロッパにおいて16世紀ごろから始まる女性解放運動と連動し、労働組合が男女間の賃金差別をなくす目的で提唱されたものです。ヨーロッパの労働組合は、かつて「職務に対する賃金率の原則」をかかげて職種別熟練度別賃金率の全国的設定、つまり横断賃金率のために闘いました。

そして現在、EUでは、同一（価値）労働同一賃金に関しては、一つは、性や人種等の属性による雇用差別の禁止、もう一つは雇用形態による不利益取扱いの禁止という二つの面から法令が整備されています。

他方、アメリカにおいても、女性解放運動の中で1848年に女性賃金差別の撤廃が要求され、また産業別組合会議も創立以来、同一労働同一賃金の原則が正しいことを認め、後に、この原則の実行を確かなものにするための措置をとってきています。1913年にアメリカ労働省が設置され、戦時労働局は7つの原則の一つに「男子または婦人によって行われると否とにかかわらず同一労働同一賃金たるべきこと」と定めていました。

1919年には、国際労働機関（ILO）が創設され、国際労働憲章（国際労働条約）において「男、女子とも同一の価値をもつ労働に対しては同一の賃金を受けるべきである」と宣言しています。

なお、ILO叢書『男女同一勞働同一賃金』国際労働局・同局日本駐在員編譯（1949年）には以下のように示されています。

「（略）だんだん多くの國々や産業が、男女の賃金の間にある関係をこれと違った、もっと実際的な角度から取扱うようになってきている。既に述べたように、一般に『職務賃率』として知られている原則に従って、仕事に従事している労働者の性別を考えずに、行われた仕事をもとにして賃金率をさだめようとして努力が拂われている。同一価値の労働には同一賃金ということは、仕事そのもの以外の要素とは関係な

くさだめられている。同一作業に従事している男女労働者、或いは男子に代わっている女子には、同じ賃金率とボーナスとが拂われる。しかし、男女が厳密に同じ仕事に従事しているのではない場合には、問題が起きる。仕事をする労働者の男女別に関係なく、いろいろな仕事の分類されたものについてさだめられている率（時間率または出来高率）で仕事の價値があらわされるのだから、行われる仕事の比較價値を正しく査定する方法を工夫することが必要になってくる。これは結局、同じ基礎で男女の賃金率をきめることになるのである。たとえば、出来高拂いの賃金率は、男女何れの労働者に対しても、同一の時間賃金率を基礎とし、この時間賃金率に対する同一の男女双方の労働者に対してさだめられるのであって、割増率によってきめられ、また時間賃金率以外の基礎によって出来高賃金率をきめる場合でも従事しているのが男子であろうと女子であろうと同じ賃金率になるのである。時間拂い仕事については、仕事の種類にもとづく職階給制を確立すれば、解決されるだろう（略）

このように元々同一価値労働同一賃金は、性別による賃金差別をなくすことが目的でしたが、同書では職務賃率の実現によって、労働者の性別を考える必要すらなくなってしまうことをも示しています。これこそが、賃金の不公平さの排除を狙いとした職務給のあり方です。

なおこれは、アメリカにおける職階給の歴史の中で、1836年から書記的職務に従事する政府職員による“equal pay for equal work”（同一労働同一賃金）が請願され、その後、法制化されていくなど性別を越えた概念であったようです。

V　ワークライフバランスが生み出したもの

1　長時間労働と出生率

ワークライフバランスの推進者の中には、「残業時間の削減が出生率の向上に寄与する」と述べ、労働条件に恵まれた個別企業の事例を挙げて、すべての経済政策に関連させ、ワークライフバランス推進がいわば万能薬であるかのように解説をする人がいます。

しかし、実際には、OECD 加盟国などの平均年間総実労働時間、あるいは実質労働生産性と合計特殊出生率との相関関係や、出生意欲の規定要因に関する調査からは、残業時間の削減と出生率の関係性を見出すことはできていません。

ただ、労働参加が出生行動に対して正の影響があることや、結婚してから5年以内の夫婦における夫の育児参加が、妻の望む子供の人数を決定付ける重要なファクターであることは確認されています。したがって、ワークライフバランスへの取組みとその効果は一側面にすぎず、この根底には会社経営の安定性の向上と賃金の増大など、社員の雇用と家計不安の解消が重要であることを見過ごしてはいけません。

日本の労働時間に関して、「平均年間総実労働時間は、パート労働者を含めた平均労働時間であり、正社員の労働時間の実態を示していない」という意見があります。確かにパンデミックが起きる 2020 年以前の、毎月勤労統計調査結果では、一般労働者の総実労働時間は 2,000 時間を超えています。

しかし、EU 加盟国の統計上のパート労働者の比率は、平均で男性8.7%、女性 32.2%、オランダに至っては男性が 26.8%、女性は 76.6% となっており、フルタイムで働く女性のほうが珍しい状況であることなどを考慮すると、パート労働者が増えているのは日本だけではないので、統計

●図表1−7　1970年以降の労働時間の推移（OECDより：雇用者1人あたり）

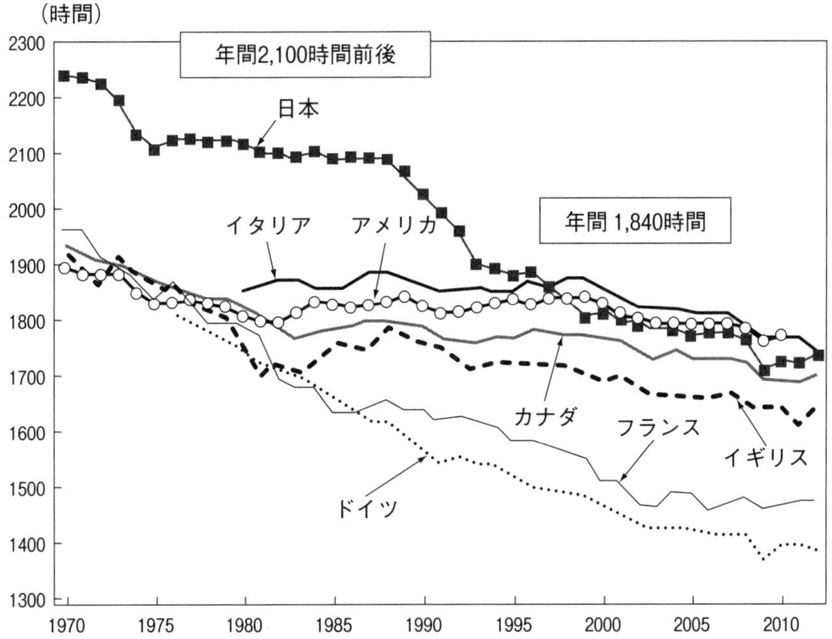

（出典）「内閣府規制改革会議雇用ワーキンググループ資料（資料2）」（2013年10月31日）

上、この意見は適切ではありません（図表1−7）。

なお、アメリカは日本同様に長時間労働といわれています。これはホワイトカラーの約3割がホワイトカラー・エグゼンプション該当者であることも原因といわれていますし、ブルーカラーも職務給（時間給）のため、時間短縮に積極的ではないといわれています。

アメリカでは、ワークシェアリングはまだ少ないようですが、同一労働同一賃金という原則は、これに違反すると巨大な訴訟リスクを抱えることになるため、きわめて厳格に守られています。このため、「賃金の違う人は、相手の業務を奪ってはならない」ということが徹底されているのです。しかし、出生率は1.87と日本をはるかに上回っていることからも、長時間労働と出生率の低下を直接的に結び付けることは適切で

はないでしょう。

2 ワークライフバランスの誤謬

ハーズバーグの二要因理論では、「労働条件」は衛生要因であり、欠けていれば不満となるが、充足されても不満がなくなるだけで、満足にはつながらない要因です。

つまり、人間は、はじめは「育児時間を確保できるようになったことがありがたい」と感じていたことも、やがて月日が経ってくると、「育児時間」を取ることが当たり前になり、助けてもらっている周囲への感謝や自身の賃金の源泉である会社の利益のことさえも考えなくなり、ただ、休みを取る権利だけを主張するようになってくるということです。

先駆的な取組みをしてきたある上場企業は、女性社員が多いことから、ワークライフバランスの実現に力を入れ、1990 年以降、育児休業制度や育児短時間勤務制度など、さまざまな制度を導入してきました。ところが、ここにきて「子育て中の女性社員にも、他の社員と平等なシフトやノルマを与える」という、育児中の社員に対する一律・過剰な配慮の撤廃という方針に転換をしました。これは、これまで取り組んできたワークライフバランスがもたらした弊害への反省と、これから真のワークとのバランスを追求しようとする積極的な姿勢の両面があるようです。

ワークとライフのバランスが独りよがりのものになってしまっているようでは、組織を維持できないことは明らかです。組織の活力は外部・内部の均衡で存続していくのですから、自身のワークとライフのバランスの前に、他の従業員や顧客とのバランスを考えられる真に自律した（相互協調的自己観をもつ）人材の育成が必要です。

3 共働きの増加と働き方改革

現在、女性の社会進出およびその推進により共働き世帯が増加しています。厚生労働省の調査によると、共働き世帯数は、1980 年にはおよそ 600 万世帯だったのが、2020 年にはおよそ 2 倍の 1,240 万世帯になっ

ています。今後もさらに、共働き世帯は増え続けていくことが予測されています（図表１－８）。

●図表1−8　専業主婦世帯と共働き世帯

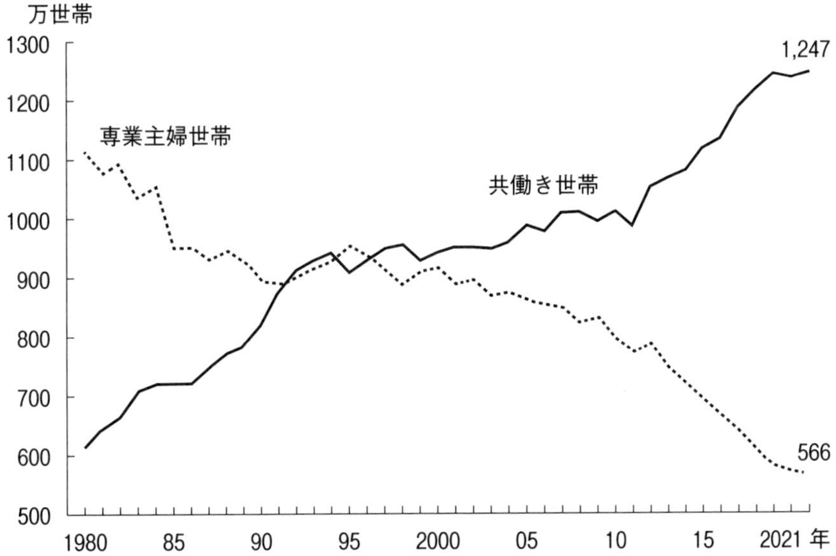

（出典）総務省統計局「労働力調査特別調査」、総務省統計局「労働力調査（詳細集計）」

確実に女性の社会進出が進んできており、また女性労働力率と出生率は正の相関があるとされてはいます。しかし現実は、少子化に加えて、家庭での育児や介護の問題が顕在化してきています。これらの解決策として、共働き世帯の男性が家事、育児や介護に関わる時間を増やしていくことや、いったん離職した場合でも再就職がしやすくなるような政策が求められています。

それとともに、企業としては普段から、職務分析、業務改善の取組みを行い、家庭と仕事が両立できる職場環境を積極的に準備していくことが必要です。同時に、個々の仕事の効率を高め、会社全体の生産性を向上させるような働き方にしていかなければなりません。そのためには、職務単位で仕事を切り分けておけば業務分担が柔軟に対応することができる、職務、役割を基準とした人事制度の構築、導入が必要となってく

るのです。

4　治療と仕事の両立支援

日本の死因の上位は、がん（悪性新生物）、心疾患、脳血管疾患、肺炎、老衰が占めています。三大疾病に関しては国民病とも呼ばれ、2010年ごろまでは長らく死因のトップ3を占めていました。近年では、肺炎が高まっていましたが、直近では新型コロナウィルスの影響が加わることになるのかもしれません。

入院患者の多い傷病は「がん（悪性新生物）」や「統合失調症、統合失調症型障害及び妄想性障害」「脳血管疾患」「骨折」等で、外来患者の多い傷病は「高血圧性疾患」「脊柱障害」「歯肉炎及び歯周疾患」等となっています。なお、「統合失調症、統合失調症型障害及び妄想性障害」「脳血管疾患」「肺炎」は外来に比べて入院の患者数の方が多くなっているようです。

近年の診断技術や治療方法の進歩により、これらの疾病は「長く付き合う病気」に変化してきており、罹患した労働者がすぐに離職するのではなく、就労しながら治療を続けるケースが増えています。また近年、厳しい経営環境の中でも、健康経営やワーク・ライフ・バランス、ダイバーシティ推進の観点から、労働者の健康確保や疾病・障害を抱える労働者の活用に関する取り組みが推進されています。

「治療と職業生活の両立等支援対策事業」（平成25年度厚生労働省委託事業）における企業を対象に実施したアンケート調査によれば、疾病を理由として1か月以上連続して休業している従業員がいる企業の割合は、メンタルヘルスが38%、がんが21%、脳血管疾患が12%である。また、「平成22年国民生活基礎調査」に基づく推計によれば、仕事を持ちながら、がんで通院している者の数は、32.5万人に上っている。

さらに、労働安全衛生法に基づく一般健康診断において、脳・心臓

疾患につながるリスクのある血圧や血中脂質などにおける有所見率は、年々増加を続けており、平成26年は53%に上るなど、疾病のリスクを抱える労働者は増える傾向にある。

また、これらの疾病の有病率は年齢が上がるほど高くなる状況にあり、高齢化の進行に伴い、今後は職場においても労働力の高齢化が進むことが見込まれる中で、事業場において疾病を抱えた労働者の治療と仕事の両立への対応が必要となる場面はさらに増えることが予想される。

(出典『事業場における治療と仕事の両立支援のためのガイドライン』厚生労働省)

厳しい経営環境の下、人材採用難の中にありながらも（あるからこそ）企業は付加価値生産性を低下させることなく、治療と仕事の両立支援をする必要があります。そして、治療中あるいは復職中の社員のために多様な働き方が用意できるような施策が必要で、このためには職務分析および職務再設計が必須となります。

5　多様性を活かす経営と職務分析の必要性

表面上の多様性を重視したところで、本当にそれが組織的な能率に効果的に影響するとはかぎりません。むしろ、多数派と少数派の分断となって表れます。そもそも、会社組織である以上、職務を重視すべきであり、先のILO叢書に示されているように、職務賃率の実現によって、労働者の性別を考える必要すらなくなってしまうだけではなく、国籍、人種、性的指向・性自認、宗教などの多様性をも考える必要がなくなります。また、職務内容以外に個々の価値観など心理的属性を持ち込むことは、逆にハラスメントを生じさせる原因となります。これは、正確に把握できない潜在能力を評価することも同様です。

ただ、職務重視の経営が、逆に多様性を否定しまうことになってはいけません。例えば、この職務は障害者には難しいとか、女性にはできないと判断するようになっては意味がないのです。そうならないためには、職務分析を実施し、各々に求められている職務ができるようにする改善

が必要です。

例えば、就労継続支援事業をしている企業では、職務分析を行い、業務改善や職域拡大を追求することで、障害者ができるような作業や作業環境にしています。つまり、障害の有無に関係なく平等な雇用の機会を確保しているのです。このような取組みが、障害者だけではなく、病気を抱える従業員（職場復帰者）、外国人、性別、年齢などによる差別的な取り扱いを排除することになり、健康経営にもつながっていきます。

また、ダイバーシティ＆インクルージョン*、経営的視点から、社員参画でプロセス展開表を活用した職務分析や職務設計を実施する過程で、より多様性を包み込む組織風土の醸成も可能となります。

＊　インクルージョンとは、ダイバーシティが組織内に多様な人材がいる状態を表すのに対して、企業内すべての従業員が仕事に参画する機会を持ち、それぞれに特有の経験やスキル、考え方が認められ、活用されている状態をいいます。

Ⅵ 自律した人材を育成することの重要性

日本は能力主義でアメリカは職務主義のため、日本のほうが社員の能力開発に熱心であると思われがちですが、むしろアメリカ企業のほうが、教育訓練プログラムが非常に体系的に整備され、発達しています。

アメリカでは、一人前に働く人がプライドを持って、自分がその専門分野で最善の仕事をするという「プロフェッショナリズム」が重視され、その精神があるからこそ、今置かれた環境で全力を尽くすことが当たり前となっています。

また、このプロフェッショナリズムを身に付けるために、社員が得意なことや、今後歩みたいキャリア形成を自分でしっかり考え、もっと積極的に自分の夢を見つけて追求できる機会を、企業が提供していくことが求められています。

キャリアの出発点として、また、将来に起こり得るキャリア変更のため、高等教育、特に大学院教育が、キャリア形成に非常に強い影響を与えているようです。

このため、アメリカのように雇用の流動化が激しい社会であっても、企業にとっては、社員がとどまりたいと思う職場環境を提供することや、社員の能力開発に長期計画を作成することが重要となっています。

日本では、高等教育とキャリアが結び付いておらず、また、企業においても、ゼネラリスト育成という目的で社員個人の意思（キャリア設計等）に関わらず配置転換が行われており、依然として画一的な階層別教育が主流であるなど、職務主義へ移行するためには数多くの課題がありそうです。

人的資本理論に基づけば、出産育児など休業中に「能力の低下」「技能の陳腐化」が起きるとされています。ですので、キャリアを途切れることなく形成していくためにも、多様な働き方の推進はもちろん、能力

の維持向上のための能力開発支援が求められます。

特に、現在のように少子高齢化の進行という避けられない事態に置かれた縮小均衡経済の環境下では、すでに他社と相当な差別化ができていて、コア・コンピタンスが確立している企業でなければ生き残ることは難しくなっています。このような環境に適応しながら業績を上げるためには、従業員の役割とその能力開発を重視した人事制度を構築することが必要です。

Ⅶ　労働市場の流動化と多様な働き方の必要性

以前から人的資源や健康経営に関する会計は研究されてきましたが、近年のグローバル化やコロナ禍など先を見通しづらいビジネスの環境下で、非財務情報や無形固定資産に対する関心が高まってきたため、人材を「資本」として捉え、その価値を最大限に引き出すことで、中長期的な企業価値向上につなげる人的資本経営が叫ばれるようになってきました。

そして、これまで推進されてきた成長戦略のフォローアップの中でも、「人への投資」が明記され、生産性を最大限に発揮できる働き方の実現のために、高齢者、女性、外国人など多様性を推進していくことが引き続き盛り込まれています。

少子高齢化の中で、2010年の時点で8,000万人以上いた生産年齢人口は、2030年に6,700万人ほどになり、「生産年齢人口率」は63.8%（2010年）から58.1%（2030年）に下がります。つまり、人口の減少以上に、生産年齢人口が大幅に減ることを問題視しているのです。

経済成長フォーラムによる経営者を対象としたアンケート調査（2014年10月実施）では、63.9%の企業で人手不足が深刻化しており、特にサービス業では79.4%が深刻化していることがわかりました。また、同調査によると、今後5年間で最も不足すると思われる人材は、「高度な専門知識を持った高度人材」が46.9%と、約半数を占めていました。

ただ、日本の人口が減少傾向にあるとはいえ、生産性の成長率の振れ幅のほうが労働力人口の増加率の振れ幅よりはるかに大きいため、人口減少が起こったとしても、高付加価値の製品・サービスを提供できるような技術進歩があれば生産性は向上します。

また同時に、人口増加率は1人あたりのGDP成長率を左右しないという意見があるものの、生産年齢人口が減少する中、これまで仕事に就

いていなかった高齢者や女性、若者がこれを補完、就業することで労働力人口の急減を抑え、日本の潜在成長力の急減を食い止めることができます。

　このため、今後、よりいっそう流動的な労働市場と多様な働き方を受け入れていかざるを得ない状況にあります。労働者を大切に雇用し、若い労働力のスキルアップに企業が積極的に関与するという、旧来の労働慣行の優れた面は維持しなければなりませんが、過去の日本の雇用慣行に戻ることはもう考えられません。

第2章

多様な働き方を実現するための役割等級人事制度の構築理論

I 「役割」とは何か

1 これまでの人事制度が引き起こした職場の実態

(1) 潜在能力で人事管理をすることの危険性

日本における賃金体系が、昭和初期および第二次世界大戦終戦後に勤続給体系から能力給体系へと推移してきた経緯や、現行の職能資格制度さえも正確に理解できていない外部からの指導を受けて、単に名称を「職能資格」から「役割等級」にすり替えただけの仕組みを導入している企業がままみられます。

どのような制度を導入するかは、その組織が決めればよいことですが、潜在能力までも評価し、これを等級に格付けし、賃金を支給することに果たしてどれだけの説得力があるのでしょうか。確かに従業員が、どのような能力をもっているかを評価することは必要です。もちろん、年功に応じた能力が実際に身に付いていて、期待される仕事ができる、さらに別の仕事もできるとするならば、能力で管理することは大いにメリットがあります。

しかし、現実的に考えると、過去にできた仕事、あるいは現在できるであろう仕事は、今期待される成果とは関係ありません。ましてやこれを考慮したところで、業績に結び付かないのです。

人事制度を改定し、新たな等級基準に基づき再格付けを行う際に、製造現場のベテラン作業者の等級が下位等級に格付けされることは起こりがちです。これは、それまでの人事管理を、単に勤続年数をそのまま熟練度として認識してしまった結果、上位等級に格付けされていただけで、実際には、そのベテラン作業者が担っていた仕事は入社数年で行えるものであったことなどが理由です。技術革新がベテラン作業者のもつ技能を陳腐化させ、あるいは技能を必要としなくなった事実を放置したまま、

これらの陳腐化した、または不要となった技能に対して賃金を支払い続けてきたことが原因なのです。

また、管理指導能力がないにもかかわらず、勤続年数だけで管理職に就いている者も同様です。これまで職能資格制度は能力主義だといわれながら、それを導入した組織の現場にスペシャリストが不足している現状を考えると、この育成を怠っていたことは紛れもない事実であり、右肩上がりの経済発展の中で社員の能力開発を真剣に行ってこなかった証ともいえます。

さらに、「多様な働き方」に移行するためには、これを実現するための業務とその内容および業務を実行するための職務（役割）を、業務改善・改革によって明らかにすることが非常に重要であり、この意味でも役割等級人事制度は最適なものといえます。

(2) 経営課題に対応できていないこれまでの人事システム

組織は、環境変化に適応するための経営課題を解決し、存続し、発展していかなければなりません。賃金は、製造現場作業者であろうと、非製造現場作業者であろうと、また管理監督者であろうと、本来は、社員がどのような仕事をし、それが期待される基準（結果）に対してどの程度貢献したかに応えたものでなければなりません。そして組織は、このための賃金体系をどのような考え方に基づいて構築しているかを等級制度で示さなければなりません。

ただ、人事システムの構築は経営のリフォームの一環であって、同じ業界であっても組織の経営体質や課題が異なるのですから、そういう意味では人事システムは、オーダーメイドのシステムでなければならないのです。〇〇式、△△理論が良い制度だと決め付けて、組織の経営課題を認識することなく、「賃金はこうでなければならない。したがって、経営者はこうするべきだ」と、どの組織にも同じ制度を当てはめようとする賃金制度論から始めて、その後に経営を考えるという論理は避けたいものです。制度自体が良いものであったとしても、これを導入すれば必ず成功するという制度や理論はあり得ません。

「人事システムの構築によって経営改善を図ること」、これが人事管理

に携わる者の役割です。したがって、前述のように、制度論からでしか人事システムを構築しないことや、組織の経営課題すら把握せずに構築していくことは非常に危険です。

2000年前後に起きた、多くの企業における成果主義人事制度にまつわる失敗は、組織風土を軽視したうえに経営戦略と連動させずに制度を構築してしまったことも含め、構築・導入プロセスに大きな原因がありました。この解決を図るには、人事制度を構築するこれまでの方法では無理であるということを認識しなければなりません。

つまり組織の業績を上げるためには、経営課題にアプローチし、その解決を確実なものとする人事システムを構築するプロセスが必要であり、経営戦略的な視点が不可欠となります。

役割等級人事制度は、経営と賃金、人間組織を一体として変えるために設計された人事制度であり、この構築プロセスはそれぞれの組織にとって、その時点における最善の制度となるようにつくり込みます。

以上を踏まえると、多様な働き方を推進するためには、これを実現するための業務とその内容および業務を実行するための職務（役割）を業務改善・改革によって明らかにすることが非常に重要になることから、役割等級人事制度が最適といえます。

2 日本企業がようやく気づき始めた「役割」の重要性

日本企業では、最近でこそようやく「役割」「職務」を明確にしていこうと努力をするようになってきましたが、これまでは非常に軽視されてきました。それでも、企業はバブル経済崩壊までは成長できました。日本人の勤勉さもその要因の1つかもしれませんが、それ以上にグローバルな経済事情､社会事情の面から経済成長できる土壌にあったのです。しかし、この時代に従業員の正確な能力の把握をせず、ただ「年長者の能力が高い」と年功的な評価をしてきたことから、今になって、機能していない人事制度にもがき苦しんでいるケースをたびたび目にします。

そうした例を挙げればキリがありません。例えば、ベテラン営業マンがある時点から売上げを上げられなくなってしまった原因を調べてみる

と、実は商品知識に乏しく、これまでは口先だけで売っていたということが判明したことがあります。厳しい競争の下、顧客からは商品だけでなく顧客が抱える課題を解決するための提案を求められる時代となり、商品知識を活かして顧客の課題を理解するためのスキルが求められていますが、それが身に付いていないと、顧客から相手にされなくなってしまうのです。

それから、熟練の職人が中心になっている装置産業の製造現場では、中堅社員が「ベテラン社員でも段取り替えに半日以上かかる。我々はまだまだです」などと言うことがあります。しかし、よく見てみると、ベテラン社員は原理原則を理解しているわけではなく、設備のメンテナンスも、整理整頓さえもせず、金型を感覚で勝手に修正しているなど、ある程度の知識と見様見真似で習得してきたスキルでこれまで何とか生産することができていただけで、品質管理が十分にできていないという事例が多くあります。

大企業においても同様です。確かに最先端のマネジメント技法を採り入れ、一見、改善・改革に取り組んでいるように見えますが、これは一部のエリート層に限られたことで、現場の従業員の認識はあまり中小企業と変わりません。しかも、疲弊した厳しい状況の中で、ますます上から命令されたことだけしかやらない従業員が多くなっています。「昔は、皆でワイワイガヤガヤ考えながらやったもんだ」と上司が発破を掛けたところで、今はそんな精神論だけで従業員が動く時代ではありません。

Ⅱ 同一労働同一賃金の法制化と職能等級資格制度の矛盾

現在、一部の企業で雇用のあり方を見直しはじめ、また、政府も「同一労働同一賃金」（同じ仕事をしているのであれば、非正規社員も正社員も同じような賃金を支払う）を法制化するなど、日本の雇用システムが大きく転換しようとしています。とはいえこれはあくまでも「日本版」であり欧米のそれとは大きく異なります。

はじまりは、平成26年のパートタイム労働法の改正において、正社員（通常の労働者）と同視すべきパート労働者（正社員と職務（仕事の内容や責任）が同じで、人材活用の仕組み（人事異動の有無や範囲）が全雇用期間を通じて同じで、かつ、契約期間が実質的に無期契約となっているパート労働者）のすべての待遇について、パート労働者であることを理由に差別的に取り扱うことが禁止されたことです。

そして、平成27年9月に施行された「労働者の職務に応じた待遇の確保等のための施策の推進に関する法律（同一労働同一賃金推進法）」では、業務の内容および当該業務に伴う責任の程度その他の事情に応じた均等な待遇および均衡のとれた待遇の実現、つまり正社員と非正規社員（派遣社員）との賃金格差の解消を目指すとされました。そしてこれらが同一労働同一賃金ガイドラインへつながっていったのです。

そして、令和2年4月（中小企業は令和3年4月）、パートタイム・有期雇用労働法が施行され、非正規社員（パートタイム労働者、有期雇用労働者、派遣労働者）について、不合理な待遇差の廃止や労働者に対する待遇に関する説明義務の強化などが定められました。

このような動きが、世界の中で特異であったこれまでの日本の賃金制度に与える影響は決して小さくありません。すでに団塊の世代が定年退職してから久しく、さらに少子化など労働力人口の減少によって必要な人材の確保が困難な状況です。今後、高齢者（定年延長や再雇用）、女

性あるいは外国人雇用がますます進んでいく中で、多様な働き方ができる雇用環境の整備が求められるのは間違いありません。近い将来、日本に同一労働同一賃金である職務給が定着する可能性が高くなってきたといえるでしょう。

しかし実際は、すでに、パートタイム社員だけに職務給を適用し、正社員には依然として職能給が運用されている会社は、正社員転換制度によってパート社員が正社員になった場合、職能等級に格付けされ、そこからは職能段階を基準とした管理になって職能給が支給されることになるという混乱が生じています。

繰り返しになりますが、職能と職務、そして賃金が連動しているのであれば問題ないのですが、きちんと職能基準書が作成されている職能等級資格制度を構築、運用している会社は、実際にはそう多くはありません。そうすると、基軸が異なる人事制度が２本立てになります。すなわち、異なる基準を用いて、雇用形態間で転換することになり、それでは公正性を保つことができなくなります。

実際、厚生労働省「パートタイム労働者の納得度を高め能力発揮を促進するために（平成27年７月作成）」には、平成27年当時にすでに以下のように書かれていました。

> パートタイム労働法第13条では、パートタイム労働者から正社員への転換を推進するための措置を講ずることを事業主に義務付けています。
>
> （…中略…）
>
> パートタイム労働者と正社員の間で、正社員転換が可能になります。また、パートタイム労働者及び正社員の職務（役割）評価の結果があるので、両者間の職務内容の異同を明確に把握し、正社員転換の基準などを適正に設定することが可能になります。

つまりこれは、両者間の「職務内容の異同を明確に把握すること」が前提なので、正社員に職能等級資格制度が適用されているのであれば、

その職務を明確に記述した資料が必要であるということです。

この義務を履行するには、職務内容の合理性が乏しい職能等級資格制度を見直さなければならないことは明らかです。

Ⅲ　役割等級人事制度の概要

1　役割等級人事制度の全体像

役割等級人事制度は、めまぐるしく変化していく経営環境の下において、常にビジョンに向かって革新していくための経営戦略と同期化した人事制度です。経営戦略とこれに同期化した役割等級人事制度との関係は、図表2−1のように表すことができます。

まず、ビジョンを実現するための戦略課題を設定し、これを解決するための（単年度）経営計画を立案します。この計画に合わせた役割行動が役割基準書に落とし込まれ、役割基準書に基づいて人事諸制度が運用されることを表しています。ここで最も重要なことは、ビジョンを実現するための役割行動を定義した役割基準書をどのように作成していくかということです。

これまで多くの企業では、人事制度導入時の職能・職務基準書を、職務調査・分析すら実施することなく、部門、職種に関係なく、汎用的な等級定義に基づいた非常に抽象的なものや、今後の期待行動あるいは過去から行ってきた仕事のみを書き上げて作成されるケースが多くみられました。そうすると、経営課題の解決のための行動が具体的に示されていませんので人事制度を改定したところで結果（業績）を伴うことはありませんでした。

そればかりか、めまぐるしく変化する環境に適合できない組織において、明確な役割行動が定義されていないことは、社員の積極性や環境への適応性を阻害することになり、社会的ストレスは増えるという、デフレ・スパイラルに陥りがちです。したがって、このような状況を打開するために、役割等級人事制度が注目され、構築、導入されるようになったのです。

●図表２−１　経営戦略と役割等級人事制度

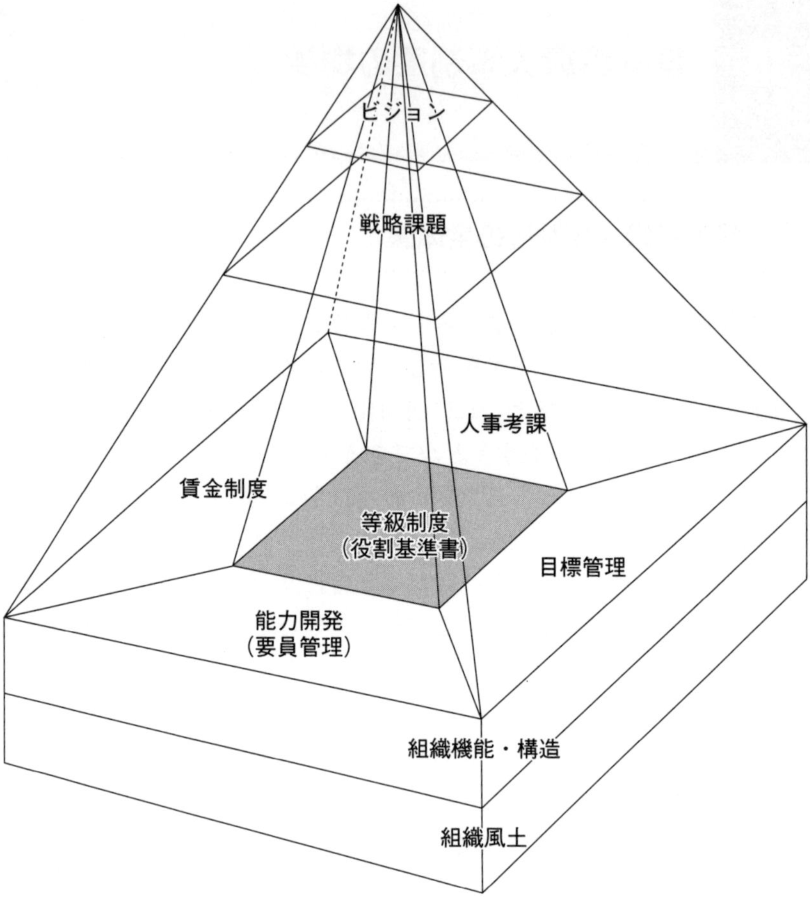

2　役割等級人事制度で重視する４つの行動（仕事）

役割等級人事制度は、経営戦略と人事戦略を同期化した人事制度です。したがって、役割等級人事制度における人事考課、目標管理制度の目的は、経営戦略を実現するために社員が期待されている結果と、これを達成するための行動と業績責任を定義し、達成度を測定、評価していくことです。

それから、人事考課や目標管理制度で管理すべきこととは、会社が経営計画で決めた目標に沿ってそれぞれの役割において期待している役割行動であり、その結果ということになります。そして、この目標は中長期で立てられ、毎年、見直しを図りながらも、毎年の目標が達成できるよう行動を変えていかなければなりません。これらの行動を整理すると、次の４種類の行動（仕事）になり、役割等級人事制度における「役割」とはこれらの行動の総体をいいます。

１つ目は、過去から引き継いで最低限やらなければならないような、基本的な仕事です。

２つ目は、この基本的な仕事も含め、効果が出ていない行動（仕事）の単純な改善によってできる仕事（問題が発生しないように改善する仕事）です。

３つ目は、これからの目標のために新たな挑戦が必要な、戦略的に新しい行動（仕事）です。

これらの３つの行動（仕事）を最低限実行することだけでは不十分であり、そこに４つ目の行動、すなわち「環境や状況認識の変化に適応しながら創発的に発生する行動（仕事）」が求められます。

これは、戦略的意図に基づく行動と価値共有（経営理念など）に支えられた創発的行動の両立があって初めて経営目標が達成できるということを示します（図表２−２）。

まれに、何らとるべき行動（仕事）を決めずに「環境に合わせて戦略的に行動を変え、結果を出しなさい」という、社員へ丸投げするかのような創発的な戦略論に出会います。しかしこれは顧客に提供すべき価値を明確に示した企業の中で余程の能力があり、かつ自律した社員のみがなせる技です。多くの会社の多くの一般的な社員は、決めたことすらやらない、あるいはできないものであることを理解しておかなければなりません。この「やらない」理由は、これまでの行動を変えることへの不安であり、抵抗です。「できない」理由は、そもそも知識がない、あるいはこれまでに経験したことがないからです。

したがって、会社としてはこれらのことを想定しながら、これからの行動（仕事）を「役割基準書」に書き上げることで戦略面から行動を規

●図表２−２　４種類の仕事と経営目標の達成

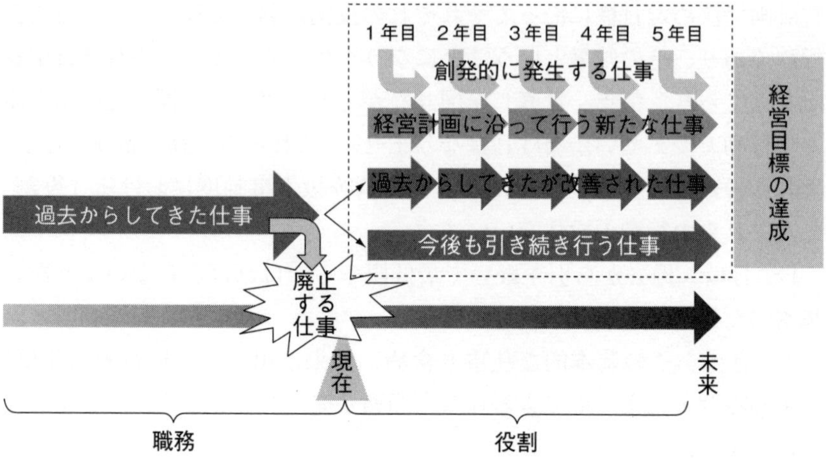

定していくのです。これらの行動をとるための教育訓練や能力開発、また管理監督者がティーチングやコーチング、時にはカウンセリングをしながら、具体的に行動に移させ、結果を見ながら行動を修正させることが必要となってくるのです。

言い換えると、経営者がどれだけ経営理念を語り、経営方針を叫んだところで、それだけでは部下の具体的な行動は何も変わらないのです。

3 役割等級人事制度構築の流れ

役割等級人事制度構築の全体の流れは、図表2−3のとおりです。

役割等級人事制度の設計は、「役割」を果たすためには組織（企業）が今後の経営環境に適応し発展することを目的・目標としたビジネスモ

●図表2−3 役割等級人事制度構築の全体の流れ

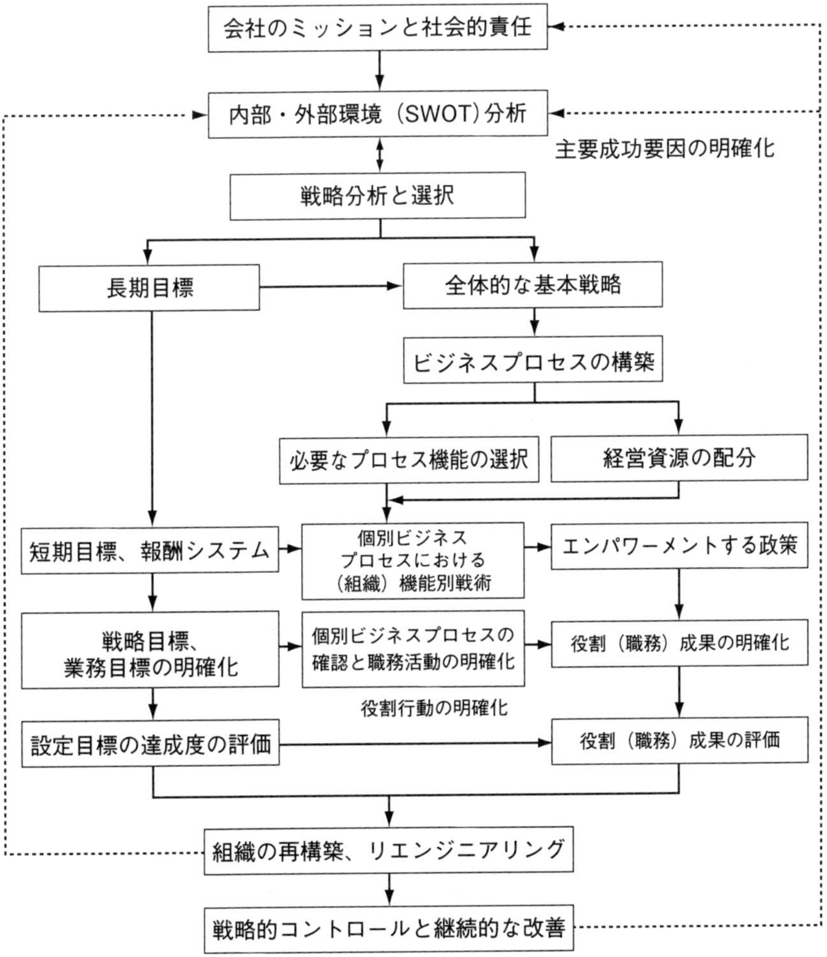

デルを確立することと、ビジネスプロセスの構築あるいはプロセスの改革を盛り込むことを前提としています。

つまり、「これまでの職務」からの発想ではなく、「今後の経営環境に対応し経営目標を達成するため」のビジネスプロセスの構築から始めるということです。まずビジネスプロセスの改革を行い、そのプロセスの機能に求められる仕事と成果責任を明確にし、そしてその役割にマッチする人材を当てはめる（ここに権力関係、階層が入る場合もある）という手順になります。

それに加えて、エンパワーメント政策をとるのは、重要なプロセスの中の機能を担当する人に、「今後はどう変わり、今から何をしなければならないか」をイメージさせ、変革に向けての動機付けを行うためです。

4　役割等級人事制度構築・導入までの詳細ステップ

役割等級人事制度の構築・導入のステップの詳細は、図表2-4のとおりです。

●図表２−４　役割等級人事制度構築・導入のステップ

	手　順	内　容	メンバー
フェーズ1	1. キックオフ	①社長の方針発表 ②これからのイノベーション活動について ③プロジェクトの立上げ	
	2. 現状把握	環境分析をするための行動計画の策定 ※部門別の環境分析も実施する	経営幹部 （管理職以上）
	3. 経営環境分析のための調査・分析	①調査（特に、顧客ニーズ、外部環境） ②課題の確認	プロジェクト
	4. 業務調査	①現状の業務の流れと内容の洗出し ②困難度・知識・能力レベルの確認	プロジェクト
	5. 経営課題の確認	①経営目標の確認と上記2〜4の結果を受け、経営課題を洗い出す ②全社経営計画の策定 ③部門別課題の検討 ④部門行動計画の策定	各部門責任者
フェーズ2	6. 新業務フローの構築	①経営課題および部門課題を踏まえた、新たな業務フローの構築 ②プロセス監視指標の設定 ③業務分析 ④役割（職務）編成	プロジェクト
	7. 新組織体制の検討	①上記6の新業務フローを組織に落とし込む ②業務分掌の作成 ③会議体の設定	経営者層
フェーズ3	8. 人事制度の構築	①役割基準および等級制度の策定 ②人事考課制度の策定 ③能力開発制度の策定 ④目標管理制度の策定 ⑤賃金、賞与、退職金設計 ⑥社員説明会	事務局
	9. 目標設定	新年度目標の設定と個人目標への展開	経営者層 管理・監督者

	手　順	内　　容	メンバー
フェーズ4	10. 各部門のプロジェクト活動	①新規開拓、深耕策の実行（営業） ②標準化活動 ③現場改善活動　など	プロジェクト
	11. 人事考課者訓練	公平・公正な人事考課を実施するための訓練またはコミュニケーション（フィードバック）能力の向上	一次、二次考課者
	12. 新人事制度の運用	①辞令作成 ②ガイドブック作成 ③社員説明会	

STEP1　経営環境分析による現状把握と経営課題の抽出

図表2−4のフェーズ1にあるように、まずは経営者の方針発表、そして経営環境分析があります。経営者層、社員が自ら主体的に外部環境（市場の動向）を調査し、経営課題を見つけ出すことから始まります。ここでは、独りよがりの分析にならないよう、コンサルタントなど第三者を入れて、データに基づいた科学的分析が求められます。

この分析によって、市場が今後どのように変化していくのか、現在の顧客および潜在顧客がどう変化していくかなどを予測し、競合他社との差別化において強化すべき製品・サービスの充実や最新設備の導入など、方向性が決まってきます。そして、何よりも今後、自分たちに求められる能力やそのための課題が見えてくるところに最大の意味があるのです（図表2−5）。

マクロ環境的には、グローバル化、人口減少、少子高齢化などによる社会構造（政府部門と民間部門との関係、国と地方自治体との関係、企業と個人との関係）は大きく変化してきており、法制度によって規定される社会システムの秩序形成の動向は特に注意しておくことが必要です。

加えて、地域の生産年齢人口の推計など年齢階級別人口や学生人口の推移、地域にある大学の志願者推移などを確認しておくことで、今後の採用市場の予測もできます。また、多様な働き方に関する法整備や企業事例などの収集、分析も必要です。ともかく、今後の少子高齢化社会に

●図表２−５　経営環境分析による現状把握

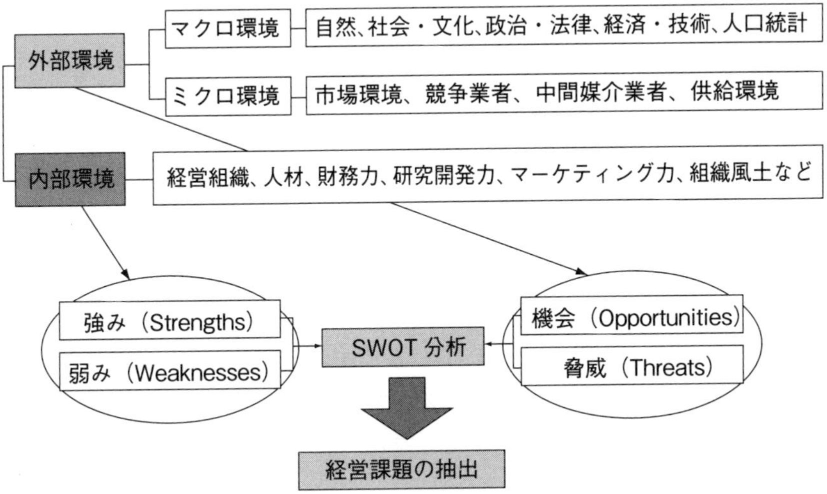

おける若手労働者の採用難は、中小企業の経営に大きな痛手となりかねません。

一方、内部環境的には、競合他社とのできる限り定量的な相対比較においてコア・コンピタンス（他社に模倣できない中核的能力）を導き出すことが中心になります。同時に、これまでの苦情・クレームあるいは社内での不適合（製品やシステム）について整理、分析し、弱み（課題）となっている要因を洗い出します。

例えば競合他社についての分析結果を見ると、噂話程度の情報を抽象的かつ非常に稚拙な分析をしてしまっていることがありますが、ここは時間をかけてしっかりと分析をすることで、従業員に情報収集・分析力がつき、また、新たな気づきや視点が得られるなど大きな効果を得ることができます。

さらに内部環境分析の基礎データとして、社員の労務構成、平均年齢、賃金原資の確認およびこれらの将来に向けたシミュレーションや試算を実施しておく必要があります。過去の離職率の実績に加え、社員アンケートなどによって、親の介護や自身の病気への不安など調査を行い、有能な人材の離職を防ぐ対策を講じたとしても、それでも避けることができ

ない今後の離職率を想定しておくことが重要です。

これらのことを踏まえて経営課題を中長期的にどう解決していくのか、経営数値目標に合わせて、中長期経営計画として示します。この経営課題の一つに、「多様な働き方ができる環境づくり」が入ることになるでしょう。

STEP2　現状の業務プロセスの洗出し

フェーズ2は、現状業務プロセスの洗出しとあるべき姿の業務プロセスの構築の大きく2つのSTEPがあります。

全業務が洗い出せることを前提として、部門ごと、職種ごとに、社員を選抜し、職務調査票を活用して、業務（課業および役割行動）を書き上げていきます。

この際､後に作成する｢プロセス展開表｣に記入しやすくするために、職務調査票には､しっかりと課業の具体的な作業を手順に従って記入し、また、今後の改善につなげるために、課業および役割行動（単位作業）ごとの問題点、予測されるリスクについても申告をしてもらいます。プロセス展開表の作成方法は､後述**6(2)**(P. 54以降)を参照してください。

仕事基準である役割等級人事制度における職務調査は､「プロセス展開表」を作成するための一手段（事前準備）としており、職能資格制度における職務調査とは全く異なることに注意してください。

役割等級人事制度における職務調査は、構築過程で実施する職務分析だけでなく、業務分析をすることで業務改善や業務配分の適正化などに活かすこともできます。

STEP3　あるべき姿の業務プロセスの構築、新組織体制の検討など

経営環境分析によって抽出された経営課題や業務課題の1つひとつについて、全部門横断的に解決方法を討議し、互いに合意をしながら業務の流れと内容を決めていきます。そしてあるべき姿の業務プロセスと課業を、すでに作成されている「現状のプロセス展開表」に書き足してい

きます。これは、非常に骨の折れる作業となりますが、ここでは「すべては顧客満足のため」を念頭に置いて、顧客満足度の高い競合他社や他業界における事例を研究しながら前向きに取り組めるような“場”づくりができるかどうかが成功のポイントとなります。

この段階で、業務プロセスと課業を部門横断的に確認しながら業務プロセスを変えていくことから、それ以前より部門間の意思疎通が図られるようになり､部門を越えた顧客満足追求のための体制が構築できます。

同時に、全部門から参画する社員が、業務プロセスの変更を改善思考で決めていくことができ、決まったことから順次実行できるため、人事制度の構築・導入を待つことなく少しずつ成果が出始めます。

さらに、新たに決めたプロセス展開表に記された単位業務（課業）および役割行動（単位作業）の、単位（サイクル、回、件、枚など）ごとの時間測定を行い、標準時間の設定を行います。

STEP4　人事諸制度の構築

これまでに検討したプロセス展開表に書かれた業務内容を役割として編成し、各役割の内容を役割基準書に書き上げ、人事制度の根幹となる等級制度に落とし込みます。

プロセス展開表には、各業務の難易度（等級レベル）、指標、必要な知識・能力が書き込まれていることから、自動的に役割基準書を作成することができ、一気に人事考課表まで落とし込めます。そのうえで、能力開発制度など他の人事諸制度の設計に進めることができます。

この際には、STEP3 で、設定されている単位ごとの標準時間を参考にして、役割編成したうえで役割基準書が作成されることから、単位時間あたりの業務量も確定できます。

例えば製造業であれば、製品１個あたり、製造ロットあるいは１バッチあたり、また事務作業であれば伝票１枚あたり、作成資料１件あたりで予定時間を確定することができるのです。

ただし、一律に時間で成果を評価することが適当でない企画・創造的業務については、ある程度何をするかについてプロセスを決めることが

できたとしても、実績としての成果でしか評価することができないことに注意が必要です。

STEP5　プロジェクト活動、考課者訓練などによる制度の定着

プロセス展開表は、経営計画を達成するためのあるべき姿のプロセスを表したものであり、これを安定して実行していくための仕組みが必要となります。このため、プロジェクトあるいは小集団活動をすることで、モデル（ケース）づくりを行うなど、プロセスに関する理解を深めることによって、確実に実行することができるようになります。

できれば、部門横断でのプロジェクトチームによる活動とし、部分最適ではなく、評価を気にせず大所高所からの改善活動に邁進することをお勧めします。

*　　　*　　　*

以上のように、人事制度構築のプロセスに社員を参画させることから、参画した社員はそれぞれの役割内容を理解し、アカンタビリティ（ある人に目標が委任された場合、その人はその完遂について義務感を感じとらなければならない）も生まれ、各職場に戻れば良きリーダーとなります。

その後、経営者が社員に対して、組織として能力を発揮する場をどれだけ多く設けられるか、支援できるかが重要となります。

5　職務調査から役割基準書作成までの流れ

ここからは、役割等級人事制度の運用において最も重要な位置付けにある、経営課題を解決するための「役割基準書」の作成方法について述べます。

役割基準書作成までの全体の流れは、図表2−6に示すとおりです。

●図表2−6　役割基準書作成までの全体の流れ

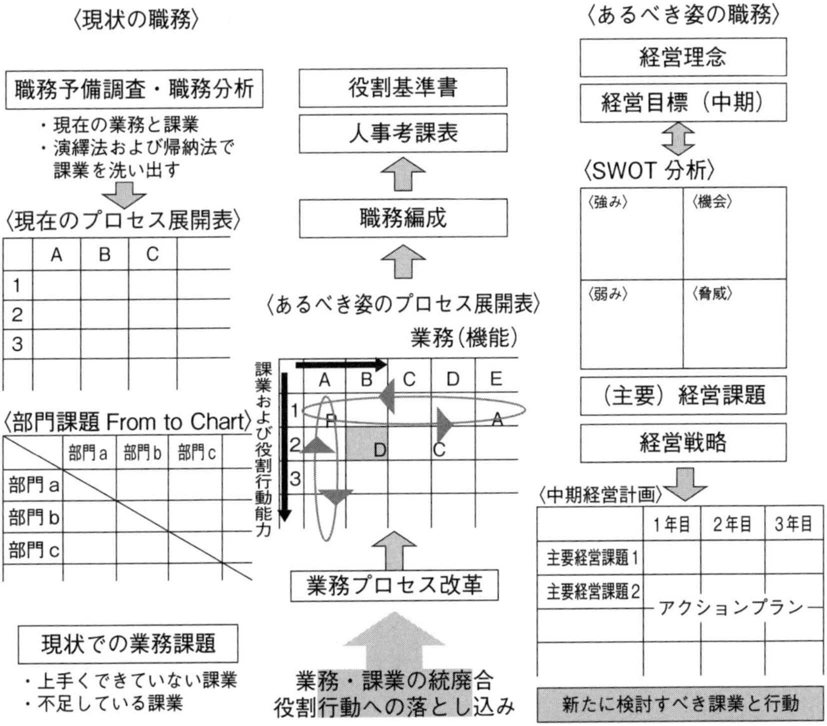

役割基準書作成の流れを大きく分けると、①現状の業務の洗出しとこの職務の改善（図表2−6左側）、②中長期的に「ありたい姿」に向かって新たに取り組まなければならない革新的業務の設定(図表2−6右側)、③これらを統合して役割として再編していく流れ（図表2−6中央）の3つがあります。

多くの組織で目標が達成できていない理由(目標と現状とのギャップ)は、これまでの業務の流れとその業務内容に原因があります。したがって、これらの問題点を見つけ出し、改善することが求められるのですが、単に改善するだけではさらに厳しくなる経営環境には対応できません。このため、中長期的視点（目標）から、いかに現状業務およびその内容を変えるか、あるいはどのような新たな行動（業務）を付け加えるかが重要になります。

まず、「プロセス展開表」を活用して業務および役割（職務）を整理します。このプロセス展開表を活用すると、職務分析の実施により現在の業務の流れ（フロー）と作業内容が洗い出され、その内容を再確認することができます。それから、問題が発生している業務および職務における原因を見つけ出し、業務ごとの課題を設定することもできることから、役割等級人事制度構築のための最も重要なツールとなっています。

6　プロセス展開表の作成

(1)　プロセス展開表の理解

プロセス展開表の作成方法と、プロセス展開表から役割基準書作成への流れについて述べる前に、まずはプロセス展開表を理解するために必要な知識について説明します。

プロセス展開表（図表2－7）の「プロセス」は、「業務」と同じ意味です。

業務とは、まずは大きな括りとして生産、営業、購買、財務といったものを示します。これらは経営の基本機能といわれる業務ですが、基本機能にはこの他に総合管理機能、人事機能、技術機能などがあり、それぞれに付随する業務があります。これらの「業務」は、多くの場合、いくつかの要素からできており、それぞれが関連し合い、その業務の目的を果たす「働き」をしており、この働きを「機能」といいます。

組織によって何の業務にどのような機能を持たせるかは異なってきますが、例えば、図表2－8のように、販売機能（第1階層業務）には、販売計画、販売活動、受注対応、在庫照会、返品、クレーム対応、売上請求処理、回収処理などの機能があり（第2階層業務）、さらに販売活動機能には電話営業、価格調整、訪問販売、接待、商品説明会、営業報告、与信設定、取引停止手続きなどの機能があり（第3階層業務）、さらにこれらの機能を作業レベル（役割行動）にまで落とし込みます（第4階層業務）。

なお、これらの機能は、同じ階層における機能および各機能の中でマネジメント・サイクル（Plan－Do－Check－Action　以下「PDCA」という）が回るように構成しなければならないことに注意を要します。

プロセス展開表は、仕事に関する情報を広く調査・分析し、職務内容（役割行動）を明確化するために活用します。このプロセス展開表は、横向き（A、B、C……）に流れる業務と、縦向き（役割行動1、2、3……）に流れる役割行動（作業の流れ）で構成しています。

具体的にはまず、横向きに業務を書き出します。次に、その業務ごとの作業の流れを縦向きに書いていきます。このとき業務の全階層の作業の流れを縦一列に表現することはできません。したがって、横向きの「業務」は、縦向きに書き出す役割行動ができるかぎり具体的になるレベル、つまり第3階層以下の業務を書いていきます。

なお、業務には、定期（日々、週、月、四半期、半期、年など）業務と不定期業務がありますが、頻度の高い日々の業務から書き始めると、認識しやすくなります。

縦は、業務ごとの作業（役割行動）を手順に沿って書き出しますので、作業（例えば、A－1、2、3、4……）だけを抜き出せば「業務手順書」になりますし、さらに業務階層を落とし込み、作業ではなく動作レベル（A－1－1、A－1－2、A－1－3……）にすることで、この部分だけを抜き出せば「標準作業書」にもすることもできます。

なお、プロセス展開表上の各項目の定義は、以下のとおりです。

① 機能内容……業務および作業が、管理機能（PDCA）の中のどのような働きをしているか。

② 成果指標……当該業務において何を達成すれば、目標を達成したといえるのかを示した指標。

③ 先行指標……何（手段＝役割行動）を達成すれば、目標を達成したといえるのかを示した指標。

なお、指標は、業務によって顧客価値を向上させることにつながる時間（納期）、コスト、品質、継続性となります。

④ インプット……役割行動（変換）によって期待される結果（＝アウトプット）を得るために投入される資源。

⑤ アウトプット……役割行動（変換）によって期待される結果および次のプロセスのためのインプットとなる資源。

⑥ 関連プロセス……当該役割行動のインプット、アウトプットとなる

●図表 2−7　Y 社　プロセス展開表（例）

業務の流れ / 作業の流れ・知識・能力	A	B	C	D	E	F	G	H
	立地（●●●情報）	立　地（デベロッパー情報）	立　地（不動産情報収集）	（不動産）計画・探す	商圏調査	競合店調査	出店計画	出店計画
役割行動 1	●●●本部に入ってくる物件をFC事業部の部長から紹介。（ファックス又は郵送）	○○・××・□□・△△等への出店お願い（提案）（プレゼン資料）（会社概要）	出店希望地の不動産リストを作成する。▶試算表やガイドライン	プレゼン資料は●●●プレゼン資料を提出する。	事前資料収集 出店地の確認 広告代理店より情報収集	近隣の競合店をピックアップする。	年間スケジュールを確認する。（事業5カ年計画を参照）	坪数については、××坪程度が理想。 間口は広い方が理想で、坪単価●〜●.●万円位。（東京は除外）
P・D・C・A	P	P	P	D	P	P	P	P
インプット	●●●本部からFAX				広告代理店情報		事業5ヵ年計画	
アウトプット	確認済みFAX資料	プレゼン資料	不動産リスト	プレゼン資料		競合店リスト	年間スケジュール	
知識・能力	開発力	折衝力	決断力	規律性	折衝力	判断力	管理統率力	開発力
知識・能力レベル	1	1	1		2	2	1	1
2	立地・坪数・家賃の確認をする。	○○・××・□□・△△等からの出店依頼（受ける）	平日と土日に分けて店舗見学をする。 駅前の場合は、乗降客も調べておく。（E・Fへ行く）	名刺交換をし、希望物件があれば連絡を待つ。	事前資料収集 広告代理店より資料請求をし、いろんな角度から資料作成をする。（風景・写真撮る）	競合店調査 ※マニュアルに従って店舗見学に行く。 ※別紙参照	出店基準を決める営業利益が××万でるシミュレーション結果であれば出店条件になる。（A6へ）	
P・D・C・A	P	D	D	D	P	P	P	
インプット	確認済みFAX資料				○	競合店調査マニュアル	M	
アウトプット	確認済みFAX資料				出店計画書			
知識・能力	開発力	開発力	決断力	規律性	理解力	判断力	判断力	
知識・能力レベル	1	1	1		4	5	1	
3	●●●FC部長と物件を見学。周りの状況、人の流れを見る。見極める（F・Gへ行く）	平日と土日に分けて店舗見学をする。 駅前の場合は、乗降客も調べておく。（E・Fへ行く）	不動産に物件情報を依頼する。 会社概要と●●●プレゼン資料を事前に準備して渡す。	1ヵ月に1回は連絡をしておく。 物件の連絡があれば、条件を確認して選別をする。	市場調査 実際に足で歩き人の流れや周りのショップを見て聴く。（最寄品の多い場所）	調査後は資料作成（報告書）して、会議する。『新店プロジェクト会議』へ（F/G6へ）	出店基準を決める。 立地条件 売上目標 平均坪数 家賃・出店決定（条件書確認）	
P・D・C・A	D	C	D	C	D	C	P	
インプット							F	
アウトプット						競合店調査報告書		
知識・能力	決断力	判断力	規律性	規律性	開発力	表現力	責任性	
知識・能力レベル	1	1			2	4		
4	平日と土日に分けて店舗見学をする。 駅前の場合は、乗降客も調べておく。（E・Fへ行く）	家賃交渉 物件が良ければ家賃交渉をしてみる。		物件条件が合えば、不動産屋と一緒に日程を決めて見に行く。	競合店調査 商圏設定をして競合店を洗出し、実際に店舗視察する。 また、メーカーからの情報を収集	新店プロジェクト発足	立地について、人通りの多い、商店街または乗降客の多い駅前立地を設定条件とする。	
P・D・C・A	D	D（A）		D	C		P	
インプット							D	
アウトプット	会議資料				Gに！			
知識・能力	判断力	折衝力		開発力	判断力		開発力	
知識・能力レベル	1・2・3	1		1	2		1	
5	平日と土日に分けて店舗見学をする。 駅前の場合は、乗降客も調べておく。（E・Fへ行く）			平日と土日に分けて店舗見学をする。 駅前の場合は、乗降客も調べておく。（E・Fへ行く）	平日と土日に分けて店舗見学をする。 駅前の場合は、乗降客も調べておく。（E・Fへ行く）		ショッピングセンターの場合は、母店売上××億円以上で場所は1階の入口付近が理想である。（Kプロセスと関連）	
P・D・C・A	D			D	D		P	
インプット	A−2						経営計画書	
アウトプット				A6へ	ここまでA4へ			
知識・能力	決断力			決断力	決断力		開発力	
知識・能力レベル	0・1			1	2		1	
6	平日と土日に分けて店舗見学をする。 駅前の場合は、乗降客も調べておく。（E・Fへ行く）						売上について、月商×××万以上見込めるのがよいが、以下でも条件次第では検討。（Kプロセスと関連）	
P・D・C・A	D						P	
インプット	G3が来る						経営計画書	
アウトプット	E・F・Jへ							
知識・能力	決断力						決断力	
知識・能力レベル	0・1						1	

※0：幹部会（役員）、1：部長、2：店長、3：主任、4：一般社員、5：アルバイト

I	J	K	L	M	N	O	P	Q
出店計画（決裁）	出店基準の策定（更新）	経営計画（進捗確認）	不振店対策	売上不振の場合	出店決定	工事予算基準	店舗設計	店舗設計
出店基準となる損益分岐点を出すための必要条件（情報）を集める。	一般公開されている調査資料は役所等で入手する。	出店後、売上動向を10か月観察。 年間売上指数も参考に見る。	営業利益の●●%を2か月連続で落とした場合は対策会議を売場店長とする。	幹部会議を開く。状況報告をする。問題点を探す。	幹部会決定！ オープン日を決め、オープンまでのスケジュールを組み立てる。（A6・D5・G3へ）	インショップの場合 坪●●万～●●万円	工事関係者を社内調整する。	内装図面の確認（寸法確認）
P	P	C	P	D	P	P	P（調整）	C
		I5資料		売上報告書				内装図面
	調査資料				出店スケジュール			確認後内装図面
責任性	理解力	決断力	指導力	決断力	開発力	開発力	折衝力	管理統率力
1	4	1	2	0	1	1	1	1
売上試算表を作成して、損益分岐点を算出。 会議に提示する。	①国勢調査 全国の全世帯を対象に集計した人口、年齢、職業、世帯数、婚姻などのデータ。	売上予測が思わぬ悪い場合については、人件費の節約・兼業店に変更について検討する。（I2へ）	店長は、月間売上報告書を分析し、会議に臨む。（母店売上も把握しておくこと）	販促の練り直し。内容確認。 改装セールの検討。	工事予算を決める。 （工事予算基準を作る。） インショップ 路面店（Oプロセスから）	路面店 外装等の設備工事費が増すため、プラス×××万円の予算を見込む。	工事関係者に連絡する。 （■■■■） （○○工芸）	実際にどれだけ商品が並ぶかを確認する。
P	P	A	P	P	P	C	D	C
売上試算表／損益分岐点資料	国勢調査	不振店対策書（M5）	月間売上報告書					確認後内装図面
					工事予算基準書			
責任性	理解力	決断力	指導力	決断力	開発力	開発力	折衝力	判断力
1	4	1	2	0	1	1	1	2
●●●本部に確認し出店予定の物件を見てもらい、売上予測を依頼する。（承認をもらう）	②消費者購買動向調査 主婦の家計簿を基にした、商品に関する購入量、価格のデータ。	経営計画の見直し	店頭販促・催事計画・イベントを提案する。	店内改装について会議する。	店舗形態を選別する。 自社会議をする。	路面店の場合エアーカーテンは標準装備する。	日程を決めて打ち合わせをする。（当社・◆◆◆・施工業者）	○○以外の備品の置く場所も決めておく。
D	P	A	P	A	D	P	D	C
	家計調査							確認後内装図面
		経営計画書改定版	販促・催事など提案書					
折衝力	理解力	決断力	指導力	開発力	決断力	開発力	折衝力	判断力
1	4	0	2	0	1	1	1	2
損益分岐点を上回る売上予想結果であれば、幹部会にかける。（営業利益●●万）（A6へ）	③人口動態統計年報 全国の市町村の届書を基にした集計 出生・死亡等の人口動態データ		会議には参加するようSV（スーパーバイザー）に連絡する。	外装変更について会議する。	●●●・▲▲▲のどれかにする。（幹部会決定）		日程を決めて打ち合わせをする。（◆◆◆・▲▲▲・施工業者）	△△機・▲▲機等の寸法を測っておく
C	P		P	A	D		D	C
	人口動態統計年報／民力							
決断・判断力	理解力		指導力	開発力	決断力		折衝力	責任性
0	4		2	0	0		1	
幹部会にて売上試算表を見直す。	④商業統計 卸売業・小売業を対象として集計。 商店数、年間販売額 従業員数、売場面積などのデータ		会議の方向によっては、企画会社も参加してもらう。	変更内容についてまとめる。	希望形態を●●●本部に確認する。		特に、サイン（電飾）等は●●●本部に依頼する。	什器の配置確認 全体の配置も考えて使いやすいようにしておく。
A	P		D	D	C		C	C
	商業統計							確認後内装図面
見直し試算表				不振店対策書			依頼書	
開発力	理解力		交渉力	決断力	規律性		折衝力	判断力
0	4		2	1			1	2
出店資金調達 出店に必要な資金を計算する。 また、財務に調達を依頼する。	出店基準と照合収集したデータを出店基準と照合し、見直す。		計画以降、不振が続く場合については、J2へ。		人事作成 店舗配置人員を想定する。		特に、色彩・什器のサイズに注意（●●●直営店）	レジ・PC・プリンター 電話等の配置漏れがないようにする。（IT関連部門）
A	D		A		D		C	C
見直し試算表	出店基準							
					要員配置計画書			
交渉力	決断力		決断力		決断力		折衝力	責任性
1	1		1		1		1	

●図表2−8　業務の階層と機能

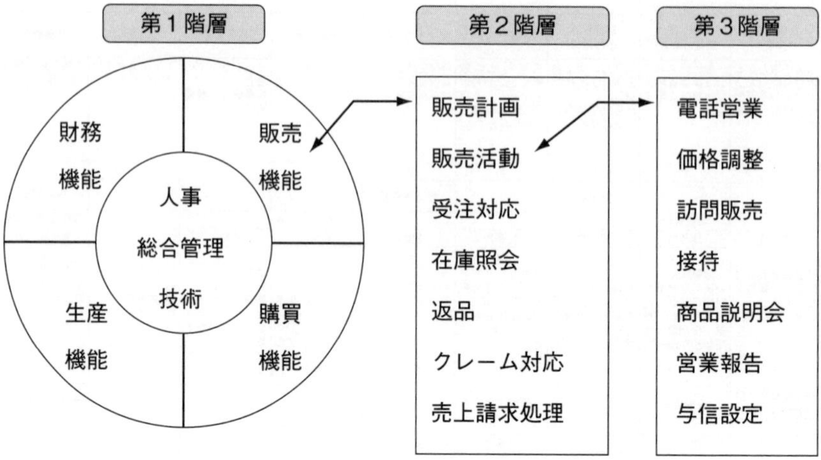

他部門の業務プロセスまたは役割行動を示す。

⑦　業務リスク……業務全体、役割行動を起こすにあたって留意すべき危険、損害。

⑧　知識・能力……結果を得るために起こす役割行動に必要なスキル要素名（人事考課要素名）。

⑨　等級レベル……ここでは、分類法による役割評価を想定していますが、洗い出された役割行動を、職務調査によって定義された役割等級評価基準によって評価し、分類した等級を示します。したがって、役割基準書は、プロセス展開表から業務別、等級別に役割行動を集約することで、作成することができます。

(2)　プロセス展開表の作成方法

ここからは、図表2−6（P. 49）に基づき、役割基準書の基礎となるプロセス展開表の作成方法について具体的に述べます。すでに述べたように、大きく3つの流れで説明します。

①　現状業務の洗い出しと業務改善作業

図表2−6左側の作業手順について述べます。

プロセス展開表の作成は、まず、組織図を見て部門と役割（機能）を

確認することから始めます。組織図にはその組織の歴史的な背景が現れています。現状の各部門が行っている役割範囲が顧客価値向上の観点において正しいかどうかにかかわらず、まずは現実をしっかりと洗い出し、現状を把握します。

そのために、まず部門別に職務予備調査・職務（分担）調査を行います。ひとまず大雑把に業務を洗い出してから、職務内容を把握して、プロセス展開表の用紙に記入します。なお、現時点において問題が生じている業務があれば、解決策を検討しておきます。後に、この検討された解決策は、業務改善の参考にします。

次に、各部門、部門内の全業務を網羅できる管理監督者など数名でプロジェクトを組み、液晶プロジェクターなどを活用して映し出したプロセス展開表を中心に、まずは日々の定型業務から洗い出していきます。ここでいう部門とは、複数の支店および工場がある場合、それぞれの拠点ごとに同じ業務を行う部門があれば、拠点の壁を越えて一堂に集まり検討します。これは、同じ部門でも、拠点ごとに業務フローと業務内容が違っていたり、さらには役割分担が全く異なっていることが多くありますが、それぞれのプロセスの良し悪しに気づいたときには、良いほうに合わせていくなどにより、業務の標準化を検討できるという大きなメリットがあります。

それぞれの部門の拠点共通のプロセス展開表ができあがった段階で、全部門のプロセス展開表を全プロジェクトメンバーで議論します。この際、先に実施している職務調査票に書かれた業務リスクとその解決方向が役に立ちます。

同時進行で、他部門に対して要望を出し合う“From to Chart”を活用します。これは、全社的視点（全体最適）で解決策と解決行動を検討し、各部門のプロセス展開表に他部門の要望に応える業務および解決行動（作業）を新たに付け加えるために使います。さらに、現状で行っている業務および作業を、他の部門で行う方が適切であると判断された場合には、他の部門へ移管（プロセス展開表の書換え）をするなど、業務改革をしていきます。

最後に、現時点で発生している顧客（社内後工程を含む）の苦情を含

め、現時点で判明している不具合が、プロセス展開表で解決できているかを、プロジェクトメンバー全員で最終確認をします。

② 「ありたい姿」から導き出される革新的業務および作業の設定作業

図表2−6右側の作業について述べます。まずは、経営者の中長期目標（ありたい姿）を確認します。革新は、「ありたい姿」をしっかりと認識することから始まります。これができれば、次に経営課題を抽出するための現状把握（経営環境分析）を実施します。

この経営環境分析は、経営幹部だけでなく、各部門の管理監督者を参画させ、二段構えで実施します。なぜなら、経営幹部だけで環境分析を行うと、現場第一線で感じている細かい情報を収集・分析できず抽象的な課題設定になってしまうためです。経営幹部の環境分析と並行して、各部門管理監督者による環境分析を行いますが、同時に、これは今後の経営戦略の策定に参画させ、管理監督者の経営に対する信頼と、モチベーション向上につながる効果があります。そればかりか、これまで見ているようで見ていなかった曖昧な外部環境情報を自ら主体的に調査することで、顧客・市場の実態を知り、健全なる危機感も醸成されます。

そのうえで、顧客・市場が今後どのように変化していくのか、その結果、現在の顧客および潜在顧客がどう変化していくかなどを予測し、競合との差別化において、強化すべき製品・サービスの充実や、最新設備の導入の必要性など、数多くの経営課題が抽出されます。同時に、この過程で自分たちに求められる能力や課題も同時に見えてくるのです。

このように経営環境分析によって抽出された中長期で解決しなければならない課題は、戦略的視点から（全社・部門別）中長期経営計画に落とし込み、これをさらに（全社・部門別）単年度計画に落とし込みます。この計画によって、各部門別に新たに付け加えられる業務および役割行動が明らかになります。

ここで注意すべきことは、「これまで行っていないことだから」と抽象論で終わらせるのではなく、最終的に決められた行動をしたかどうか、結果が出たかどうかをモニタリングし、評価できるように業務、役割行動を具体的に設定するということです。残念ながら、どれだけ環境分析を行い、今後を予測したところで、こうすれば必ず結果が出るというも

のではありません。しかし、まずは決めなければ行動を起こすことはできませんし、決めていなければ、結果が出なかった場合の行動（業務）の修正もできません。

すべては限定合理性において、勇気と覚悟をもって行動を決めることから始まります。

(3) 新たな役割（職務）編成の作業

現状業務を洗い出し、現時点で発生している問題を解決できるよう改善したプロセス展開表に、ありたい姿（中長期計画）および「あるべき姿」（単年度計画）から新たに付け加えなければならない革新的業務および役割行動を落とし込み、あるべき姿のプロセス展開表を作成します。同時に、顧客価値向上の視点から、業務の再編成（実務的には、部門別あるべき姿のプロセス展開表の変更）を行います。

すでに全プロジェクトメンバーで改善、作成したプロセス展開表をさらに追加修正することになりますので、関連部門のプロセス（展開表）にも十分注意をして、全部門のプロセス（展開表）を再確認しなければなりません。

必要なことは、自社の資源を顧客にとって価値のあるものに変換する業務プロセスにおいて、その行動（単位業務および役割行動）によって、品質（Quality）・費用（Cost）・時間（Time）を改善することです。

つまり、業務プロセスが改善・改革されたかどうかの判断は、最終的に顧客満足を獲得できたかどうかということになります。ようは顧客満足をもたらすための視点となる、品質向上（クオリティアップ）、費用低減（コストダウン）、納期短縮（スピードアップ、速さ）のいずれかにおいて、経営計画上、期待される成果を得られたかどうかで判断するということです。

また、プロセス改革によって、組織内に散在しているコア・コンピタンスを、市場・顧客の特性に合わせて組み合わせ、組織力レベルで実行可能となっているかどうかを確認することが必要です。

図表2−7のプロセス展開表で、業務J（出店基準の策定、更新業務）、L（不振店対策業務）および業務Gの役割行動1に網掛けがされている

のは、これら業務および役割行動が、プロセス展開表の作成工程において、業務改善した、あるいは新規に付け加えられたことを示しています。

この事例の会社では、中長期経営計画を策定することなく、経営者の経験と勘を頼りに出店を行い、店舗運営については経験が浅い若い店長に任されていました。その結果、無計画な出店を行い、これによって過大な借金をつくり、さらには、業績不振店の対策不足など、ますます業績を悪化させていました。ということで、まずは中長期経営計画を策定すると同時に、経営者が独断で行っていた立地（物件）探索業務を他の責任者でもできるよう手順を明らかにすることや、出店計画の精度の向上、不振店対策を課題設定しました。ようするに網掛け部分は、基準を策定し計画との差異を管理できるようにしたり、曖昧になっていた業務や差異が出た場合の対策（方法や手順）を明らかにしたりするなど、新たな業務と役割行動を付け加えたことを表しています。

(4)　役割基準書と役割等級数の設定との関係

あるべき姿のプロセス展開表が完成すれば、等級別、職種別に役割行動を整理するだけで「役割基準書」ができることはすでに述べたとおりです。この等級数は、プロセス展開表策定過程での議論や役割基準書の内容を見ながら、あらかじめ想定していた役割等級評価基準（初級・中級・上級）に基づいて分類されます。

しかしながら、想定していた等級数では収まらない役割行動あるいは役割（基準書）ができた場合には、想定していた役割等級評価基準を見直し、等級数を増やすことになります。

また、あらかじめ役割等級評価基準を作成せず、役割編成後の役割基準書の内容を考慮しながら、役割等級評価基準を作成していくのも１つの方法です。

いずれにしても、異なる職級（職務の中の技術段階）をもつ役割（製造職、営業職、開発職、事務職など）は、役割群別（現業職、事務・技術職）に評価基準が異なり、これに連動して等級数も異なります。職能資格制度のように、全職種一律の資格等級数でないことに注意が必要です。ましてや、会社の規模（社員数）で等級数を決めることなどは、論外です。

Ⅳ　新たな業務と役割行動

1　新たな業務、役割行動の検討

目標を設定、達成するためには、このための課題の抽出から設定までを行い、実行可能な対応策を考え、実際の行動管理に移す一連のプロセスを構築する論理的思考が必要です。過去の理論や経験が通じにくくなっている今日では、特に必要不可欠なものです。

そのためには、これまでの課題解決の延長線上で問題を捉えるのではなく、過去の情報や経験をいったん白紙に戻し、本来あるべき姿から最善策を考えるゼロベース思考や、結論から対策を考え出していく演繹的思考も必要です。

例えば、本来あるべき姿と現状の違いに着眼し、その違いがなぜ起きているのかの原因を追求していく、「なぜなぜ分析」の活用は有効です（図表2－9）。

それから、対策が、場当たり的にならないよう、現状を正しく把握して、ダブリとモレをなくすという論理的な思考も必要です。

図表2－10の「特性要因図」や「系統図」はロジック・ツリーといわれるものです。前者は過去の問題について原因分析する際に帰納的に因果関係を、後者は中長期（未来）の問題分析の際に演繹的に目的手段関係を明らかにしていき、問題解決思考で構造化しながら論理を詰めていくことで矛盾点を明確化していきます。そのなかで、目的手段関係にモレやダブリはないかをチェックすることが重要となります。

また、論理的に考えられた手段において業務の流れやその内容（手順）の変更があれば先のプロセス展開表の改定も同時に行い、先行指標を見直しておかなければなりません。

●図表２－９　課題抽出のための検討シート

＜顧客開拓ができていない＞

なぜ・どうして？　①	なぜ・どうして？　②	なぜ・どうして？　③	なぜ・どうして？　④	なぜ・どうして？　⑤
市場動向・顧客・競合を把握していない	調査できていない	調査方法が分からない	教育を受けていない	
		上役が、調査のテーマを与え、課題としていない	調査条件を絞り込むための情報もない	調査条件（調査するべき内容＝仕入規模・成長性・取引先など）が決まっていないため、動けない
新規開拓方法がわからない	新規開拓のプロセスが明確になっていない	営業個々人のノウハウになっている（組織能力になっていない）	新規開拓プロセスについて発表、議論し、共有化できる場がない	
	新規開拓のための能力（競合分析／市場動向／コミュニケーション／プレゼンテーション）がない	教育を受けていない	新規開拓について教える人材がない	新規開拓プロセスに関する情報を蓄積していない
			教育を受ける時間がない	通常業務で手一杯（特に、事務作業が多い）
		開拓するためのツールがない（教育ツールがない）	ツールを作成するノウハウがない	
新規開拓をする時間がない	担当者によっては、既存顧客へのルート営業だけで手一杯	移動時間がかかる顧客を担当している	営業効率が悪い訪問順（移動）になっている	営業効率を考えた担当割になっていない
		顧客によっては受注量が多く、これに比例し事務作業が多い	担当割に偏りがある	業務分析ができていない
明確な指示が出ていない	目標、やり方、スケジュールを具体的に示していない(掛け声だけになっている)	文書化、見える化していない(目標設定できていない)		

●図表2－10　特性要因図から系統図へ

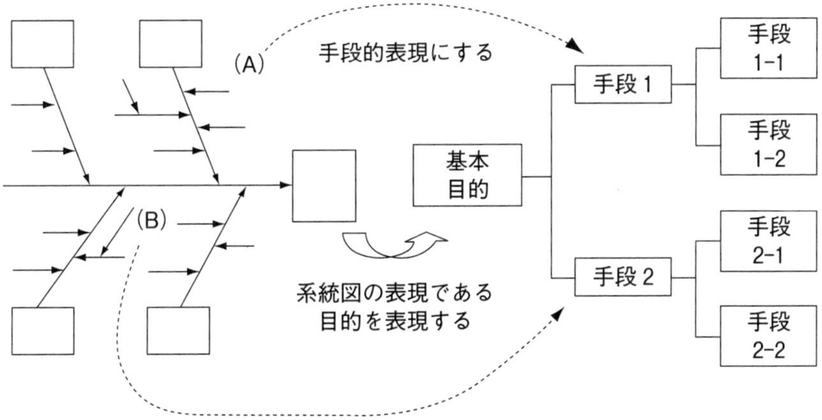

2　特性要因図の書き方

特性要因図とは、特性（結果）と、それに影響を及ぼすと思われる要因（原因）との関連を整理して、魚の骨のような図に、体系的にまとめたものです（図表2－11）。仕事の管理や改善を進めるうえで欠かせない、QC７つ道具の一つの手法です。

(1)　特性とは

特性とは、仕事の結果、あるいは工程から生み出される結果を示すもので、次のとおりです。

① 品質……外観、寸法、重量、純度、不良品数、クレーム件数、不良率など
② 原価……材料費、加工費、労務費、宣伝費、残業時間、売上高、クレーム金額など
③ 量・納期……工数、稼動率、生産量、出荷量、納期遅延日数、納期遵守率など
④ 安全……災害率、事故件数、ヒヤリ・ハット件数、無事故時間など
⑤ モラール……出勤率、参加率、提案件数、改善件数など

●図表2−11　特性要因図の形

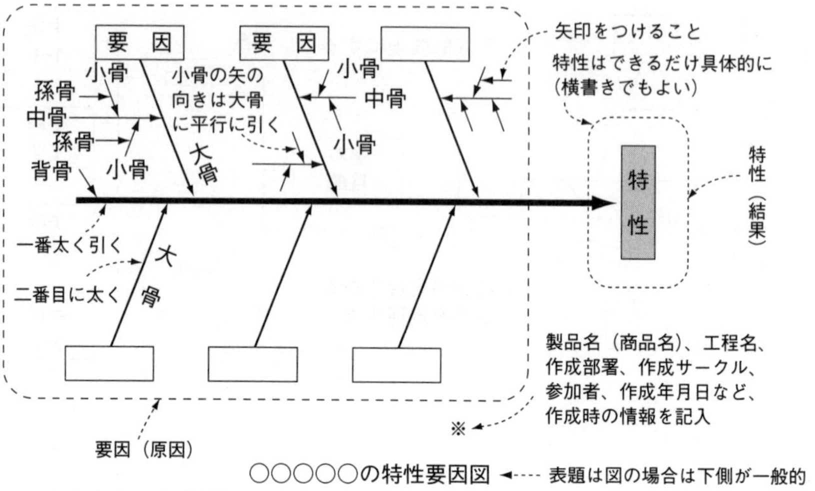

(2)　要 因 と は

要因とは、結果（特性）に影響を与えるとして取り上げた原因です。特性要因図の大骨・中骨・小骨・孫骨は要因にあたります。

製造部門において、特性が製品の品質のばらつきに関する場合、一般に4Mのばらつきに起因していることが多いので、大骨の要因を4Mで検討します。4Mとは、次の4つのMのことをいいます。

①　Man……作業者（人）

②　Machine……機械・設備（装置）

③　Material……材料・部品

④　Method……作業方法（方法）

(3)　特性要因図の書き方

手順1……特性を決める。

「〜の作業ミス」というように“悪さ”で表現したほうが要因を発見しやすくなります。

手順2……要因の背骨を記入する。

手順3……要因の大骨を記入する。

手順4……ブレーン・ストーミングでさらに要因の中骨、小骨、孫骨を記入する。

大骨の要因1つずつについてブレーン・ストーミングを行い、なぜ、なぜと要因（原因）を追究し（図表2−9)、中骨から小骨、孫骨へと細かく矢印で分類し、それぞれ要因を記入します。最も末端（小骨、孫骨）は、アクションのとれる要因（原因）まで展開することが大切です。

手順5……要因（原因）に落ちがないかチェックする。

手順6……各要因の影響度について重み付けをする。

手順7……検証する。

選び出した重要な要因が真の要因であるかどうか、事実をつかんで検証していきます。

3　系統図の書き方

系統図とは、問題を着目点で何度も枝分れさせながらその全容を明らかにし、やがて問題解決の方策に到達していくもので、新QC7つ道具の一つです。

系統図は、目的を達成するために多くの手段を導き出して、その中から最も有利な手段を選定するのに用いられます。この系統図の特徴は、次々と枝分れしながら方策を展開していくところにあります。

例えば、ある目的を達成したいとき、その目的を達成するためのいくつかの手段を考え出し、さらにその手段を実施するためのいくつかの手段を考え、これらを系統的に展開して図に表していきます。

最終的に達成したい目的を基本目的といい、基本目的を達成するためにはどのような手段が必要かを考えます（一次手段)。一般的には、複数の手段が考えられます。

一次手段では、実行に移せるほど具体的な手段となっていないため、さらに、この一次手段を目的と考え、これを達成するための手段をいくつか考えて二次手段とします。同様に、二次手段を目的として三次手段を考えていきます。このようにして得られた手段が実行できる具体的な

●図表2−12　方策展開型の系統図（概念図）

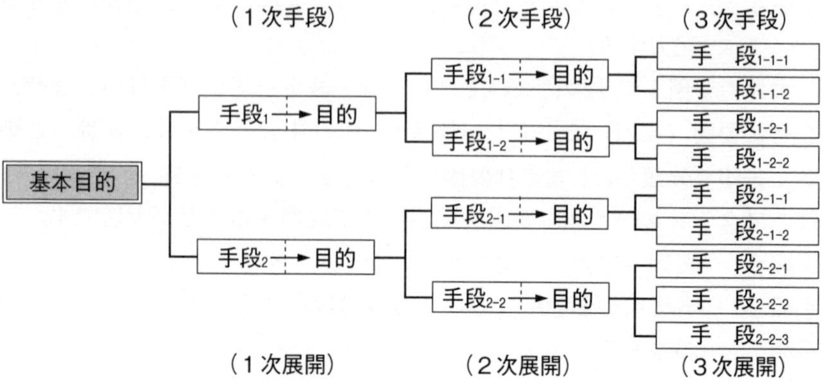

ものとなるまで、繰り返し手段を求めていきます（図表2−12）。

この系統図で、導き出された手段が課題解決行動となり、プロセス展開表の役割行動（単位作業）として書き足されることになります。

＜プロセス改善の視点＞

プロセス展開表を作成し、改善を試みる姿勢の原則は、次のとおりです。

① すべてに疑問的態度をもつ。

② 各種の現象に対して原因を探る習慣を付ける。

③ 常に関係者を巻き込み、アイデアを引き出す。

こうした態度を持ち続けたうえで、以下の着眼点と方法を活用します。

（1） 5W1H法

現在の状況を簡潔に、漏れなく捉えて表現するために、5W1Hで考えることが役立ちます。

① Why……なぜ行うのか（目的）

② When……いつ行うべきか（時期、時間）

③ Who……誰が行うのか（人）

④ Where……どこで行うべきか（場所、位置）

⑤ What……何を行うか（対象）

⑥ How……どのように行うか（手順・方法）

(2) 改善のためのECRS

5W1H法に、排除（Eliminate）、結合（Combine）、交換（Rearrange）、簡素化（Simplify）という4つの視点を加えて、問題を漏れなく検討することで、「プロセス展開表」を改善します。

① 排除（Eliminate）……「それをやめられないか」「ムダなものをなくせないか」「不必要な作業はやめられないか」など、業務の目的、および機能の見直しにより排除および部分的に省略することを検討する。

② 結合（Combine）……「時期を合わせてできないか」「まとめられないか」「他の作業と組み合わせられないか」「同時にできないか」など、業務の類似性により集約、結合したり、場合によっては、組織、工程配置や建物さえも結合することを検討する。

③ 交換（Rearrange）……「順序を入れ変えられないか」「他のやり方に変えられないか」「他の物と取り替えられないか」など、部門内および部門間での業務の入替え、順序の変更や、または、業務の特性によって分けたり、業務の流れの内外で分けることを検討する。例えば、オンラインとオフライン、即時処理と一括処理、定常と非定常に分けることである。

④ 簡素化（Simplify）……「単純にできないか」「簡単にできないか」「数を少なくできないか」など、業務を細分化、分業化、標準化および低技能化や、この結果、機械化、自動化およびコンピュータ化などすることを検討する。

(3) プロセス・マネジメントとマネジメント・サイクル

業務の成果を上げるためには、業務プロセスにおいてマネジメント・サイクル（PDCAサイクル）を回して、ビジネスプロセス・マネジメント（BPM）を行います（図表2−13）。

プロセス展開表の課業および役割行動（単位作業）の中に、計画（分析、設計）機能、組織化（実行）機能、統制（モニタリング、改善・予防措置を含めた再構築）機能、調整機能が組み込まれており、継続的に

●図表2−13　ビジネスプロセス・マネジメント

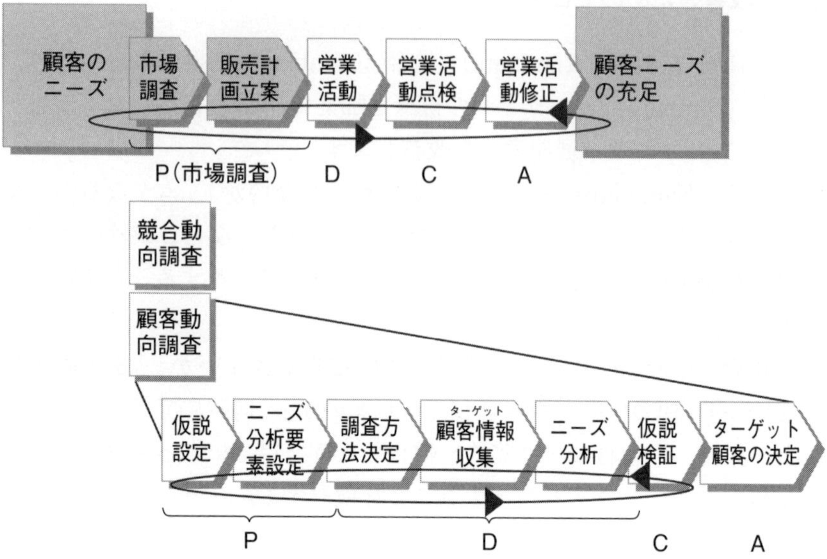

プロセス改善ができるようになっていることが重要です。

現状把握をしないまま、思いつくままに行動を起こし、基準がないため評価は曖昧となり、その結果、改善につながらないという会社が多く見受けられますが、これはプロセスやその構造の意味を理解せず、ムダに活動をしているだけといえます。

そうならないためにも、明確にした課題、問題を解決するために、業務プロセスを、マネジメントの視点から見直すことが必要です。

(4)　ベンチマーキングをする

業務プロセスを経営環境の変化に対応させ、抜本的に改革するのがリエンジニアリングであり、これを確実に実行するための手法が「ベンチマーキング」です。

ベンチマーキングとは、企業パフォーマンスを指標化し、社内外のベストプラクティスに学ぶことです。ようするに、結果にいたるプロセスの質（顧客満足度、リードタイム等）を指標化し、これを改善していくことで、“To Learn From Best”です。

組織が戦略の実行により競争優位を確立し、さらにはミッションを達成していくために、どのプロセスのどの機能が重要であるかを正しく見極める必要があります。

一般的なベンチマーキングの方法は、次のとおりです。

① 自社の現状分析
② 対象業務の選定
③ 対象企業の選定
④ 業務プロセスやノウハウの情報収集
⑤ 自社と他社の比較とギャップ（差）の分析
⑥ 目標の設定
⑦ 業務プロセスの改善
⑧ ベンチマーキングの効果の評価

プロセス展開表を作成し、業務分析をすることは、大変手間のかかる作業ではありますが、自社の業務を定量的に押さえることができます。問題は、他社のベストプラクティスをどのように研究するかということです。しかし、欧米とは異なり、日本では企業が互いに業務を見せ合うということはあまり行われていません。したがって、企業内でベンチマーキングを実施することになります。同じ業務をしているようでも拠点によって、あるいは担当する人によってQCT（品質、コスト、時間）が異なっており、プロセス展開表を作成する過程のプロジェクト参加者の議論からベストプラクティスを構築することができます。

難しいのは、外部ベンチマーキングです。これについては、日本経営品質賞の受賞企業が経営品質賞普及のために、受賞報告書などを比較的オープンにしていますし、こういった企業は互いの研鑽を目的に見学受入れを積極的に行っています。受賞企業あるいは機関との関係を持つことが大切になります。

V プロセス展開表の作成効果および留意点

会社全体の結果は、すべての部門、社員が行う役割行動の積上げで得られるものです。したがって、期待される結果を得られないということは、これらのどこかに問題があるということです。

職能主義に立つと、社員の潜在能力に重点を置き、能力開発不足を問題にする傾向にありますが、多くの場合、これは間違っています。能力の高い社員がいても、業務プロセスと業務内容（編成される役割）がミスマッチになっているようでは結果を出すことは不可能です。例えば、会社としては将来を見据え、社員を選抜し、OFF-JTでセミナーを受講させ、そこで得た能力を社内で展開することを期待しますが、まったく効果が出ないかあるいは短期間で効果が消えてしまうケースがほとんどです。これは、社員が修得した能力を活かす業務プロセスになっていないことが大きな理由に挙げられます。

一方で、周囲からの「研修を受けたんだろう。もったいないから、活かしてくれよ」などという言葉に、受講した社員は、能力を活かせないというストレスからモチベーションを低下させてしまいます。そうなると、周囲が研修を受けたことを忘れてくれるまで静かに待っているしかなくなるのではないでしょうか。

プロセス展開表を作成することで得られる効果は、このような場合に明確に現れます。つまり、プロセス展開表が、結果が出せる業務フローと役割（職務）編成になっており、社員が出さなければならない結果と、役割行動が明確になることで、ストレスが解消されモチベーションが向上するほか、他部門との業務分担が明確になることで部門間の連携がスムーズになり、業務が停滞なく捗るようになるのです。

また、業務と役割行動を部門横断的に確認しながら変えていくことから、以前に増して部門間の意思疎通を図れるようになり、部門を越えて、

顧客満足追求のための体制が構築できるようになるのです。

同時に、全部門から参画する社員が改善志向で決めていくことができ、決まったことから順次実行できるため、人事制度の構築・導入を待つことなく成果が出始めます。

ただ一方で、プロセス展開表で明らかにできるものは、各部門の業務の流れとその内容（役割行動）であり、同じ業務の同じ作業における社員の技能レベルや遂行範囲の設定については別途、検討する必要があることを付け加えておきます。例えば、ある役割行動が中級職業務となっていても、この業務の一部または全部を初級職の社員が行っている場合があります。この場合、別途、初級職であってもどのレベル（範囲）までを期待するかを明確にしておくことで、役割行動つまりは役割基準書の内容をレベルで明らかにしておくことが必要となります。

Ⅵ　職務分析（記述法）の理解

1　職務分析とは

役割等級人事制度を構築する過程で、プロセス展開表の作成を通して、職務分析を実施します。職務分析とは、職務に関する情報であり、産業や政府および民間機関・労働組合等が行う人事管理や採用配置のような幅広い活動から、職務権限を明らかにするような特殊な活動に至るまで、多くの労働力計画を立案するために使用することができる基礎資料となるものです。

職務分析で明らかにしようとする情報には、職位を対象とする次の3つがあります。

① 遂行業務……仕事の内容や機能、方法、手続きなど
② 遂行要件……知識、技能、能力、責任、努力、環境など
③ 遂 行 量……処理頻度、処理数、処理時間帯および時間

③については、日本の人事管理上において非常に軽視されてきました。経営戦略と人事戦略が連動せずに人が仕事をつくるという、パーキンソンの法則にある「仕事の自然増殖から生じる能率低下」という問題を解決するためには、職務編成において職務遂行要件だけでなく職務遂行量の適正化が重要となります。

これらを明確にするプロセス展開表を活用した職務分析によって構築される役割等級人事制度は、人材の適正配置、能率向上などの効果を期待することができます。

2　職務分析の方法

職務分析の方法には記述法のほかに、職務分掌や業務規定などの社内

資料から職務内容を洗い出す方法や、聞取り調査によって実施する方法（面接法）があります。企業規模が小さく想定される等級数が少ない場合など、聞取り調査法で十分な場合もありますが、そのような場合であっても分析表を併用することが望まれます。

なお、ホワイトカラーの業務の多くは、人と仕事とが密着しているため、まず業務と担当者を分離して捉え、単位組織内において、目的と手段の連鎖としての業務の体系を明らかにしておくことが、後に職務（役割）編成を行うために不可欠となります。

なお、職務分析には、①オペレーション職務分析と、②人事管理上の職務分析の２種類があり、これまでは人事管理上の役割（職務）評価のための分析（職務を遂行する人の熟練、努力、精神的特性の探求）という認識から②の意味合いが大きく、このため職務（役割）情報が非常に包括的なものとなっていました。

しかし、仕事とその結果を曖昧にしてきた職能資格制度の反省から職務・役割の時代に移行する中で、職務・役割の標準的職務内容を確定していくことが重要となってきており、これについてはプロセス展開表を作成することで明らかにすることができます。

なお、管理職については、オペレーション分析手法で標準的職務として確定できるのはほんの一部しかなく、目標設定や職務権限規程を中心に管理職職務調査に基づき、役割を定義します。

また、経営者に権限が集中しているような会社では、予算制度がなく権限規程を運用できていないため、本来の管理職としての職務を認識できておらず、職務調査票を記入できないことが多くあります。この場合、プロセス展開表によって明らかになった（部下が遂行する）業務を確認し、管理職としてこれらの業務を通じて達成しなければならない成果をどのように実現していくか、またその際にどのような権限が必要かについて、経営者を含めた管理職以上で議論し、職務権限について定めていくことが必要となります（図表２－14）。

●図表2−14　管理職　職務調査票

部門名		職　位		氏　名	

＜記入上の注意点＞

管理職として遂行している「業務名」と「具体的課業内容」を手順を追って具体的に記述してください。なお、管理職の業務は、下欄の5つの機能（計画・組織化・指揮・調整・統制）があります（SMCAO区分欄は記入しないでください）。頻度については、毎日：1、週：2、月：3、四半期：4、半期：5、通期：6として記入してください。

業務機能	単位業務名	SMCAO区分	具体的課業内容	頻度
計　画				
組織化				
指　揮				
調　整				
統　制				

※業務機能の定義

計画：短期・長期の精度の高い予測を立て、計画を立案すること

組織化：計画が能率的に準備され遂行されるように経営資源を構築すること

指揮：部下を目標に向かって効果的、能率的に行動させること

調整：部門間のヨコの関係および諸部門の活動を全体的目的に関連させる全体と部門の間の関係を統一、調和すること

統制：上記の目的が適切に遂行されているかどうかをチェック（監視・測定・評価）し、修正すること

3　職務分析と役割（職務）評価

あるべき姿のプロセス展開表（職務分析）が完成すれば、業務分析に基づき、仕事量と単位あたりの工数を把握したうえで、役割編成を行います。

なお、プロセス展開表を活用した職務分析は、業務および役割行動を詳細に調査し、同時に、役割行動ごとに分類法(注)による職務評価を実施していることから、役割行動の評価レベルを考慮しながら役割編成を行い、編成した役割行動を単位業務別に課業内容（役割行動）を整理することで、役割基準書として完成させることができます。

この役割編成によって、その組織で遂行している機能が、どのような課業（職務活動）に分けられているかを確かめることができ、それらに必要な職務活動がどのように各職位に割り当てられ、遂行されているかを明確にすることもできます。同時に、役割評価によって、将来にわたる期待の要素を考慮し、会社に同一の付加価値をもたらす労働（その仕事にかかる負担、知識、責任や労働条件などが同じと評価された労働）、つまり同一価値役割（職務）が実現できるのです。

（注）　分類法とは、職務評価の一つの方法であり、各職務をあらかじめ同程度の職務評価群として等級分類し、この等級ごとの基準を定めた「職務等級基準」と比較して、最も合致した基準の等級に当てはめる方法です。

職務等級基準（分類表）ができれば、この分類法の評価は比較的容易ですが、職種が多様に分かれている場合や等級数が多い場合には、職種間に共通する基準の表現や各等級の差異を基準として表現することが難しく、また、職務を全体として総合的に評価するので、個人的主観が入ってしまったり、職務でなくその職務の担当者を評価してしまうおそれがあります。

Ⅶ 多様な働き方を実現するための役割（職務）編成と業務分析・業務量調査の手法と進め方

1　役割（職務）編成する際の視点

役割等級人事制度においては、企業として、経営戦略上いかなる業務および課業が必要かを明らかにしたうえで、顧客本位で部門横断的な役割分担を目指すプロセス・アプローチによって検討された、部門別（縦割りの職種を中心）のプロセス展開表に表される役割行動を、業務の種類・重要度・困難度・責任度などの点から横割り区分し、役割として編成することになります。

例えば、営業部門のプロセス展開表を作成し、課業と役割行動を洗い出した結果、一般的には、業務目的や業務量により、営業管理・調整的な業務を行う営業管理職務、営業事務的な業務を中心とした営業管理職務、マーケティング調査・企画的な業務を中心としたマーケティング企画職務、営業活動業務を中心とした営業職務などに分けることもできます。もし業務が、縦割り分担方式になっているならば、それは顧客満足度を下げているかもしれません。これを是正するためにはすべての業務を行うマルチ営業職務を編成する必要が出てきます。

プロセス展開表の作成によって職務活動（課業）、役割行動とアウトプット（成果物など）が示されます。それぞれの頻度、仕事量、時間も職務分析の中で明らかにすることができ、これらを勘案し、役割（職務）の編成をすることで、この職務の定員を算出することも可能となります。

2 プロセス展開表を活用した業務分析・業務量調査の手法と進め方

(1) 業務分析とは

業務分析は､改善対象とする業務実態を客観的に把握する手法であり、業務量調査とは､調査対象業務ごとに､調査期間中の個人別の業務量（作業時間）を把握する調査で、企業に内在する課題や強みなどが見えてきます。

業務分析で捉える業務実態は、業務（課業）の内容（業務機能）、処理方式、業務間を流れる情報、業務量などです。

業務分析は、職務分析のように１人ひとりの業務の内容を分析する必要はありません。

(2) 業務分析の進め方

プロセス展開表に書かれた課業および役割行動（単位作業）は、それぞれに業務コードが決まります（課業は流れに沿ってA、B、C、D……、役割行動はA－1、A－2……となる)。

課業ごと、場合によっては役割行動ごとに、発生頻度、処理件数、(1件あたりの)処理時間､日・月・年間などの所要時間を調査することで、社員の稼働率およびミクロ的に適正要員数も算出できます。

特に、業務量を捉えるには、発生頻度別に分析することが必要です。また、業務について、発生頻度別に業務量を捉えておくと、ピーク対策にも活用できます。

(3) 課業の単位あたり所要時間の分析

業務量調査およびその分析の第一段は、課業の単位あたり所要時間を分析することです。そのためには、課業の内容を検討し、その課業の所要時間は何を単位に測定すべきかを決定します。例えば伝票処理であれば､伝票１枚処理するのに要する時間を分析すればよいことになるので、

伝票１枚が単位となります。

測定単位が決まれば、測定単位あたりの課業を標準者が遂行するのにどれだけの時間を要するかを調査します。一つひとつの作業を標準者にさせてその時間を測定する方法もありますし、重要業務のみ精度の高い調査を行い他の課業に応用する方法や、面接によって調査を行い、設定する場合もあります。

単位あたり所要時間を測定するにあたって注意すべき事項は、以下のとおりです。

① 標準者の所要時間を測定する。

② 重要課業、業務量が多い課業、問題がある課業、業務量について意見の不一致が予測される課業についてのみ時間測定を実施する。

③ 現状の業務処理方針、規程、手続き、慣習に基づいて業務処理に要する所要時間を分析する。

④ 課業の単位あたりの所要時間が対象によってばらつく場合は、対象別の所要時間を測定する。ただし、対象の種類の数が多い場合は、所要時間の長短によって、いくつかのグループに分類し、グループ別平均所要時間を測定する。

⑤ 課業の単位あたり所要時間を決めるにあたり、２つの課業を同時に遂行する場合には、いずれか一方の課業の所要時間を修正し、所要時間が重複しないように注意する。

⑥ 単位あたり所要時間の測定にあたっては、余裕時間（作業余裕、職場余裕など）は除外し、正味作業時間を計上する。

(4) 固定業務と変動業務

業務は、大きく分けて、売上高、生産量に関係なく定期的（日単位、月単位、年単位など）に必ず遂行しなければならない固定業務と、売上高や生産量に比例して増減する変動業務の２つがあります。

変動業務は、予測に基づいた計画に沿って必要所要時間およびこれから算出される適正人員数を算出することになります。

固定業務は、会社の基準を維持し、政策を具体化するために行う業務であるため、きわめて政策的に設定されるべきもので、この業務の徹底

は、管理者の最重点業務の一つであり、標準化が絶対条件となります。

また、変動業務は、「比例して増減する」ことが条件であり、売上高、生産量との一定の関係が捉えられなければ、変動業務とはできません。

例えば、クレーム処理、他部門への確認などは、売上高や生産量に応じて変動しますが、その関係性はつかめないことから、固定業務または管理業務（管理的な仕事だけでなく、発生予測のつかない、つまり計画化できない業務も含まれる）として一定人時を割り当てます。

(5)　SMCAO分析と業務配分

また、役割（職位）の内容は、SMCAO分析をすることで、本来の役割を果たすよう配分することも可能になります。

SMCAO分析とは、業務を次の5つあるいは補助業務を加えた6つに区分し、役割にあった課業および役割行動を担っているかを分析することです。

5つの業務区分とは、S：Strategic（戦略的業務）、M：Manegement

●図表2－15　5つの業務区分

業務区分	定　　義
S 戦略的業務	事業・機能・業務の新しいステージの企画・構想・計画・実現への組織内での取組み オフェンシブ（攻撃的・挑戦的・改革的）業務 競争優位への取組み等
M 管理的業務	事業・機能・業務のPDCA（計画／組織化・命令／統制／調整）を管理する制度的に決められた方法・運用に基づいて遂行していく業務
C 監督的業務	改善（より効率・生産性を上げていく、悪さ加減を良くしていく）業務 現業務運用のバラツキを決められたレベルへ合わせていく取組み等
A 応用業務	高度な実務的知識、経験をもととし、相当程度の判断力・折衝力・指導力を必要とする応用複雑業務
O 定型業務	マニュアルなど手順化・ルール付けされた後の事務処理・文書作成や伝達・PC機器類の操作等の定型事務業務

(管理業務)、C：Control（監督業務）A：Application（応用業務)、O：Operating（定型業務）で、定義は図表2－15のとおりです。

日本企業の場合、過去より役割・職務という概念が定着していないことから､特に､多くの中小企業においては役職者が複数の職務を兼務し、そのことが却って業務の不適正な配分となることからムリ・ムダ・ムラを発生させていることがあります。

このため、SMCAO分析の結果を役割（職務）編成に活用、適正配分をすることで、役割の改善と業務の効率化を図ることができます。

なお、職位別の時間活用比率の目安は、図表2－16のとおりです。

●図表2－16　職階と業務区分割合

職位	S	M	C	A	O
部長クラス	60	30	10	0	0
課長クラス	20	50	20	0	0
係長クラス	0	20	50	20	0
担当クラス	0	0	0	30	70

業務配分を整理することで、業務に集中でき効率を向上させることができます。また、業務を区分することで、AおよびOについては、限定社員あるいは非正規社員に配分あるいはアウトソーシングする業務を明らかにすることもできます。

3　短時間正社員の役割（職務）編成

(1)　役割行動分析と短時間正社員の役割編成

業務配分上のムリ、ムダ、ムラを排除して、業務の経済性、合理性を追求し、その効率化を達成するためには、役割行動分析によって、仕事の与え方を検討することが必要です。

難易度の高い仕事をしている社員（職位）が、そうでない仕事を一部行っている場合、この社員が異動した場合、この職位には能力が高く難易度の高い仕事ができる者を配置せざるを得なくなります。

この場合、2つのことが問題となり、業務の経済性、合理性を阻害す

ることになります。

１つは、高い能力をもつ人材が、能力以下の仕事をすることにより、能力の発揮が制限されること、もう１つは、遂行要件の違ういろいろな仕事をしなければならず、有能な者でも１つの仕事に集中できないことや作業ロスが発生するなどの問題が生じることです。

このため、役割（職務）編成においては、できるかぎり、役割行動分析による難易度および遂行要件が同等の仕事を集めることが重要です。

ただ、同等の仕事を集中させることで、仕事のピーク時に業務を部署内で分散することができなくなったり、同じ仕事の繰り返しのためモラールが低下することがあるので、これらに対する配慮も忘れてはなりません。

また、職位間の業務量が不均衡にならないよう、業務分析、業務量調査を実施し、仕事の頻度、処理時間帯、単位あたりの平均所要時間および月間・年間での平均所要時間を確認し、均衡のとれた職務に編成することが重要です。この考え方は、限定正社員および非正規社員の役割を編成する際にも役立ちます。

参照

・P. 136～137　第３章　事例１	
・P. 150～151　第３章　事例２	業務分析・業務量調査表
・P. 164～165　第３章　事例３	
・P. 166～167　第３章　事例３	役割（職務）編成・役割基準書

(2)　ホワイトカラーの短時間正社員の役割（職務）編成

ホワイトカラーの仕事は、基本的に、労働時間の長さと期待される結果が比例しない創造的業務であり、役割基準書に記載されている結果責任を果たすことになることから、評価は目標管理制度を中心とした業績評価が基本となります。

短時間勤務のホワイトカラーの賃金および賞与は、働く時間が減る比率割合（就業時間率：フルタイム労働時間の何パーセントにあたるか）に合わせて変動することになります。なお、ホワイトカワーの短時間正

社員化が進んでいるドイツの場合、実質6週間の協約休暇期間や、企業業績連動型賞与については、正社員と変わらないようです。

他方、管理職に関する業務については、部下の指導管理が短時間でできるかどうかという問題があります。管理職が短時間勤務を申請した場合、担当する役割職責レベルについては再度面談を行い、役割職責を変更することも検討しなければなりません。

そうすると、例えば仕事のマネジメントはするが、部下の人事考課を行わない（部下を持たない）管理職制度を導入することなども考えられます。

そもそも管理職は当該能力を習得している人材であり、短時間正社員としての就労も可能であると考えられますが、これまでの調査研究では、管理職・役職者の短時間正社員は難しいとされています。

しかし、今後、仕事と介護の両立問題が企業において大きくなる中、40代以降の社員、特に管理職の多様な働き方のあり方を検討しておくことは、人事管理の観点から重要となります。

すでに企業が求める職業能力を有する「管理職」は、短時間正社員として就業することが可能です。ただ、管理職の短時間正社員を可能にするためには、下位職への権限委譲や在宅勤務など柔軟な働き方の実現が重要になり、特に、委譲すべき業務、在宅で対応すべき業務の適切な判断には「管理職」としての業務経験がポイントになってきます。

参　照

・P. 193 第3章 事例5 「時間短縮とフレックスタイム制によって管理職業務も」

Ⅷ　多様な働き方と役割給

1　役割と賃金

役割給とは、役割の性質、価値で決める賃金制度の一形態であり、「同一役割同一賃金」の意味を持つもので、職務給の一形態です。同じ仕事をしている者には同じ賃金を支払うということです。役割給は、理論上はシングル・レート（単一賃率）です。

ただし、役割は「安定した職務」とは捉えず、役割を構成する職務の内容が経営戦略の変更に伴って変動することや、職務価値と職務結果だけでなく、結果を出すまでのプロセスとしての職務成果を内包している点が職務と大きく異なります。

役割給の実施にあたっては、対象となる全役割（職務群あるいはプロセス統合職務群）について、職務給と同様に価値付け（役割評価）し、序列付けを行い、その序列によって賃金を決めます。このため、基本的には上位の役割に異動しないかぎり昇給はあり得ません。

そして、役割給は、期待される結果はもちろん、この結果を出すために遂行する標準作業、標準時間を基本としています。これは定型業務に当てはまります。例えば、ブルーカラーであれば、標準時間あたりの作業量を上回った（標準時間より早く作業した）場合、その能率向上の度合やでき栄えに応じて昇給が行われることになります。一方、ホワイトカラーのように、量よりも質が問われる非定型業務については、上司から指定される時間をもとに、適正な時間を設定することになります。ただし、ホワイトカラーであっても、事務業務などは、内容によっては、単位あたりの標準作業時間を設定する場合もあります。

2　同一労働同一賃金（役割給）を実現するための課題

役割給は、役割評価に基づいて支払われる賃金です。役割給の導入は、労働市場において同じ種類の職業の労働者に対しては、その労働者が働く企業あるいは産業によって賃金に差を付けないことを目指しています。

これまで日本の賃金は、生活給の意味合いを引き継ぐ年功序列賃金であり、生じた格差の根底には、社会的な序列観念や二重構造といわれる経済構造に加えて、企業別労働組合の影響がありました。

本来の意味での同一労働同一賃金を実現するためには、同一職業の労働者が集まり、横断的労働組合の組織をつくり、その職業については、その労働組合が労働市場において独占的な力を持っていることが前提となります。しかしながら、歴史的に職能別組合や職能別賃金の基盤がなかった日本では、欧米的な同一職業という意味での同一労働に対する認識は薄く、どうしても同じ職業の企業別賃金の格差、産業ごとの賃金の格差をなくしていく取組みを行わざるを得ません。

とはいえ日本でも戦前戦後においては、何度か職務給の導入が図られ、戦後、労働組合側もこれを指向した時期がありました。しかし一般の労働者が職制に比べて賃金が低くなったこと、職務給の技術的中心である職務分析、職務評価が企業への貢献度という企業の主観的な判断で決められるため、労働者のより高い賃金を得たいという気持ちを刺激して職制への従属を強めてしまいました。この結果として労働組合の団結力が弱体化するなど、不幸にも職務給反対闘争につながってしまいました。

そうして、長年にわたって年功序列賃金と化した職能給が運用され、同一労働における賃金格差は改善するどころか、皮肉にも反対の結果になってしまいました。

このように、これまでの日本の賃金政策が不十分であったことも確かですが、今後の多様な働き方を推進しなければならない状況を踏まえ、同一労働同一賃金の実現のために、労使双方で賃金の本質的な意味と同一労働同一賃金の社会的意義を確認し、これをどう実現していくかについて、真摯に取り組むべきものと考えます。

Ⅸ　賃金格差をめぐる問題

1　正社員と非正規社員の賃金格差に関する法原理

正社員と非正規社員の違いは何でしょうか。大きく違う点は、「無期雇用」か「有期雇用」か、という雇用形態です。加えて、正社員は、管理職候補として期待されることから、基本的に人事異動および転勤を命じられ、これに従わなければなりませんが、基本的に非正規社員にはこれがありません。

一方、2012年の労働契約法改正で、有期雇用の従業員が5年以上勤続した場合は、本人の申し出により無期雇用に転換できるようになり、正社員と非正規社員の垣根はやや低くなる傾向にあります。しかし有期雇用の場合、「労働契約期間終了」を理由とした会社からの雇止めがあるなど、正社員と比べて雇用に不安定さがあります。

それが、同一労働同一賃金の原則の下では、雇用形態による取扱いの違いがあっても仕事が同じであれば待遇の格差は生じないということになります。

なお、ヨーロッパ（EU）では、正規労働者と非正規労働者との待遇格差について、EC指令に基づいて、包括的な法規制が施されています。EUの1997年のパートタイム労働指令（1997/81/EC）は、「パートタイム労働者は、雇用条件について、客観的な理由によって正当化されないかぎり、パートタイム労働であることを理由に、比較可能なフルタイム労働者より不利益に取り扱われてはならない」（4条1項）、1999年の有期労働契約指令（1999/70/EC）は、「有期契約労働者は、雇用条件について、客観的な理由によって正当化されないかぎり、有期労働契約または関係であることを理由に、比較可能な常用労働者より不利益に取り扱われてはならない」（4条1項）、2008年の派遣労働指令（2008/104/

EC）は、「派遣労働者の基本的な労働・雇用条件は、派遣先に派遣される期間中には、少なくとも、同じ職務に従事するために派遣先から直接雇用されるとした場合に適用される条件とされなければならない」（5条1項）と規定しており、EU加盟各国は、これらの不利益取扱い禁止原則を実現するための諸措置を、それぞれ国内法で整備しなければならないとされています（雇用形態による労働条件の違いは契約条件として契約締結の自由の範疇に入るもので、法はこれに基本的に関与しないとするアメリカとは対照的である）。

つまり、合理的理由のない不利益取扱いの禁止原則は、「非正規労働者（パートタイム労働者、有期契約労働者、派遣労働者、請負労働者など、通常の労働者と異なる雇用形態で就労している労働者）は、合理的な理由がないかぎり、当該事業場の通常の労働者より、不利に取り扱われてはならない」という形で示された法原則です。

2　正社員と限定社員、非正規社員との賃金格差の納得性

企業は、一般的に正社員については雇用期間が長期であることを前提に選別し育成する労働者として、非正規社員は比較的簡単に雇い入れる短期の労働者と位置付けています。しかし、後者の中にも企業に定着し、十分な働きをするようになる者も少なからずいます。そうした場合、個人の仕事分担があまり明確でないのに、賃金に格差を設けると、納得性が得られないことから不満につながります。

納得性を高めるためには賃金格差そのものよりも、正社員と仕事の差を設けているかどうかが重要であり、役割基準書等によって職務の違いを明確にしておく必要があります。

もっとも、これらの賃金に格差がない場合、限定社員や非正規社員のモチベーションが向上することがわかっていますが、日本企業のように正社員が限定・非正規社員の仕事のフォローをしなければならない場合、賃金に格差がないことが正社員の不満につながる可能性もあり、正社員、限定社員、非正規社員のそれぞれの賃金格差については、従業員意識に十分配慮して決めることが必要です。

近年の日本において、「ジョブ型雇用」という概念の大混乱に象徴されるように、人事管理の方向性が見えづらくなっています。それはやはり、職務給制度における職務概念やその運用について「同じ仕事をしていると賃金が上がらない」や「仕事が変わると賃金が下がる」などというように極端に捉えられがちだからかもしれません。そうすると、職務を明確にすることを避けてしまいます。すでに海外の例を挙げましたが、結局「日本型だ、欧米型だ」と二元論で制度論を語ったところで、日本では労働法や判例を無視して欧米型の人事制度は成り立ちません。本来はきちんと人事管理の原則に基づき、どう整合性を図っていくのかという議論が必要なのです。

労使とも、職務を本質的な意味で合理的に捉えることさえできれば、性別や雇用形態等による差別感情は生じません。そうしたら自分自身の人生観と職業観を追及することができるのではないでしょうか。多くの日本企業は職務を曖昧にしてきましたが、実際のところ、人間には役割や職分や機能に違いがあって当然です。「正社員有為人材確保論」、「正社員確保論」などの用語は、平等という名の下で、都合良く正社員の権利を主張することを認めてしまいかねません。結果として非正規社員を雇用形態の多様化としてではなく、雇用形態を身分化させてしまったのではないでしょうか。

同一労働同一賃金が法制化されたとはいえ、「不合理でなければ問題ない」とし、矛盾や対立を避け、理屈に合わないご都合主義的ともとれる制度で、これが日本型だといわれています。これでは、バブル経済崩壊以降、問題視されて続けた所得格差や貧困といわれる世帯の解消は難しいのではないでしょうか。

ようやく同一労働同一賃金が叫ばれるようになったのに、非正規社員と正規社員の処遇格差の是正のみが対象なのは、残念なことです。

同一労働同一賃金を欧米のものとして拒絶感を表し、自他の職務の境界を曖昧にしがちな日本社会において、本来の意味での同一労働同一賃金が理解され、広くなじませるのは相当難しいことではあります。しかし、職務の価値に相応しい賃金が支払われることは自由資本主義そしてその中で追求されるべき「平等」であることが社会で認識されなければ

なりません。そして、賃金制度は、判例を意識するだけでなく、人事管理における5原則（①人間重視の原則②内外的整合性の原則③組織的公正の原則④相互信頼の原則⑤インセンティブの原則）に基づいた制度設計を目指すことが必要ではないでしょうか。

3　正社員と非正規社員の賃金格差に関する判例

ここで、正社員と非正規社員との賃金格差が争われた二つの裁判について確認しておきます。

■丸子警報機事件（長野地上田支判平8.3.15／労判690号32頁・判タ905号276頁）

2か月の雇用契約を何度も更新され、正社員と仕事の内容に区別がない臨時社員が起こした訴訟で、正社員との賃金格差についての損害賠償請求が認められました。その判決文では、以下のように述べられています。

> 同一（価値）労働同一賃金の原則が労働関係を規律する一般的な法規範として存在していると認めることはできない。使用者が雇用契約においてどのように賃金を定めるかは、基本的には契約自由の原則が支配する領域である。この原則は、不合理な賃金格差を是正するための一顧の指導理念とはなり得ても、これに反する賃金格差が直ちに違法となるという意味での公序とみなすことはできない。
>
> 労働基準法第3条、4条のような差別禁止規定は、直接的には社会的身分や性による差別を禁止しているものではあるが、その根底には、およそ人はその労働に対し等しく報われなければならないという均等待遇の理念が存在していると解される。これは、人格の価値を平等とみる市民法の普遍的な原理であるので、同一（価値）労働同一賃金の原則の基礎にある均等待遇の理念は、賃金格差の違法性において、ひとつの重要な判断要素として考慮されるべきものであって、その理念に反する賃金格差は、使用者に許された裁量の範囲を逸脱したものと

して、公序良俗違反の違法を招来する場合があると言うべきである。

均等待遇の理念も抽象的なものであって、均等に扱うための前提となる諸要素の判断に幅がある以上は、その幅の範囲内における待遇の差に使用者の裁量も認めざるを得ないところである。

最も重要な労働内容が同一であること、一定期間以上勤務した臨時社員については年功という要素も正社員と同様に考慮すべきであること、その他本件に現れた一切の事情に加え、同一（価値）労働同一賃金の原則が公序ではないということのほか賃金格差を正当化する事情を何ら主張立証していないことも考慮すれば、臨時社員の賃金が同じ勤務年数の女性正社員の８割以下となるときは、許容される賃金格差の範囲を明らかに越え、その限度において使用者の裁量が公序良俗違反となると判断すべきである。

■日本郵便逓送事件（大阪地判平 14.5.22／労判 830 号 22 頁）

４年ないし８年間、３か月の雇用期間の定めのある期間臨時社員として雇用契約の更新が行われてきた期間臨時社員が、業務の内容は、正社員である本務者と基本的には同じであるにもかかわらず、賃金については日給月給制であり、月給制の本務者と比べて年収で７割程度、平均賃金日額で６割程度にとどまっていたことについて、この格差は同一労働同一賃金の原則に違反し、公序良俗に反するとして、賃金格差相当額の損害賠償の支払いを求めて訴えを提起したものの、棄却されています。その判決文では、以下のように述べられています。

労働の価値が同一か否かは、職種が異なる場合はもちろん、同様の職種においても、雇用形態が異なれば、これを客観的に判断することは困難であるうえ、賃金が労働の対価であるといっても、必ずしも一定の賃金支払期間だけの労働の量に応じてこれが支払われるものではなく、年齢、学歴、勤続年数、企業貢献度、勤労意欲を期待する企業側の思惑などが考慮され、純粋に労働の価値のみによって決定される

ものではない。

長期雇用労働者と短期雇用労働者とでは、雇用形態が異なり、かつ賃金制度も異なることになるが、これを必ずしも不合理ということはできない。一般に、期間雇用の臨時従業員について、これを正社員と異なる賃金体系によって雇用することは、正社員と同様の労働を求める場合であっても、契約の自由の範疇であり、何ら違法ではないといわなければならない。

■地位確認等請求（学校法人大阪医科大学）事件（令和２年10月13日／集民　第264号63頁）

無期契約労働者に対して賞与を支給する一方で、有期契約労働者に対してこれを支給しないという労働条件の相違が、労働契約法（平成30年法律第71号による改正前のもの）20条にいう不合理と認められるものに当たらないとされた事例です。

私立大学の教室事務を担当する無期契約労働者に対して賞与を支給する一方で、同事務を担当する時給制のアルバイト職員である有期契約労働者に対してこれを支給しないという労働条件の相違は、次の(1)～(5)など判示の事情の下においては、労働契約法（平成30年法律第71号による改正前のもの）20条にいう不合理と認められるものに当たらない。

(1) 上記大学を運営する学校法人の無期契約労働者に対する賞与は、基本給とは別に支給される一時金として、財務状況等を踏まえつつ、その都度、支給の有無や支給基準が決定されるものであり、労務の対価の後払いや一律の功労報償、将来の労働意欲の向上等の趣旨を含むものとして、無期契約労働者としての職務を遂行し得る人材の確保やその定着を図るなどの目的から支給することとされたものである。

(2) 上記教室事務を担当する無期契約労働者とアルバイト職員の業務

の内容は共通する部分はあるものの、上記無期契約労働者は、学内の英文学術誌の編集事務等、病理解剖に関する遺族等への対応や部門間の連携を要する業務又は毒劇物等の試薬の管理業務等にも従事する必要があり、両者の職務の内容に一定の相違があった。
(3) 上記教室事務を担当する無期契約労働者は就業規則上人事異動を命ぜられる可能性があったのに対し、アルバイト職員の人事異動は例外的かつ個別的な事情により行われており、両者の職務の内容及び配置の変更の範囲に一定の相違があった。
(4) 上記学校法人においては、全ての無期契約労働者が同一の雇用管理の区分に属するものとして同一の就業規則等の適用を受けているところ、教室事務を担当する職員の業務の内容の過半が定型的で簡便な作業等であったために一部を除いてアルバイト職員に置き換えてきた結果、教室事務を担当する無期契約労働者は、業務の内容の難度や責任の程度が高く、人事異動も行われていた他の大多数の無期契約労働者と比較して極めて少数となっていた。
(5) 上記学校法人には、アルバイト職員について、無期契約労働者へ段階的に職種を変更するための試験による登用制度が設けられていた。

最高裁では、下級審とは異った判断が下されていますが、「職務の内容及び配置の変更の範囲に一定の相違」については、実際に職務分析、職務評価がされた場合であってもそう判断できるのかについては問題が残っているといえます。

次に紹介するのは、正社員間における賃金格差に関する裁判例です。

■京ガス事件（京都地判平 13.9.20／労判 813 号 87 − 89 頁）

京ガス男女賃金差別事件は、原告の女性社員が、同期入社の男性社員Sとの賃金格差は女性であることを理由とする差別に基づくものだとして、憲法 14 条違反、労基法 4 条違反、民法 90 条違反（男女平等原則という公序に違反）、同一価値労働同一賃金原則違反、さらに、ILO100 号条約、国際人権規約 A 規約 7 条、国連女性差別撤廃条約 11 条 1 項（d）

の直接・間接適用による条約違反に当たり、違法として不法行為を構成するとして、差額賃金相当の損害金や慰謝料等の支払を求めた事案です。判決要旨は、下記のとおりです。

1）原告と訴外Sは同期入社であり、年齢は原告が昭和24年生まれで、訴外Sは昭和23年生まれであって、ほぼ同じであること
2）被告の就業規則には、事務職と監督職も同じ事務職員に含まれていること
3）被告では、男性社員のみ監督となることができ、女性社員である原告は、本人の意欲や能力に関わりなく監督になることができる状況にはなかったこと
4）原告と訴外Sの各職務の価値に格別の差はないものと認めるのが相当であることからすると、本件賃金格差は、原告が女性であることを理由とする差別によるものと認めるのが相当である。

そうすると、本件賃金格差は、労働基準法4条(男女同一賃金の原則)に違反して違法であり、原告の主張するその余の法的責任根拠を検討するまでもなく、被告は、原告に対し、民法709条（不法行為）に基づき、生じた損害を支払う義務がある。(中略)
原告と訴外Sの各職務の価値に格別の差はないものと認めるのが相当ではあるが、賃金の決定の要素は、それだけではなく、その個人の能力、勤務成績等諸般の事情も大きく考慮されるものであるところ、その点の両名に関する事情が十分に明らかにされているとはいえないので、これを考慮し、その損害（原告にその立証責任がある。）を控えめに算出すべきである。

この裁判で原告は、同一価値労働同一賃金の原則の観点から、原告の職務と同期入社の男性社員の職務について職務分析および職務評価を行った結果を意見書として提出しています（森ますみ『京ガス男女賃金差別事件に関する意見書』)。
この意見書の効果の有無は別として、職務分析と職務評価の実施は労

使双方での職務価値の共通認識ができ、労使での争いが減少すると同時に、この取り組みによって職務分析、職務評価手法の質が高まり、さらに労使の信頼関係が構築できることにつながっていきます。

4　同一労働同一賃金原則の例外となる合理的な理由

アメリカでは、フルタイムとパートタイム間の賃金格差は名目上存在しません。同じ職務で、同じ勤続期間であれば、パートタイムであれフルタイムであれ、原則として時間給は同じです。なお、アメリカにおける男女間の賃金格差は、性別による差別が原因ではなく、学歴や経験の差が賃金格差になっていると論じられることが多いようです。

ヨーロッパ（EU）では、同一労働同一賃金原則の例外となる「客観的な理由」として、①提供された労働の質の違い、②在職期間（勤続年数）の違い、③キャリアコースの違い、④企業内での法的状況の違い、⑤採用の必要性（緊急性）の違いなど、多様な事情がそこに含まれることを認め、同一労働同一賃金原則を原則どおり適用することを容易には認めない傾向にあるようです。

たしかに、ヨーロッパにおいては同一労働同一賃金の原則を、「合理的な理由」の判断の中に「個別の実態の多様性」を取り込んだ対応をしていこうという意見もあります。しかし、職務と一致していない能力を基準とした（能力に対応した職務内容を明らかにした基準書が存在しない）職務資格制度に合理的理由を見出すには、最低限の職務調査あるいは職務分析が必要であると考えます。

厚生労働省は、パートタイム・有期雇用労働法における労働の同一性について、要件該当性を判断する具体的な基準を次のとおり示しています。

①　中核的業務の内容が同一であり、かつ職務に伴う責任の程度（与えられている権限の範囲、トラブル発生時に求められる対応の程度など）が著しく異ならないこと

②　契約を期間の定めのない契約と同視し得るか否かは、労働者の業務

の恒常性、業務内容、地位の基幹性、継続雇用を期待させる事業主の言動、更新回数、更新手続き、他の労働者の更新状況などを総合的に考慮して判断すること

③　転勤可能性の有無や範囲が実質的に同一であり、かつ職務内容が変更される可能性の有無や範囲が実質的に同一であること

つまり、雇用形態が異なる労働の同一性や待遇の均等・均衡を比較することはきわめて限定的で、「均衡」配慮にとどまらざるを得ないということです。

しかし、多様な雇用形態による働き方を推進するためには、経済社会環境の変化に対応した正社員の働き方を改革し、非正規社員との働き方の壁を引き下げ、同時にこれを支える雇用システムの構築が必要です。また、就業意識が多様化していく中で、「転勤、出向は当たり前ではない」という考え方によって、地域完結型組織体制を検討するなど、今後、新たな戦略的対応が求められることになるでしょう。

5　処遇格差を付けるうえでの留意点

限定正社員の割合が増加していけば、その分、組織の流動化が阻害されることになり、組織の硬直化が懸念されます。

また、正社員＝転勤コース＝エリート、限定社員＝非転勤コース＝その他、といった二元的処遇のイメージを従業員に強く与えてしまうことになれば、モラールダウンを起こし、自己啓発意欲やチャレンジ精神の低下につながりかねません。このため、限定正社員の受講できる研修コースを増やし、マイスター制度の導入や、限定正社員に事業戦略の立案・進捗管理を行う会議への参加を義務付けるなど、対策や配慮が必要になります。

参　照

・P. 138 第３章 事例１「役割の違いと、処遇格差のルールを明確にする」

X　短時間正社員の賞与および退職金

1　賞与の算定方法

賞与の支給基準は、基本給を基礎にする場合と基本給から切り離し評価ポイントに当てはめて支給する場合があります。

基本給を基礎とする場合は、基本給が労働時間に比例して減額されているので、支給月数などの評価係数は正社員と同じにするのが原則となります。

基本給と切り離し、評価ポイントに基づき支給する場合は、当該等級の賞与ポイントを労働時間比例割合で減点したうえで（あるいは、固定賞与部分の割合を設定し、これを労働時間比例割合で減点したうえで）支給します。

〈例〉　賞与ポイント表

等級＼評価	S	A	B	C	D
J1	160	145	130	115	100
J2	130	120	110	100	90
J3	120	110	100	90	80

例えば、上記の賞与ポイント表で、J2級職、5時間勤務社員が評価Cを受けた場合（正社員と限定社員の間に格差を付けない場合）、

等級最低賞与ポイント 100pt × 5h／8h ＝ 62.5pt

つまり、労働時間に比例して37.5ptを減点することになります。

なお、賞与の算定にあたり、労働時間を考慮する場合、短縮された労働時間以上に減額することは不利益な取扱いになりますので、法令に基

づく労働時間の短縮（育児・介護短時間勤務など）の場合は、注意が必要です。

また、職能資格制度における職能ポイントおよび職能考課ポイントは、労働時間に応じて減じることはできません。

2 退職金の算定方法

退職金の代表的な算定方式としては、「最終給与比例方式」と「点数方式（ポイント制）」があります。

(1) 最終給与比例方式の場合

「最終給与比例方式」とは、退職直前の基本給等を算定基礎額として、勤続年数等に基づく掛け率を乗じて、退職金の額を決定する方式です。この勤続年数に、原則として、制度利用期間中の勤続年数も通算しますが、制度利用期間中の勤続年数については、そのまま通算するか、労働時間に応じて減ずる方法があります。

(2) ポイント制の場合

「ポイント制」とは、勤続年数や等級格付け等に応じてポイントを付与し、退職時までの累積ポイントに応じて退職金の額を決める方式です。

累積されていくポイントには、勤続年数に応じて毎年加算されていく勤続ポイントと、役割等級人事制度に基づく役割等級ポイントがあります。

役割等級ポイントは、そもそも保有能力に対して付与されるものではなく、役割基準書に明記された仕事に対して付与されるものですから、勤続ポイント同様に、短時間社員であった期間については、労働時間に応じて減じることとします。

XI　多様な働き方を推進するための方法と手順

1　社員の能力開発、訓練方法の変革

多様な働き方を推進するには、正社員、限定正社員、非正規社員が、協働し、それぞれに補完しあっていくことが求められます。ただ、介護など、正社員を続けるのが困難といえる状況は突然やってくることから、常日頃から誰が抜けてもよいように準備しておく必要があります。非正規社員の即戦力化はもちろん、正社員の多能工化のためにも、これまでの教育訓練方法を大きく見直す必要があります。

これは、知識だけでなく、カン・コツ・ノウハウといわれる技能（表現が困難な知恵・知識である暗黙知）について、これまでよりも早く、確実に伝える仕組みの構築です。

この仕組みの中で最も重要なものは、これまでも繰り返し述べていますが、明確な標準作業および基準（ルール）です。標準作業は、物の造り方・改善・管理の仕方などの根本であり、これによって良い品質のものを、安全に、しかも安く造るためのやり方を示したものです。また、「標準のないところには改善はない」といわれるように、標準をつくり、守り、改善し（つくり変え）、教育訓練し、評価することで、社員の行動能力を維持、向上させることができます。

例えば、トヨタ自動車では、生産の増減により、頻繁に要員の出入りがあります。そのため新人にもすぐに仕事を教えなければならないことから、熟練者のもつノウハウをすべて書き出し、標準作業票にすべてまとめています。

標準作業書や基準がない会社では、新人を教育するにしても曖昧にならざるを得ないうえに、評価も正しくできなくなってしまいます。

役割等級人事制度を構築するにあたって作成するプロセス展開表は、

まさにこの標準作業や基準を明らかにすることができ、業務分析によって、課業や役割行動ごとの（標準）時間を導き出すこともできます。

とはいっても、書き表しただけで作業ができるはずはありません。当然、作業に含まれるカン・コツ・ノウハウは、体験によって習得できるものですから、慣れるまで待つのではなく、できるかぎり効率よく技能が付くよう訓練キットを製作し、集中して実践訓練することで、教育訓練期間を短縮することが可能になるのです。

2　多様な働き方を支える職場管理

多様な働き方の社員が存在することで、仕事上の調整、コミュニケーション（報連相）、仕事の進捗管理などが難しくなることがあります。

このため、仕事の5S・見える化の取組みは必須であり、そこには労働時間管理が重要となってきます。

誰が今、どのような作業を、どの段階まで進めているのか、それは納期に間に合うのか、最終的に期待される結果は達成できそうかなど、職場の誰が見ても、標準（基準）と比較して、正常か、異常かを一目でわかるように書き出し掲示しておくことなどが重要です。

これを「見える化」といい、この見える化には、①ルール（基準）の見える化、②目標と結果の見える化、③プロセスの見える化、④課題の見える化、⑤（改善時の）知恵の見える化など、多くの見える化に取り組む必要があります。

これらの見える化によって、限定社員あるいは非正規社員が不在であったとしても、管理監督者あるいは前後工程（業務で連携している担当者）が、仕事の状態を確認できるようにしておきます。

したがって、限定社員あるいは非正規社員には、日報の提出や見える化された掲示物への記入や定期ミーティングでの報連相の徹底が求められます。

特に、顧客対応のフォローなど、最低限の共助をすることはもちろん、できるかぎり月、週での業務計画を提出させ、ミーティングにおいて、事前にリスクを洗い出させるなど、顧客とのトラブルが起こらないよう

未然防止策をしっかりと検討することが必要です。

参照

・P. 160 第3章 事例3 「仕事の割当て」

3 目標管理制度の運用

目標管理制度は多くの企業で導入され、運用されていますが、経営計画に連動して展開されていることはそれほど多くありません。本来、関連付けられるべき上位目標とは切り離され、また、上司と部下との誤った合意によって違う目標に置き換え設定されてしまっている場合などは、部下が目標を達成したところで、部門目標に何ら貢献できないことになります。

また、実行手段および手順が部下任せになっていることが多く、結果として、上司が部下を指導できず、評価後のフィードバックもできない状態になり、目標管理制度の見直しを行っている会社が多くみられます。

多様な働き方を推進する中で、特に、在宅勤務などを導入する場合、従業員の個々の役割を明確にし、確実に成果責任を果たさせるためには、目標管理制度の運用レベルを向上することがいっそう重要となってきます。

実行手段および手順を部下任せにするのではなく、管理職自身が自分であればどのような手段・手順で実行するかを具体的にイメージしたうえで、面接の中で部下自身にも考えさせることが重要です。

また、目標管理の手段や手順だけでなく、各目標の達成に費やす時間配分を決定することも重要です。特に、ホワイトカラーの短時間正社員の成果については、労働時間の制約がありますので、しっかりと目標について合意をしておく必要があります。

手段、手順および投入時間を明らかにしていく技法としては、アロー・ダイアグラムを活用することで、見える化が可能となります。

参　照

・P. 149 第3章 事例2 「職務分析と、時間短縮による役割変更、目標管理～数値目標を設定し、短時間正社員に」

4 実行手順と日程の見える化

アロー・ダイアグラムは、PERT（Program Evaluation and Review Technique）を図解化したものです。PERT は数学的に日程計画の解を出すオペレーションズ・リサーチ(注)の方法です。

アロー・ダイアグラムでは、各作業を矢印で表し、矢印の両端に丸印を付けます。これはイベントといい、作業の開始点と完了点になります。

各作業を作成ルールに基づいて、連結していくことで、全体の作業順序が決まり、同時に最短期間、最遅期間、クリティカル・パスを見つけることができます（図表2－17）。

（注） オペレーションズリサーチ（OR）は「経営組織体が、最大の成果を上げるために、限られた資源（人員、材料、資本、設備など）を合理的かつ最適に運用する仕事を、科学的な方法によって行うこと」、すなわち「作戦研究」のための方法論です。

目標設定した際に、その目標を達成するのに必要な手段（作業）を特性要因図および系統図などを活用し、書き出します。カードを使うと便利に活用することができます。次に、それぞれの作業完了に必要な日数（所要日数）を明らかにし、カードに書き込みます。また、各作業の着手に必要な先行作業を確認します。そのうえで、カードを活用し、アロー・ダイアグラムを以下の基本ルールに従い、作成していきます。

① すべての作業は両端に必ずイベントが存在する。

② イベントの番号は、矢印の元の番号の方が、矢印の先の番号よりも小さい。

③ 作業記号、イベント番号は、重複してはいけない。

④ イベントに入る作業がすべて終了するまでイベントから出る作業は開始できない。

⑤ イベントとイベントの間には１つの作業だけを記入する。

●図表2−17　アロー・ダイアグラム

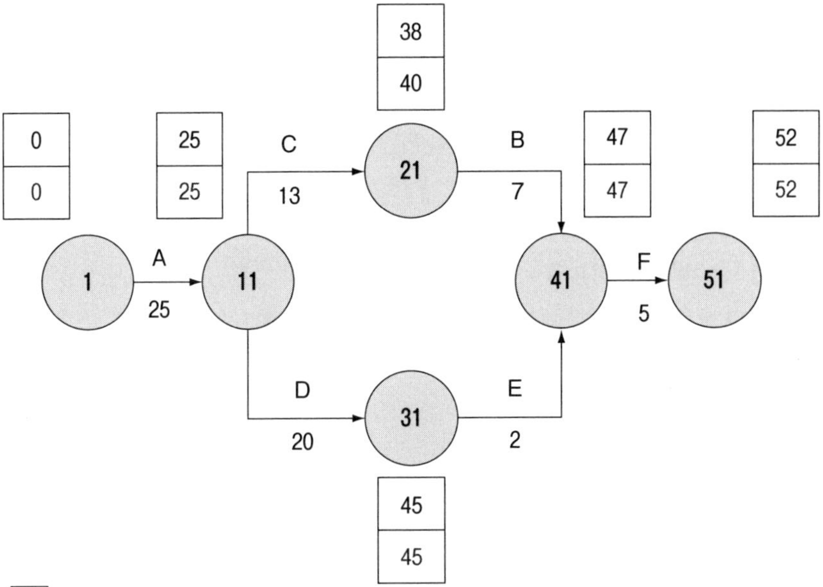

38 ：最早結合点時刻＝次の作業が最も早く開始できる時刻のこと
40 ：最遅結合点時刻＝納期に遅れない条件で、その作業が最も遅くても終了しなければならない時刻のこと

※クリティカル・パス（危険な経路）とは、最早結合点時刻と最遅結合点時刻との差がゼロとなる結合点を、始点から終点までを結んだ経路のこと。

⑥　上記⑤において2つ以上の作業が存在する場合は作業時間0のダミー作業を記入する。

⑦　作業はループしてはいけない。

5　部下管理と人事考課

多様な働き方を推進した場合、すでに述べたように、仕事の進捗を「見える化」していくなど、細かく管理していく必要があります。管理者としては、業務日報などに基づき、定期的な業務の要所要所で、指示・指導することが求められます。

介護などですでに大きな精神的負荷を抱えている従業員へのケアについては、随時、連絡をするなど十分な注意が必要と思われま

すが、限定正社員をフォローしなければならない他の従業員（特に、人材の補充ができない場合）の負荷の方が大きくなることから、業務分担の調整はもちろん、メンタル面でのフォローが、これまで以上に大切になってきます。

また、人事考課については、正社員、限定正社員、非正規社員ともに、同じルールに基づき評価されることになりますが、在宅勤務者については、遠隔で作業が管理できる場合以外については、今後の進め方、報告してほしい事項を明らかにしておき、業務日報と照らし合わせながら、仕事ぶりを確認し、評価対象行動（事実）を把握しておくことが求められます。

参 照

・P. 166～167 第３章 事例３ 図表３−８、３−９ 業務報告書作成

XII 業務改善・改革の考え方と進め方

1 ワークライフバランス施策と生産性

2008年度「ワーク・ライフ・バランス社会の実現と生産性の関係に関する研究の研究報告書」(2009年3月、内閣府経済社会総合研究所)では、ワークライフバランス(以下「WLB」という)施策が生産性にどう影響するのかについて4つの仮説を立て、それらの仮説を検証することを試みています。

仮説1 **モチベーション向上仮説**

長時間労働の削減などWLBの推進によって、従業員の勤労意欲が高まる。また、従業員の心身の状態が改善されることによっても、仕事への意欲や責任感が高まり、生産性も向上する。

仮説2 **人材引付仮説**

WLB推進に取り組み、そのことを社外にもアピールすることで、企業に人材を惹き付ける。結果として優秀な人材が集まりやすくなり、生産性が向上する。

仮説3 **定着率向上仮説**

WLBが推進されることで、従業員が継続して就業しやすくなる。このことにより、従業員が辞めてしまうことに伴う採用コストや、人材育成・研修教育コスト、顧客との信頼関係の再構築にかかる時間的コストを減らすことができる。

仮説4　**業務効率化仮説**

WLBを実現するために、長時間労働の是正などに取り組むことで、効率的に業務をこなすための工夫や、業務分担の見直しが行われる結果、業務効率がアップし、生産性も向上する。

＊　＊　＊

これらの4つの仮説をもとにモデルを作成し、分析・検証した結果、WLBの推進によって業務の効率化の取組みや業務分担の見直しが進み、生産性向上に影響することが示されています。また、WLB推進によって従業員の定着率が若干向上したり、生産性向上に影響したりすることも示唆されています。

仮説3については、WLB推進によって、人材が定着し、生産性向上に若干ではあるが影響することは、かろうじて否定されませんでしたが、業務効率化ほどには生産性向上のメカニズムとしては働いていないことがわかりました。

仮説1および**仮説2**については、WLB推進によって従業員のモチベーション向上に影響することは示されましたが、それが生産性向上に結び付くということは示されませんでした。また、WLBに取り組むことで、対外的にその取組みをアピールするようになることは示されましたが、そのことが人材確保に結び付くという仮説は支持されていません。

以上のように、WLB推進によって、業務の効率化の取組みや業務分担の見直しが進み、生産性向上に影響することは示されていますが、問題は、この推進の方法、つまり生産性向上のための取組み方です。

多様な働き方を推進したは良いものの、これが原因で生産性を低下させるようであっては本末転倒です。これが受け入れられるほど、競争市場は甘くありません。

多様な働き方を推進するために、他社での成功事例をそのまま導入するケースが見受けられます。しかし、簡単な改善は同じように実践でき

たとしても、結局は会社個々の能力によって改善できることも、結果も異なるということを知っておくべきです。市場は常に変化し、継続的な改善・改革を要求します。改革・改善を成功させるためには、自分たちの力で、自社の環境に合った方法で実現するしかないのです。

すでに述べたように、特性要因図や系統図など問題発見、問題解決手法を活用したプロセス展開表の作成は、単に役割等級人事制度を構築するための手段にすぎません。プロセス展開表の作成過程で行われた業務の改善・改革は、プロセス展開表に書かれた業務を具体的に実行することで成果が生まれます。そのために、机上の業務プロセスを現場に落とし込むための環境づくりと手順が必要です。

2　現場改善・改革のための７つの条件

現場改善・改革のためには７つの条件が必要です。それは、第一に「仕組む」、第二に「気づく」、第三に「わかる」、第四に「訓練する」、第五に「定着させる」、そして以上のすべてを、第六の「リードする」、第七の「統合する」リーダーの存在です。

これは、経営ビジョンに基づいたルール（基準）を設定し、そのための教育を実施し、見える化などの「仕組み」を作ることで、作業者が容易に異常と「気づく」、そして現場で、異常の原因・正常の要因を詮索してみることが「わかる」ということになります。

「わかる」ということは原因を追求（追究）できる仕組みと相応の知識が不可欠です。しかし、「わかる」だけでは何も進みません。課題解決行動を起こすことが重要です。このためには「訓練」を行い、歯止め策も含め、これらの行動を「定着させる」ことが必要となります。

(1)　仕組む（計画する・基準をつくる）

「仕組む」とは、表向きは工夫して物事を組み立てる（内々に計画を立てる）ことではありますが、これは目的のために巧みに工夫された策略（たくらみ）でなければなりません。改善を始めるための準備作業であり、重点的に取り組む必要があります。

改善・改革のために上手く仕組まれた状態をいくつかイメージすると、以下のとおりです。

・ありたい姿（ビジョン）が描かれ、それを達成するための毎年の具体的な目標（あるべき姿）が設定されている。
・整理・整頓・清掃により、規律ある綺麗な職場づくりができ、設備・人・モノが整流化されている。
・「計画」「ルール」「進捗状況」「結果」「改善過程で出てきた知恵」の見える化が行われている。
・生産管理がパソコン等だけで行われているのではなく、現場にある生産管理板で、ひと目見ただけで全従業員が情報を共有化できるよう工夫されている。
・ビジョンあるいは課題に合わせた実践的な教育訓練が、計画的に実施されている。
・ビジョンあるいは課題に沿ってプロジェクトチームを発足させ、期間内においてメンバー自らが計画やルールをつくり改善に取り組む「場」を設けている。

(2) 気 づ く

「気づく」とは、対象が「意識の領域」に入ってくることで意識に上ってくることをいい、これは「見える化」された仕組み・仕掛けによって、問題が顕在化され、十分な知識がなかったとしても意識化されることを意味します。時に強制的に気づかせることも必要かもしれませんが、基本的に、自分から気づくように意識させるようにしなければ、これから必要な自発的な改善行動にはつながりません。整理整頓など5S活動（整理・整頓・清掃・清潔・躾）は、この「気づき」のために行う改善活動となります。

(3) わ か る

「わかる」とは、問題を難しく捉えずシンプルに考え、体系的に整理し、解決に繋げていくことができるということです。つまり、原因を理解し納得している状態のことであり、「わかる」ようになるためには、仕組

みとしての実践的な教育訓練が不可欠となります。

(4) 訓練する（行動に移すための訓練）

わかった以上は動くこと、行動に移すことです。重要なことは、無意識に行動できるよう訓練しておくことが必要となります。なぜなら、頭でばかり考えていると、悩んで次の行動に移そうとしない、条件が整うまで待っている、分析や議論ばかり行っていることになりかねないからです。

即座に行動し、決断しながら正解を見つけていける、「動けば気づく、気づけば動く」ことができる「実践できる従業員」をつくる教育訓練が必要となります。また、問題解決の責任の所在は、問題に気づいた人にあるということも理解させなければいけません。

このためには、管理監督者の献身的な支援（レベルに合わせた、タイミングの良い指導）によるところが大きくなります。初めはゆっくり指導し、理解できるまで繰り返し行うことが重要となります。理解し自然に行動できるようになるには個人差が大きく、時には葛藤もありますが、これを乗り越えるための力が管理監督者には求められます。

(5) 定着させる

仕組みや行動が従業員の間に浸透し、しっかりと根付くことをいいます。そのための工夫をいくつか挙げると、次のとおりです。

・簡単に取り組めるように、日々の生活の中で無理なくできる小さな目標をコツコツと設定する。
・改善がマンネリ化してきたら、大掛かりな改善（改革）を掲げて取り組むなど、これまでのやり方を全面的に否定するような目標を設定し、意識の変革を促す。
・他部門あるいは取引先などとの改善交流試合により、新鮮な刺激が得られるように工夫する。

(6) リードする

改善・改革には、強力な経営者の存在が不可欠です。経営者は、現場

従業員に危機感を植え付けながらも、自発的なやる気を引き出しながら、徹底してやらせるリーダーシップを発揮することが肝要です。

また、改善活動の初期には改革を推し進めるためのチェンジエージェンシー（火種となる従業員）の存在が必要となります。このような人材は、問題意識は高いものの、その言動が協調的でないなど、あまり評価されてこなかった人の中から見出すことが多くありますが、重要なことはリーダーとして、その人材を発掘し、上手くリードすることです。

時には、従業員の激しい抵抗に遭い対立する場面もありますが、それは、会社を良くしたいという想いがそのように行動させている場合も多いので、頭から押さえ付けることはせず、前向きにそのエネルギー（パワー）を放出させるべく手を差し伸べることで、抵抗の方向性を変えることができれば大きな前進となります。

改善・改革は、リーダーが従業員のパワーとその成長を信じることから始まり、会社を良くしたいという想いを、従業員と共有化できれば大きく進みます。

(7) 統合する

統合とは、組織間の調整・コントロールのことをいいますが、これには組織の垂直関係と水平関係の２つの統合があります。通常、極度に分業化していることで、組織間でムダが発生していることが多く、「あるべき姿」に向かってこれを改善活動により解消していくことになります。

前者は人事考課・目標管理制度など上下関係の、後者は集団間あるいは部門間など横の関係の調整・コントロールをいいます。改善活動を、部門横断プロジェクトを結成して取り組んだり、事務局となる部門などを設けて改善活動を推進・取りまとめを行うことなどは、「統合」の好例です。

3 部門特性と改善手法

改善・改革に取り組む手順は、前節で述べたとおりですが、部門の特性、あるいは職種に合わせて改善する手法を変えることが必要です。こ

の理由は、ブルーカラー（労働時間で管理できる肉体労働が主な仕事）とホワイトカラー（労働時間で管理する必要がない知的頭脳労働が主な仕事）の仕事内容の違いともいえます。

(1) 製造部門の改善の考え方と進め方

現場改善の基本的手法であるIE（Industrial Engineering）は、テイラー（F. W. Taylor）にまで遡ります。これは、現状の作業を時間的側面・動作的側面から定量的に解析し、その中の問題（ムダ）をさまざまな角度から検討し改善することです。このIEを活用することで、標準作業（安全に、効率的で品質のよい製品を造ることができる作業）と標準時間を確立することができます。

この考え方を逆に捉えると、従業員が普段行っている作業が標準作業になっていないということになります。

作業を式で表すと、次のようになります。

作業＝標準作業＋問題作業

これは、従業員の作業を見れば、そこにはまだ効率的に、品質的に問題がある作業が含まれているということを表しています。

これとは別に、作業を付加価値の面から捉え、「働き」（ムダがなく、付加価値を生んでいる状態）と「動き」（ムダな作業）に分けることもあります。いずれにしても、作業には付加価値を生まないムダな作業が含まれており、これを排除することで、そこまで能率を上げることができるかが問われていることを示しています。

また、熟練工がやっているような感覚的で複雑な作業（技能）についても、IEを活用し、動作を細かく分析、形式知化することができます。

なお、製造現場では、人の作業だけでなく設備や環境についても、設備故障や品質不良を発生させないよう、作業環境や設備の設置環境をいかに管理し維持していくかなど、さまざまな取組みがされています。

このように製造現場では、ムダを発見し解決する手法は数多くあり、これらを活用することで生産性を追求してきました。プロセス展開表に表される、単位業務（課業）と役割行動（単位作業）は、動作までを示

したものではなく、また設備や環境の条件までを細かく定義することはできないため、別途、IE(注1)、SQC(注2)、TPM(注3) 活動で使用される手法を活用し、改善・改革に取り組む必要があります。

（注1） IE（Industrial Engineering）は、価値とムダを顕在化させ、資源を最小化することでその価値を最大限に引き出そうとする見方・考え方であり、それを実現する技術です。仕事のやり方や時間の使い方を工夫して豊かで実りある社会を築くことを狙いとしており、製造業だけでなくサービス産業や農業、公共団体や家庭生活の中でも活用されています（日本インダストリアル・エンジニアリング協会 2008 年 10 月）。

（注2） SQC（Statistical Quality Control：統計的品質管理）とは、統計的方法を用いて品質管理や工程改善を推進することをいいます。1931 年にアメリカのベル電話研究所に始まり、日本では、1950 年以降に、アメリカのデミング博士やジュラン博士によってもたらされました。その後、小集団活動であるQCサークルが多くの企業で導入され、SQCが製造現場を中心に根付き始め、日本製品の品質が飛躍的に向上しました。1980 年代に入り、日本企業は、品質を総合的にとらえ、組織全体で品質改善に取り組む TQC（Total Quality Control：全社的品質管理）が誕生、その後、TQC は 1996 年に TQM（Total Quality Management：総合的品質管理）となっています。

（注3） TPM（Total Productive Maintenance：全員参加の生産保全）とは、生産システム効率化の極限追求（総合的効率化）をする企業体質づくりを目標にして、a）生産システム効率化の極限追求（総合的効率化）をする企業の体質づくりを目標にして、b）生産システムのライフサイクルを対象とし、“災害ゼロ・不良ゼロ・故障ゼロ”などあらゆるロスを未然防止する仕組みを現場現物で構築し、c）生産部門をはじめ、開発、営業、管理などの全部門にわたって、d）トップから第一線従業員に至るまで全員が参加し、e）重複小集団活動によって、ロス・ゼロを達成する生産保全活動（JISZ 8141：2001）です。なお、TPM は（公社）日本プラントメンテナンス協会の登録商標です。

(2) 営業部門の改善の考え方と進め方

いわゆるホワイトカラーの改善・改革は、成果が物として見える製造

現場と異なり、なかなか進んでいない会社が少なくありません。これは、営業を創造的な業務と捉え、また、対人間関係の世界として個性を重視するばかりに、標準化や管理を避ける傾向にあることから起きています。

業績が伸び悩んでいる会社は、このような考え方をしている場合が多く、会社として市場調査、顧客管理、競合管理すらできていない、その結果、売上予測（受注）も全くできておらず、感覚的（非科学的）な管理となり、情報やデータがあれば容易に効率が上がるにもかかわらず、遠回りどころか全く成果に結び付かない行動をとってしまいがちです。

こうならないためには、まずはプロセス展開表を作成し、誰もが最低限、同じ流れで営業活動するようにし、各プロセス（業務あるいは役割行動）の段階で、進捗あるいは行動に違いが出た際に、これに気づくようにしておくことが必要となります。

これは、プロセスを見える化することによって異常が発見でき、管理監督者としては、この異常の原因を追及する良い機会となり、さらなるプロセスの改善の原動力にもなります。製造現場の技能を形式知化していくことと同じように、営業活動の多くは標準化することが可能なのです。

また、製造現場で実施するような調査も、営業活動分析として定期的に実施することが必要です。例えば、商談や企画提案書作成であれば、能動的営業時間といえますが、クレーム対応であれば受動的営業時間となります。また、営業員の移動時間や事務処理などの社内業務時間は業務としては必要ですが、できるかぎり能動的営業時間を増やし、1件でも提案、新規開拓の時間にすることが重要です。

このため、営業員1人ひとりの受動的営業時間の発生原因を追及し、対策を講じることが必要となります。また、社内業務時間の中で、打合せ時間や事務処理時間が多いことについても、打合せ内容とその発生原因、事務処理時間が多い原因の追及や事務処理手順の再確認などすることで、時間の短縮を図ることができます。

また、営業生産性には、能動的営業活動の量（時間）だけではなく、その質も問われます。製造現場でいえば、歩留まり率の向上となります。営業の質を高めようと思えば、知識とスキルが求められますが、これを

全体として引き上げるための工夫が必要で、それぞれの営業員が体験を語りながら、個々がもつ情報や経験（ノウハウ）を吸い上げ、「アプローチ・ブック」に集約していくなど暗黙知を形式知化していくことも重要です。これを継続的に実施してくためにもプロセス展開表に書き表し、確実に業務として実施できるようしておくことも必要です。

なお、営業管理職としては、次の部下管理が求められます。

① 日報管理……日報を提出させ、訪問計画との差を分析しながら、行動を掴むこと。月間の活動全体を通じた分析をしなければ行動把握はできない。

② 個人面接……帰社後の部下との個人面接によって、業務を報告させ顧客との関係性を掴むこと。訪問先の状況、販売の仕方や相手の反応等を細かく聞き出し、指導をする。

③ 受注伝票の管理……受注商品内容、受注アイテム数等得意先に見合ったものかなどを調べ、販売活動内容を推察すること。保留、カット、返品（赤）伝票の内容を把握し、原因を追及、対策を検討させる。

④ 同行訪問……これまでの分析を踏まえ、部下との同行訪問により、日常の営業活動状況を把握すること。

⑤ 独自訪問……部下の重要得意先に管理者自ら訪問し、得意先から見た営業員の活動を、最も大切な得意先の「生の声」を聞いて掴むこと。

(3) ソフトウェア開発、情報処理部門、開発部門の改善の考え方と進め方

これらの部門には、プログラマーおよび画像処理オペレーターなどがありますが、結果としての品質、および作業時間でしか評価できないと考えられていることが多く、生産性を上げるために、研修を受講させたり、職務に関連する資格を取得させることで知識があるとみなす程度の管理しかできていないことが多いようです。

当然、過去に設計したプログラムを保存しているサーバー内のデータや要求仕様書など資料の管理方法などを、5S活動の中で見える化しておくことは、他部門と何ら変わりはありません。また、このような成果の見えにくい部門であっても生産性を上げることは十分可能です。

もちろん、知識は教育しなければ修得できませんが、その後、同じプ

ログラムを同時に何人かに設計させ、そのでき栄え（プログラム内容や時間）を確認すると同時に、それぞれのプログラム内容の違いを比較、原因追及します。この違いが知識の過不足によるものなのか、思考力の違いによるものなのか、また性格によるものなのかなどをチェックすることで指導できます。

教育訓練計画から教育訓練実施と修得度のチェックおよび日々の実務における管理監督者による管理（目標設定から評価、指導）を徹底することで、生産性を大きく向上させることができます。

また、設計部門については、まず標準図面を製作することが最も重要です。多くの設計者は、独自性へのこだわりが強く、常に新しい物を開発、新しい物（部材）を利用しようとします。これは、設計者としては当然のことですが、顧客要求から離れ、コストが高くなってしまうおそれがあります。また、設計者によって製図方法も違うなど、過去の製図を活用できないという問題が生じます。

これを避けるためにも、購買部との連係によるコストダウンのほか、設計部門としては、まずは、「設計標準」を作成し、これを全設計者に教育し、徹底させることが重要となります。そのうえで、プロジェクトを結成し、標準図面の改善（コンパクト化、モジュール化、コストダウンなどを活動テーマと設定）を定期的に進めることが必要です。製品構造図から固定・変動分析（スペックの変動に対し、どの部位が変動し、どの部位が変動しない（固定）のかを可視化する手法）を活用し、標準化、モジュール化していくことになります。

また、設計管理者は、受注案件の要求仕様を確認し、工数計画を立て、技術者のレベルに応じた分担を配分するほか、設計標準に従い設計しているか、日々管理をし、設計者の知識、スキルの確認と指導に努めなければなりません。

参照

・P. 160 第３章 事例３ 「仕事の割当て」

(4) 間接（事務）部門の改善方法と進め方

間接部門の業務については、プロセス展開表によって明らかになっていますが、複数の部門が関係する重要な業務や、たびたび問題が発生するなど時間がかかる業務については、事務工程分析(注)を行い、詳細に分析をし、原因を追及、対策を講じる必要があります。

また、製造部門同様に、標準作業書を作成し、これを徹底することはもちろんですが、統計・帳票類については、調査のうえ、1件あたりの標準時間を設定し、管理監督者は予実分析をすることで、時間がかかった原因の追及と対策を講じることなどが求められます。

（注） 事務工程分析：事務の改善を進めることを目的とし、事務の各段階を観察しながら調査・分析し、事務作業の各機能の目的を詳細に把握することで、ムダ、ムラ、ムリの発見をするための一手段をいいます。アメリカのシティバンクが、マサチューセッツ工科大学卒業のジョン・リードを登用したことに始まります。それまでの銀行窓口での事務取引の流れを、工場の生産活動にみたて、伝票の処理工場に置き換えて改善することで、全米一の迅速な窓口サービスを確立したとされています。

(5) 全社の改善方法と進め方

① 部分最適から全体最適へ

まずは、各部門がすでに述べたような改善をそれぞれに行い、その後に全社の改善活動に入ることが、結果として効率的です。

「木を見て森を見ず」という言葉のとおり、森を見ることは高い位置から俯瞰的に全体を見回すことで重要なことではありますが、先に森を見たがためにその大きさ（難しさ）に圧倒され、足下の改善が進まなくなる（手足が動かない）こともあります。

というのは、まだ自部門の改善がままならない段階にもかかわらず、部門責任者がすでに上層部での調整作業に入っているなど、結果として頓挫することがあるということです。

各部門の中でさえ統一的に改善活動できていない状態で、全体として統一できるはずがありません。大方針に従うことはもちろんですが、実

務的に、改善というのは、地道な第一歩から始まるということを知っておくべきです。

これはたとえると、本来、営業と製造部の調整部門である生産管理部が、精度の低い需要予測情報や工程負荷情報のために、生産計画の精度を上げることができないのと同じです。全社での改善は、まずは部分最適を図り、水平展開を図りながら、次に全体最適を狙うという基本的なステップを踏まずには実現できません。

② 多能工の育成

プロセス展開表の活用によって役割を明確にすることは、役割が明確でないことによるストレスをなくす効果のほか、職場における助け合いの基礎となります。

例えば、多品種少量の混流組立ラインで、前工程・後工程の引継ぎを一定に決めず、幅を持った作業域を持たせることにより、工程前後間での助け合いをするバトンタッチ方式などは、作業者は前後工程の作業の一部を習得しておかなければなりません。これは、作業者が多能工化しているからこそできることです。

多様な働き方を推進するとは、助け合い（お互い様）感覚の醸成が必要ですが、実際問題として、その感覚だけでは仕事は進みません。その結果、正社員が助ける側に回らざるを得ません。この不公平感をなくすためにも、普段から、誰が、何を、どこまでできるのかなど従業員の能力の把握（力量マップの作成）はもちろん、業務の標準化を図り（標準作業書の作成）、標準作業書に従って計画的に教育訓練を実施し、従業員を多能工化しておくことが重要となります。

XIII 要員管理

1 要員管理の方法

要員計画とは、事業運営のために必要な人材を量的・質的に確保し、配置するための計画をいいます。これは、経営計画に連動して策定されるものであり､単年度計画であれば当該年度の事業運営上の人材ニーズ、長期計画であれば自社の長期的な人材ニーズを充足させるために策定・実施されることになります。

特に、多様な働き方を推進するためには、ワークシェアおよびジョブシェアの実施を避けて通ることはできませんが、これによって過重労働を軽減することもできます。

しかしながら、即戦力として期待される人材の採用難や、業務の引継ぎなどの問題から一時的に労働生産性が低下することは否めず、こうした労働生産性低下をできるだけ解消するよう業務手法等の見直しを行っていく必要があります。また、ワークシェアリングに取り組むことになれば、当然、従業員数は増加することになります。このため、しっかりした要員管理が必要となってきます。

2 要員計画策定のための２つの手法

要員計画を策定するための手法には、マクロ的手法とミクロ的手法があります。

ミクロ的手法は、「積上げ方式」とも呼ばれ、職務分析や標準時間、タイムスタディ（作業時間分析）および業務分析を実施したうえで、職務別の要員を検討し、課単位、部単位、工場単位、事業部単位、さらに会社全体としての必要な要員を決定します。一方、マクロ的手法は､「労

●図表2−18　要員計画の策定方法

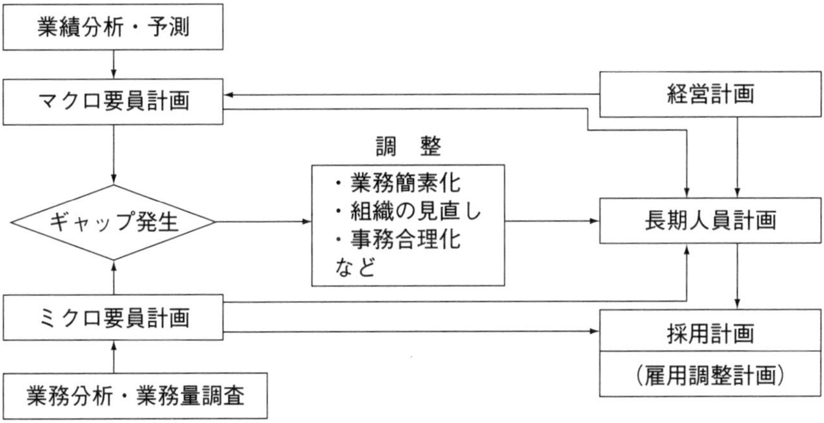

働分配率」「損益分岐点」などから適正人件費を算出し、必要な要員数を求めるものです。

一般的に、積み上げられたミクロ的必要人員と、経営計画に基づく総額人件費の視点から算出したマクロ的採算人員数（適正人員・適正人件費）との調整を図ることになります（図表2−18）。

3　マクロ要員計画

マクロ要員計画を策定する際には、付加価値と適正労働分配率を活用します。算式は次のとおりです。

① 売上高×付加価値率＝付加価値
　　＝社員数×１人あたり付加価値

② 付加価値×適正労働分配率＝人件費総額
　　＝適正要員数×１人あたり人件費

③ 必要売上高×計画付加価値率×適正労働分配率
　　＝許容人件費予算

④ 人件費の支払上限率（C）
　　＝人件費総額（B）÷損益分岐点売上高（A）

⑤　要員数の上限
　　＝(A)×(C)÷社員１人あたり平均人件費(D)
⑥　必要利益を確保する売上高(E)
　　＝(必要利益＋固定費)÷付加価値率
⑦　売上高適正人件費率(F)＝(B)÷(E)
⑧　適正要員数＝(E)×(F)÷(D)

4　付加価値の活用

マクロ要員計画は、将来の中期・長期経営計画によって管理統制されるべきものです。このため、所定の付加価値に基づき、適正労働分配率と適正資本分配率による分配構造計画の中で、固定的人件費予算の枠（総額人件費）を決めることになります。

実費がこれを超えないよう管理することが基本ですが、固定費そのものの膨張を防止して、損益分岐点の上昇を避け、不況抵抗力の強化を図ることもできます。人件費というものは定昇があり、必然的に上がるものだ、などと簡単に捉えるべきではありません。経営戦略上どうコストを抑えていくのかという観点から、人件費をコントロールすべきなのです。

(1)　付加価値とは

付加価値とは、労働者側と経営者側、資本と労働の協働作業による経営活動の成果のことをいいます。この付加価値には、粗付加価値、付加価値、純付加価値の３つがあり、粗付加価値は中小企業庁方式（控除法）、付加価値は日本生産性本部方式（控除法）、純付加価値は日本銀行方式（加算法）となっています。この３方式のどれを活用するかによって付加価値の額が変わりますので、経営指標などと比較する際にはその点をよく注意しなければなりません。また、人件費にも狭義の場合と広義の場合がありますので、同様に注意が必要となります。

(2) 労働分配率とは

労働分配率とは、適正な利益を確保するために必要な、付加価値に対する人件費割合のことをいい、「人件費」÷「付加価値」で算出されます。コストの中で最も中心となるのが人件費であり、この費用の適正さを判断するモノサシとして活用されます。通常、過去3～5年の実績から算出して、会社独自の指標をつくり、経営改善に活かしていきます。労働分配率のほかに、人件費比率（「人件費」÷「売上高」）も参考指標として活用できます。

(3) 損益分岐点の活用

損益分岐点とは、損失が出るか利益が出るかの分かれ目となる売上高や数量のことである。前者を損益分岐点売上高といい、後者を損益分岐点販売数量といいます。

つまり、損益分岐点は、損失も利益も出ない売上高、つまり、利益がゼロとなる売上高と考えることができます。損益分岐点の売上高よりも売上高が上がれば利益が発生し、逆に下がれば損失が発生することになります。損益分岐点は低ければ低いほど利益が多くなり、企業経営が安定することになります。

損益分岐点売上高［固定費÷付加価値率］を活用して適正要員数を導き出すこともできます。この際、固定費を十分に吟味する必要があります。この費用の分解（固定費と変動費の分類）にはいくつかの方法があり、その1つに下記の計算方式に示される個別費用法があります。

固定費＝(販売管理費－荷造運搬費＋労務費)＋(経費－外注加工費－動力費)＋営業外費用－営業外収益

変動費＝売上原価－労務費－(経費－外注加工費－動力費)＋荷造運搬費

過去数年間の費用の増減を各勘定科目ごとに売上げと対比し、費用の性格を検討することで固定費と変動費とに分けるものですが、やはり双方に関連する費用もあり、限界があるのも確かです。

5　ミクロ要員計画

ミクロ要員計画とは、組織単位ごとの業務量と1人あたり標準業務遂行量から組織単位ごとの人員を積み上げ、人員を算定する方式です。

$$\text{ミクロ人員数} = \frac{\text{総業務量}}{\text{従業員1人あたり標準業務遂行量}}$$

ミクロ要員計画は、以下の手順となります。

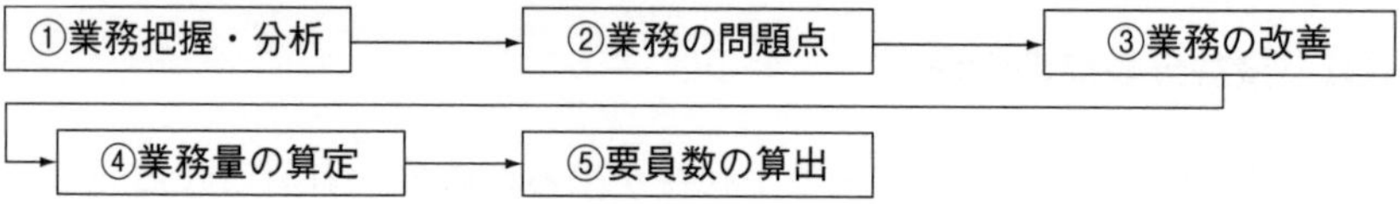

①から③については、「職務調査票」を活用し、「プロセス展開表」を完成する過程で実施できます。④については、業務分析、業務量調査を実施し、次のステップを踏んで⑤要員数の算出となります。

ここからは、必要人員数の算出ステップについて説明します。

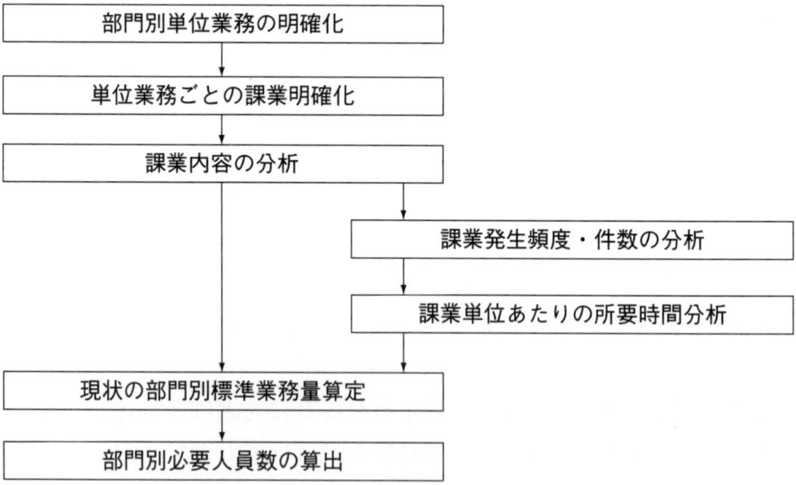

プロセス展開表で明らかになった課業（場合によっては役割行動）について、業務分析および業務量調査を実施します。

課業別の単位あたり所要時間と発生頻度区分別発生件数を掛け合わせれば、課業別発生頻度区分別の業務量が算出できます。

部門の標準業務量を算出するために換算業務量に修正します。換算業務量とは、日単位、週単位、月単位、年単位などの頻度区分別に測定した業務量をいずれかの頻度に換算した業務量のことです。

例えば、日に50分、週で90分、月で150分の業務量を月に換算すれば、次のとおりとなります。

50分× 20.5 + 90分× 4.5 + 150分= 1,580分

課業別の業務量を単位業務ごとに合計すれば単位業務別業務量も算出することができます。さらにすべての業務量を合算すれば、部門全体の業務量を算出することもできます。さらに、この部門全体業務量に余裕時間を足し込み（標準余裕時間は、勤務時間の15～20%）、これを1人あたりの勤務間で割れば、部門別必要人員数が算出できます。

以上のように、単位あたり標準時間×発生件数が、業務量基準の基本になることは間違いないのですが、必ずしも発生件数と業務量が正比例するとは限らないことに注意する必要があります。

Ⅶ 2（4）（P. 76～77）でも述べたように、業務には、発生件数、対象件数に比例する業務量と件数とは関係のない業務量があり、前者を変動業務量、後者を固定業務量といいます。この考え方を前提に、経営計画に沿った業務量を算定し、要員を算出することになります。

今後は、多様な働き方が求められてきますが、職場の業務量の総量は変わらない状況の下で、短時間勤務者が現れることになります。短時間勤務者が担当する業務で突発的な対応が必要となっても、基本的には、本人が対応しなければなりません。もし対応しきれない場合でも、派遣社員などを外部から調達するのではなく、できるかぎり同僚がフォローすることになります。

したがって、緊急対応が必要な場合は、同等の能力や経験を持つ人材を他の部署から異動させることで対応することになります。このため、職場の機動力を落とさないために、人事部ではなく、現場の管理職に人

事権が委譲されていることが重要となります。

6 ピーク時要員の検討

(1) 短期的周期をもって発生する予測可能なピークに対する対策

① ピーク時以外の期間に処理可能な業務を非ピーク時に処理する。

② 準備、段取りなど、あらかじめ処理可能な業務を非ピーク時に処理する。

③ 特定職務のピーク時と他の職務のピーク時とが一致しない場合には、互換性がきくように職務の再編成を行う。

④ ピーク業務の中に単純定型業務が存在し、しかも１人分以上の仕事量があるときは、ピーク時の要員としてアルバイトの長期契約を結ぶ。

⑤ 時間帯によるピーク業務が発生するときは、パートタイマーに限定せず、正社員の勤務時間帯を流動的に設定し、ピーク業務に対応する。

⑥ ピーク業務が判定処理業務であれば、他職務との互換性をもたせることによって解決し、双方の職務あるいは職務系列から単純職務を抽出し、１人分の単純業務からなるアルバイト職務を編成し、アルバイトによって補填する。

⑦ １日のうちピーク時が特定時間に集中する小売業、サービス業などの場合は、パートタイム契約をもって補う。

⑧ 以上の対策をもって、なおピーク業務を補填できないときは、ピーク時必要人員と平均必要人員との人員差の２分の１以内の範囲で追加要員を認め、ピーク時は残業および他部門からの応援をもって補い、非ピーク時は他部門への応援がきくように、ピーク時追加要員の職務範囲を拡大し、応援機動体制を確立する。

(2) 月・半期・年での比較的長期の周期をもって発生する予測可能なピークに対する対策

短期的周期のように、ピーク時必要人員と平均必要人員との人員差の２分の１以内の範囲で追加要員を認めることは、平常時での過剰人員が

発生するため、基本的には追加要員を設定せずにピークに対処する方策を打ち出します。

① 準備、段取りなど、あらかじめ処理可能な業務をピーク時到来以前に処理してピーク時に備える。

② 単純業務を集約して、ピーク期間だけのアルバイト職務を臨時編成し、アルバイトをもって補う。

③ ピーク時が一致しない他部門からの応援を受け入れて補う。

④ 一定期間担当業務を後ろへ繰り延べても大きな支障とはならない、主としてスタッフ部門担当者でピーク業務処理能力を有する社員をピーク期間だけ臨時配置する。

⑤ ピーク期間、担当社員の残業をもって補う。

⑥ ピーク時が特定月に集中する小売業、引越業などの場合は、間接部門などピークの影響の少ない部門における業務内容を平常時とは大幅に変更し､必要最小限の業務にとどめ､交差配置ができる仕組みとする。

⑦ いくつかの職務系列の業務処理に精通する幅広い能力をもった従業員を育成のうえ、機動部隊として編成しておき、ピーク時に各ピーク部門に配属できる体制とする。

7 緊急事態あるいは特別な異常事態に関連して発生し、しかも発生時期が難しい業務についての対策

顧客からのクレームの解決や誤報告書の訂正などの課業は定期的に発生するものではありませんが、発生がある程度予測できます。したがって、月あるいは週として包含しても問題はありません。

しかし、装置産業における事故などによる緊急措置業務などは、発生時期の予測がつかないだけでなく、いったん発生すると解決のための業務量が非常に多くなります。このような業務は、通常業務とは区分して把握し、発生した場合はどのように対処するかをピーク対策として決めておくことが必要となります。

第3章

多様な働き方と人事労務管理

～日本プロセス株式会社のケースを通して～

■日本プロセス株式会社の概要

日本プロセス㈱は、創業30年を超えるグラビア印刷製版会社で、主に、食品、雑貨などの軟包装印刷に活用する版製造をしています。このところ流通業界の業況は、全体としては低迷していますが、コンビニエンスストアの成長とPB商品の開発、高齢化・核家族化の影響による小分けパッケージが拡大していくなど一部の需要は高まってきています。ただ、厳しい経済状況の下、受注単価は毎年下落しており、継続的に経営構造の変革に取り組んでいます。

本社は広島県にあります。営業所は、中部、九州、四国にあり、工場は、広島県、愛媛県にあります。

現在、社員数は120名で、男性100名、女性20名。平均年齢は、約40歳と年々高くなってきています。また、正社員のほかに非正規雇用者として、パートタイマー4名、フルタイムパートタイマー6名、再雇用嘱託社員6名がおり、パートタイマーの中には無期雇用に転換した者もいます。

組織体制は、本部制を導入しており、図表3－1(組織図)のとおりです。

営業本部の下に営業部、デザイン部があり、製造本部の下に品質保証部、製造部、業務部があります。管理本部の下に財務部、総務人事部となっています。

営業部には営業企画課、営業課が、業務部には生産管理課、購買課が、製造部にはメッキ課、彫刻課、画像処理課、校正検査課があります。

会社の所定労働時間は、8時30分から17時30分の8時間（休憩1時間）となっています。

また、従来の賃金体系は、下記の通りでしたが、賃金の改定にあたり、基本給を基礎給と役割給とし、手当については家族手当、住宅手当、通勤手当のほか、営業職には営業手当（時間外手当・休日勤務手当・深夜手当相当分）と営業業績手当として整理しました。(賃金規程P.272)

家族手当および別居手当については、近年の同一労働同一賃金に関する最高裁判決を念頭に、転勤があり、長期勤続を前提とした正社員に支

●図表３－１　日本プロセス㈱の組織図

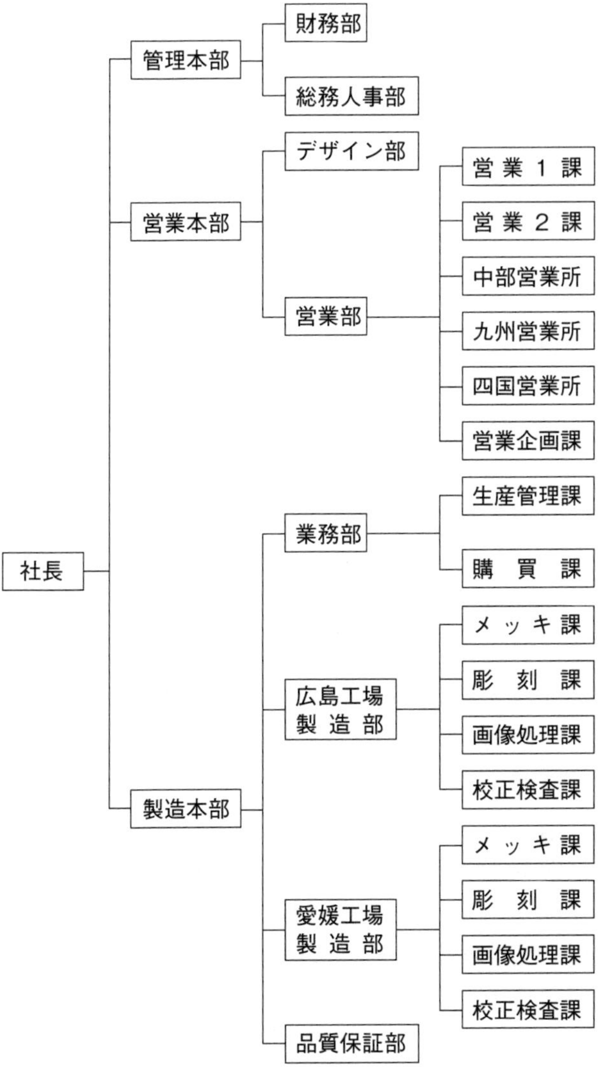

給することにしています。

- 第１基本給
- 第２基本給
  - 職能給
  - 職務給（大卒者の初任給底上げ）
- 諸手当
  - 役付手当
  - 家族手当
  - 住宅手当
  - 営業手当
  - 地域手当
  - 乗車手当
  - 調整給（管理職手当）

印刷製版産業は受注産業であり、営業は「訪問・商談→助言・提案→受注→製版指示→データ入稿→帰稿→製版原料調達→納品→入金確認」のプロセスのすべてに責任を持ちます。

このため、経営体質的にも受動的にならざるを得ず、営業はルート営業が中心で、新規開拓をほとんどできていません。生産現場はまだまだ改善意識が低く、主体的な改善活動の定着には至っておらず、これまでどおりのやり方をするだけになってしまっています。

昨今の厳しい経営環境の中、将来を見据え、積極的な設備投資をしており、経営陣の頑張りで、顧客の要求に応え、何とか業績を維持している状況が続いています。

生産部門の熟練者の多くは定年退職後に再雇用を選択せず、退職しています。理由としては、3K 職場であること、技術の進歩についていけないことが挙げられます。そのため再雇用者には、古い設備のオペレーターをしてもらうか、あるいは業務部に所属して物流を担当してもらっています。しかしながら、人材育成が進んでいないことや新たな人材を確保することが難しくなってきたことに加え、年金をもらえるまでは働きたいという声が社内でも出始めるようになってきました。そこで、機械化など進めながら、数年前に定年を 60 歳から 65 歳に延長しました。この時、社長からは定年廃止について検討するよう指示があったのですが、高齢者にできる仕事を作り続けることは難しいために、まずは定年

を延長するということで話がまとまりました。

また、顧客から提供されたアイデアをMacintoshで企画デザインし、版下データなどに変換するデザイン部と製造部画像処理課は、女性の比率が多くなっています。ただこれまでは、ほとんどの女性社員が20代後半になると結婚を機に退職していきました。

人事制度については、12年前に仕事基準である役割等級人事制度を導入しています。

広島工場に関しては、平均時間外労働時間数が約70時間と、長時間労働が常態化していました。5年前に顧客対応力の強化のため、製造部では交替勤務制を導入し、生産性は向上し続けています。また、残業時間も減少傾向にあり、現在、広島工場の平均時間外労働時間数は約40時間にまで削減できています。

全国展開している顧客への対応として拠点間での協力が行われ、本社で受注したものを愛媛でデータ入稿、版製造し、広島工場から指定された納入先に配送など行うことができています。

このため、拠点間の連携がスムーズにできるように業務の標準化が全拠点、全部門の大きなテーマとなっています。また、短納期でなければ稼働率の低い製造部門へ依頼するなど、生産の平準化もできており、ムダなコストの発生を抑えられるような生産体制になってきています。

現在、毎年のように版単価が下落しているなど厳しい業況にはありますが、それでも堅実な経営ができており、これを反映してか離職率は低下しています。一方､組織の高齢化はもちろん､近年の人材争奪戦の中、採用には苦労しています。この状況の下で、定年退職者や育児・介護の問題を抱える従業員が多く出てきており、積極的な設備投資による合理化の追求だけでなく、外国人技術者の雇用に踏み切るなど、人材の能力向上と確保を重要課題と据えています。

役割基準書については、労使協調して随時見直しを図ってきていますが、近年の同一労働同一賃金に関する最高裁判所の判例などを受けて、非正規社員に対する対応についても整理、確認することになりました。今後、多様な働き方が可能な会社をめざし、組織人事戦略を大きく見直そうと検討を始めています。

元々、職務基準の役割等級人事制度を導入した際に、職務関連手当についてはみなし残業分の営業手当および営業業績手当を除き、役割給に統合しています。また、制度の構築において、プロセス展開表を活用した職務分析を実施し、課業と役割行動を明らかにしたうえで、役割設計をしました。ただ、細かな動作の標準化や標準時間の設定までは行われていませんでした。つまり、役割評価によって課業や職務（役割）行動の困難度や責任度は明確になっていたものの、役割単位での作業量、作業時間の設定はできていないというのです。

なお、中期経営計画で、適正人員数および各部門の定員を設定していますが、季節変動が大きいことから、定員数は閑散期に合わせています。そうすると繁忙期には時間外勤務が増えることになりますので、生産本部は時間管理を実施し、常に上限規制を超えないよう注視しています。

事例1　中堅現業職、母の介護で退職の危機
——短時間正社員制度で乗り越える

● 独身男性社員が介護をすることになった

42歳独身の男性社員、広島工場メッキ課に勤務する佐藤さんの母親は、体調を崩し西日本病院に入院したのをきっかけに、まだ60代後半にもかかわらず初期の認知症であると診断されました。佐藤さんは「親の介護」がまだピンとこない世代であり、まだまだ親は元気なものと思っていたため、青天の霹靂のような出来事でした。

幸い身体の方は順調に回復し、退院の時期もほぼ決まり一安心しました。これまでも佐藤さんは、母親のことを「物忘れがひどくなったのは年のせいかな」と気になったことがあったものの、特に対応はしていませんでした。ところが実際に診断を受けると、思い当たる節が多々あり、退院後、朝早く家を出て残業を終えて帰宅するまでの長い時間、母親を家で1人にすることに大きな不安を抱えていました。

佐藤さんは、母親の入院のために有給休暇を使いましたが、残日数も少なくなってきたため、短時間勤務の職場へ転職することを考えて、メッキ課長に相談しました。じっと親身になって聞いていたメッキ課長は、ふと、休憩室に置いてある就業規則に「介護休業」という規定があったことを思い出し、「私から総務人事部に尋ねてみるよ」と、佐藤さんを励ましました。

そうして総務人事部と相談した結果、佐藤さんは、平成11年に育児・介護休業規程が制定されて以来、社内初の介護休業を取得することになりました。

• 介護休業を取得

介護休業規程を読んで「休業」以外にも制度があることを知った佐藤さんは、利用できる介護サービスを探したり、介護施設との打合せなどを行うために介護休業を2週間ほど取得し、当時のルールで、その後介護短時間勤務に入り、通算93日の上限いっぱい制度を利用したいと会社に申し出ました。

一方、総務人事部では、メッキ課長からの進言もあり、介護短時間勤務終了後のことについて、佐藤さんと会社にとって最善の方法を検討しておくことになったと佐藤さんに伝えられました。佐藤さんはメッキ課長や総務人事部の取り計らいに感謝し、心強い思いで介護休業に入りました。

まず佐藤さんは、仕事を続けるかぎり毎日母親の側にいることはできないので、当面は介護短時間勤務の勤務時間帯だけでも受けられる介護サービスを探してみたところ、入院していた西日本病院の関連施設であるデイサービスを利用できることがわかりました。ただ、介護サービスを利用できることになったところで、介護短時間勤務が終了し正社員として復帰すると、デイサービスの送迎時間帯に家にいることはできません。また、佐藤さんの部署は残業が日常的であるため、「93日間」が終わった後のことを考えると不安が募りました。

そもそも、中小企業では数少ない新卒採用の佐藤さんは、勤務態度が良く、版のメッキ状態の良し悪しはほぼ見抜くことができるなど、技能面でも信頼されていました。また、時には監督職に代わり他工場との折衝や、対外的には機材メーカーとの折衝を任されることもあり、さらには、技能の高さから後輩の技術指導の役割も担うなど、将来的には管理職候補として、社長からも期待されていました。

もちろん佐藤さんも生涯勤めるつもりだったので、方法があるなら退

職せず、会社に残りたいと思っていました。

• 会社の意識が変わった

日本プロセス㈱は、佐藤さんの「親の介護」をきっかけに、男性社員も家族介護を理由に休むことがある、さらには、退職することもあり得ることに初めて気づきました。

この佐藤さんの問題以前にも、もしかすると家族の介護のために退職していった社員はいたかもしれません。けれども、その時点では出産や結婚による退職と同じように「仕方がないこと」とあきらめ、なんとか退職を防ごうという意識は生まれていなかったのかもしれません。

これまで、男性社員の家族に介護の問題が起こった場合は、妻が介護の中心となることが多く、会社が男性社員の家族介護に配慮をする必要がなかったのかもしれません。けれど日本プロセス㈱の男性社員の中には、佐藤さんと同じ世代の独身の者も少なくありません。あと10年もすると彼らの親が70代後半となり、いよいよ本格的に親の介護に直面することは想像するに難しくありません。

併せて、女性社員が安定したスキルを身に付けた頃に、結婚や出産を機に退職していくことが常となっている現状にも問題意識を持たなければなりません。技能の高い男性社員が「家庭の事情」による退職に直面したことにより、社長はじめ、メッキ課長、総務人事部が「技能の喪失」の危機にようやく気づいたのでした。

• 短時間正社員制度導入への準備

社長からの指示を受けた総務人事部では、佐藤さんが介護をしながら、また介護が気がかりで仕事に支障が出るということのない範囲で勤務できないか検討に入りました。そこで早速、「勤務時間が短くなるならパートということ？」「給料はどうなるのか？」という問題に当たりました。

総務人事部は、これまで育児・介護休業法の改正に合わせてその都度、法律に抵触しないよう規程の改定を行ってきたつもりでしたが、自社の介護休業や介護短時間勤務では、一時的なケガや病気のための家族介護には対応できても、先の読めない高齢者介護となると、退職時期の先送りにしかならないということに、今回の件で初めて気がつきました。

家族介護という社員の個人的な事情による休業を、他の従業員に時間外勤務等の負担をかけてまで会社がサポートすべき問題かどうかという点はさておき、どの社員にも起こり得る「家族介護」によって社内で育成した優秀な人材を喪失することは、会社の発展どころか維持していくことさえも難しくなる問題です。このことを理解した社長は、介護離職者を生じさせないための対策を考えなければいけないと思い、管理本部長および製造本部長に対し、社内のルールづくりを命じました。

他方、製造本部長は、製造部長に短時間勤務でも担当できる仕事がないかどうか検討するよう命じました。製造部長は製造課長とともに、まずは、役割等級人事制度を構築した際に、従業員を巻き込んで書き出したプロセス展開表（図表3－2）から確認することにしました。

確認した結果、工程（課業）および仕事（役割行動）そのものは特に変化していなかったことがわかりました。次に、佐藤さんの役割基準書（J2級）（図表3－3）を確認しましたが、ここでも特に、変わったところはありませんでした。

そこで、今度は、佐藤さんが日々どのような仕事にどのくらい時間をかけているかについて業務分析、業務量調査を実施しました。この結果は、図表3－4のとおりです。

6時間（360分）勤務という制約の中、日々安定的にできる作業を抽出しました。そして、その中から、受注の状況によって多少変動するとしても、定時内に固定的に発生する業務を抽出しました。

それに佐藤さんは、監督職補佐としての業務も行っていましたが、これを監督者にやってもらうこととしました。定期的、固定的な作業も勤務時間の関係上、一部（日に3回実施する作業のうち1回）のみの実施にすることにしました。非サイクリックな作業にしたことによって、実

施忘れなどのポカミスを誘発しかねないので、これを避けるために、後輩の内野さんに任せることとしました。

結果、端面修正作業およびNC旋盤作業（2台）を担当することに決定し（業務コード：D、E－1、2、3、O)、佐藤さんの役割基準書として作成しました。

総務人事部の検討チームでは、当時のルールに照らして、「介護休業と介護短時間勤務を合わせて93日では短すぎるのではないか、93日では介護は終わらない」との意見も出されました。確かにそのとおりですが、育児と違って介護終了は想定できません。

議論を重ねた結果、育児・介護休業規程は現状の法定どおりのままとして、介護休業や介護短時間勤務期間中に介護サービスの利用など介護生活の段取りをしてもらうことにしました。そして、それらの終了後も正社員としての勤務に戻れない場合のために、「短時間正社員制度」の導入を検討していくこととしました。

その中で、取引先や同業他社、同じくらいの規模の会社がどのような取組みをしているのかをリサーチし、今後のルールづくりの参考にしようということになりました。

これまで総務人事部において配偶者や子供の有無等の家族情報はだいたい把握できていますが、それ以外の家族構成のことまでは知らないことも多く、親の介護の予測を立てることが難しいのです。それに、健康保険や源泉所得税の関係で扶養家族であるかどうかということと、実際に親の介護を担うかどうかというのは別問題です。将来のことを正確に予測することは困難でも、潜在的な家族介護に対する配慮の必要があるかどうかを把握することは重要です。

日本プロセス㈱では、人事制度導入時に、家族構成などについてアンケート調査を実施していましたが、現状を把握するため、今回改めて調査を実施することにしました。

●図表3−2 プロセス展開表

工程を明らかにしたうえで、各工程での作業を書き出し、等級区分する。

			業務A		業務B		業務C		業務D
単位業務			➡ 内面処理	➡	➡ インク取り	➡	➡ クロム剥がし	➡	➡ 端面修正
サイクルタイム			5分		2分57秒		3分19秒		2分55秒
役割行動（手順）	1	1分50秒	① 母材が使用可能かどうか判断する	30秒	① 製版予定表を見てシリンダーを探す 母材の在管が少ない時	2秒	① 剥離液温度の確認をする	20秒	① 端面の状態を確認し、修正機に掛ける
	等級区分		中級		初級		初級		初級
	2	2分10秒	② 加工伝票を確認し、母材を取り出す	15秒	② 円周に応じての直径出しを計算、記入する。	2分	② 剥離液の濃度を確認し、基準に満たない場合、液を補充する	2分15秒	② 端面修正および穴加工する
	等級区分		初級		初級		初級		初級
	3	1分	③ 内面ブラシを掛ける	12秒	③ 加工伝票を確認し、母材を取り出す	2秒	③ 予定表を確認、母材を取り出す	20秒	③ 修正した端面の状態を確認し、修正機から外す
	等級区分		初級		初級		初級		初級
	4	50秒	④ 内面塗装をする	2分	④ 溶剤でインクを取り除く	25秒	④ 剥離機に掛ける		
	等級区分		初級		初級		初級		
	5					50秒	⑤ 剥離機から取り出し、製版予定日ごとに仕分ける		
	等級区分						初級		

			業務E		業務F		業務G		業務H
単位業務			➡ 落版研磨（NC旋盤）	➡	➡ メッキ	➡	➡ 寸法出し	➡	➡ 羽布研磨
サイクルタイム			2分21秒		2分48秒		2分		6分8秒
役割行動（手順）	1	16秒	① マイクロゲージを使い、母材の正確な寸法出しをする	13秒	① シリンダーデータ入力	15秒	① 対象シリンダーを選択し、旋盤機に幅出し入力をする	1分15秒	① 羽布研磨機に母材を投入する
	等級区分		中級		初級		初級		初級
	2	5秒	② 母材の精度を判断する	30秒	② シリンダーセット	60秒	② シリンダーを旋盤機にセットし、計測ボタンを押す	4分13秒	② 検品する
	等級区分		中級		初級		初級		上級
	3	1分30秒	③ NC旋盤のプログラムを読み込み、加工開始する	1分15秒	③ アール洗浄→水洗→酸洗浄→水洗	10秒	④ 計測後のシリンダー精度を確認し、寸法出し指示を入力、加工開始	20秒	③ 検品の結果、不合格の場合は、寸法出しに戻しチェック後⇒落版へ
	等級区分		中級		初級		初級		初級
	4	30秒	④ 母材を検品する	20秒	④ アルカリ洗浄→水洗	35秒	⑤ 加工後のシリンダーを取り出し、マイクロゲージにて母材の計測	10秒	④ 予定表に完了品をチェック
	等級区分		中級		初級		中級		初級
	5			30秒	⑤ シリンダー表面検品＋投入			10秒	④ ストアまで母材を運ぶ
	等級区分				初級				初級

参照

・P. 50 第2章 Ⅲ「6 プロセス展開表の作成」

●図表3－3　銅メッキ職　役割基準書（J2級）

単位業務	役割行動	業務コード	結果責任
加工業務	加工業務（J3級定型業務）		①自工程で不良を発生させないこと ②標準時間で作業すること
	フランジ部の合否判定を行い、端面修正および穴加工する	D－1	
	加工前CL（新・旧管）の使用可否を判断し、NC旋盤機に投入する	E－2	
	落版時にうねりを発見および発生可能性を見極め、処理する	E－1	
	NC旋盤のプログラムを読み込み、稼働させる	E－3	
	研磨機を使い、CL円周に応じて均等に柄を落とす	G－1	
	CLを検品する	G－3	
	CL検品後、バランスが崩れていると判断された場合、研磨機の再調整をする	E－4	
工程管理業務	当日の処理量および前後工程の進捗を把握する	I－2	作業者の手待ちが発生しないこと
	部署内各工程内での作業場変更を適正に判断・指示する	I－3	
	加工完了CLの製版への進行可否判断をする	K	
品質管理業務	業者の薬液分析結果に対し、適正な処置をする	M	後工程に不良を流さないこと
	下位等級者が行った作業の品質を検品・評価する		
設備管理業務	部署内の薬液を定期的に交換する	L－2	設備の不具合によって、生産停止や不良（ロス）が発生しないこと
	廃水処理操作盤の確認、記録	N	
	クーリングタワー・スクラバー・コンプレッサーを巡回点検および管理する	O	
	薬液・消耗部材の点検および交換の判断をする	L－1	
在庫管理業務	担当資材の適正な管理・定期補充をする	P	決められた適正在庫を維持すること
調整業務	他工場および関連部署と業務上必要な交渉をする	I－4	全体最適の視点で効率を高めること
	営業へ加工指示の記載事項不備について判断し指摘できる	J－1	
外注管理業務	納入業者・設備メーカーと円滑な交渉をする	L･M･N･O	社外起因での品質不良を排除すること
指導監督業務	下位者および非正規社員に対し業務上の説明・指示をする	Q	①　下位者および非正規社員が起因の品質不良を起こさないこと ②　下位者および非正規社員の作業効率を維持、高めること
改善業務	簡単な機器及び操作マニュアル等を作成する	R	監督者と共同で自工程の生産性を高めること
	自部署内作業閑散時における時間の活用を企画提案する		
	自部署起因の不適合の原因を追及、対策案を立案、上申する		
	自部署内の作業改善を実施する（ミス・効率・多能工化）		
	適切な作業方法を自ら選択し作業効率を改善する		
	部署内の5S（3S＋清潔・躾）を徹底する		

業務知識	部署内全工程の業務知識
	製版方式による必要銅厚・硬度・CL精度範囲等の品質知識
	部署内の廃液・廃材の処分知識
	部署内全機材の操作知識
	部署内全機材のメンテナンス知識
	危険物・有害物・安全に関する管理知識
	製版方法と製版可能サイズに関する知識
	銅メッキの液組成と使用資材に関する知識
	排水処理・廃薬液処分に関するフロー知識

遂行要件	高等学校卒業および同程度の教育水準
	メッキ業務経験10年以上
	印刷・製版の専門的知識を有していること

参照

・P. 57 第2章 Ⅲ6「(3)　新たな役割（職務）編成の作業」

●図表３−４　銅メッキ職　業務分析・業務量調査表（J2 級）

単位業務	役割行動
加工業務	加工業務（J3 級定型業務）
	フランジ部の合否判定を行い、端面修正および穴加工する
	加工前 CL（新・旧管）の使用可否を判断し、NC 旋盤機に投入する
	落版時にうねりを発見および発生可能性を見極め、処理する
	NC 旋盤のプログラムを読み込み、稼働させる
	研磨機を使い、CL 円周に応じて均等に柄を落とす
	CL を検品する
	CL 検品後、バランスが崩れていると判断された場合、研磨機の再調整をする
工程管理業務	当日の処理量および前後工程の進捗を把握する
	部署内各工程内での作業場変更を適正に判断・指示する
	加工完了 CL の製版への進行可否判断をする
品質管理業務	業者の薬液分析結果に対し、適正な処置をする
	下位等級者が行った作業の品質を検品・評価する
設備管理業務	部署内の薬液を定期的に交換する
	廃水処理操作盤の確認、記録
	クーリングタワー・スクラバー・コンプレッサーを巡回点検および管理する
	薬液・消耗部材の点検および交換の判断をする
在庫管理業務	担当資材の適正な管理・定期補充をする
調整業務	他工場および関連部署と業務上必要な交渉をする
	営業へ加工指示の記載事項不備について判断し指摘できる
外注管理業務	納入業者・設備メーカーと円滑な交渉をする
指導監督業務	下位者および非正規社員に対し業務上の説明・指示をする
改善業務	簡単な機器及び操作マニュアル等を作成する
	自部署内作業閑散時における時間の活用を企画提案する
	自部署起因の不適合の原因を追及、対策案を立案、上申する
	自部署内の作業改善を実施する（ミス・効率・多能工化）
	適切な作業方法を自ら選択し作業効率を改善する
	部署内の 5S（3S ＋清潔・躾）を徹底する

業務知識	部署内全工程の業務知識
	製版方式による必要銅厚・硬度・CL 精度範囲等の品質知識
	部署内の廃液・廃材の処分知識
	部署内全機材の操作知識
	部署内全機材のメンテナンス知識
	危険物・有害物・安全に関する管理知識
	製版方法と製版可能サイズに関する知識
	銅メッキの液組成と使用資材に関する知識
	排水処理・廃薬液処分に関するフロー知識

遂行要件	高等学校卒業および同程度の教育水準
	メッキ業務経験 10 年以上
	印刷・製版の専門的知識を有していること

結果責任	役割行動分析	発生区分	発生サイクル	業務区分	処理時間帯	単位時間（分）	平均件数／日	1日あたりの時間
①　自工程で不良を発生させないこと ②　標準時間で作業すること	O	不定期		変動				0
	O	定期	日	変動	8：30〜17：30	6	40	240
	O	定期	日	変動	12：00〜14：00	3	20	60
	O	定期	日	変動	12：00〜14：00			0
	O	定期	日	変動	12：00〜14：00			0
	O	不定期		変動	8：30〜17：30			0
	O	不定期		変動	8：30〜17：30			0
	A	不定期		変動	8：30〜17：30			0
作業者の手待ちが発生しないこと	C	定期	日	固定	8：40、13：00、16：00	10	3	30
	C	定期	日	管理				
	C	不定期		管理				0
後工程に不良を流さないこと	O	定期	隔週	固定				0
	C	定期	日	固定	11：00、15：00	10	2	20
設備の不具合によって、生産停止や不良（ロス）が発生しないこと	O	定期	週	固定				0
	A	定期	月	固定				0
	A	定期	日	固定	9：00	15	1	15
	A	定期	日	固定	8：30、13：30、16：30	10	3	30
決められた適正在庫を維持すること	O	定期	週	固定				0
全体最適の視点で効率を高めること	A	不定期		管理				0
	A	定期	日	管理		10	2	20
社外起因での品質不良を排除すること	A	不定期		固定				0
①　下位者および非正規社員が起因の品質不良を起こさないこと ②　下位者および非正規社員の作業効率を維持、高めること	C	不定期		管理				0
監督者と共同で自工程の生産性を高めること	A	不定期		管理				0
	A	不定期		管理				
	A	不定期		管理				0
	A	不定期		管理				0
	A	不定期		管理				0
	A	定期	日	管理	9：00	10	1	10
							合計	425

• 役割の違いと、処遇格差のルールを明確にする

短時間正社員制度を導入するにあたっては、賃金をどう決定するかも重要な事項です。

参照

・P. 78 第2章 Ⅶ 3「(1) 役割行動分析と短時間正社員の役割編成」

日本プロセス㈱では、労働組合との労使交渉の結果、労働時間を短縮、転勤等の人事異動の対象外とするなど、本来の正社員として要件を欠く勤務形態（限定正社員またはパートタイマー）となる場合の賃金について、下記のように合意がなされました。

・限定正社員の基本給は、役割等級人事制度規程、および賃金規程に基づく賃金の 90%を基準とすること
・限定正社員の家族手当については、職務の価値、困難度、重要度に対して支給されるものではないため減額しないこと
・正社員や短時間正社員が、パートタイマーとなる場合の時間給は、原則として役割等級人事制度に基づく賃金の 80%を基準とした額とすること
・短時間正社員については、原則として所定時間外労働をさせないこととし、臨時的、突発的な業務については、部門内で協力して正社員が行うこと

コラム　手当で差をつけるのは不合理？

パートタイム・有期雇用労働法第8条において「事業主は、その雇用する短時間・有期雇用労働者の基本給、賞与その他の待遇のそれぞれについて、当該待遇に対応する通常の労働者の待遇との間において、当該短時間・有期雇用労働者及び通常の労働者の業務の内容及び当該業務に伴う責任の程度（以下「職務の内容」という。)、

当該職務の内容及び配置の変更の範囲その他の事情のうち、当該待遇の性質及び当該待遇を行う目的に照らして適切と認められるものを考慮して、不合理と認められる相違を設けてはならない。」と、定められています。

例えば「家族手当」について、待遇の性質と、この目的に照らして考えると、正社員から限定正社員に立場が変わったという理由で、不合理と認められる差を設けるのは、同法に反することになります。したがって、正社員から限定正社員に変わっても「家族手当」は減額しないという、日本プロセス㈱の労働組合との取決めは、パートタイム・有期雇用労働法にも合致した考え方だといえます。

また、最高裁判決においても賃金項目（手当）ごとに比較し、不合理か否かを判断されています。ハマキョウレックス事件・長澤運輸事件（最高裁平成30年6月1日）では、それぞれの手当の比較において、当該手当の性質、支給されることになった目的を把握して、3つ（①職務の内容、②当該職務の内容及び配置の変更の範囲、③その他の事情）のどの判断要素を重視すべきかを決定し、不合理か否かが判断されています。

参照

・P. 92 第2章 Ⅸ「5　処遇格差を付けるうえでの留意点」

● 家族介護のための短時間正社員誕生

佐藤さんが短時間正社員として勤務し始めてから3年が経過したところで、残念なことに母親の症状が進んできたため、佐藤さんは母親のグループホームへの入居を決めました。

佐藤さんの収入で生計を維持している以上、仕事を辞めて毎日母親の介護に専念するわけにはいきません。母親を大切にしてきた佐藤さんに

とっては淋しい選択ではありましたが、幸い、デイサービスでお世話になっていた介護施設はグループホームも運営しているので安心して入居することができました。

こうして、母親のことが一段落した佐藤さんはメッキ課長に相談し、総務人事部に正社員に戻りたい旨を申し出ました。慢性的な人手不足に陥っていたメッキ課にとって佐藤さんの申し出は大変ありがたく、佐藤さんは再び正社員として働き始めることとなりました。

＊　　＊　　＊

<賃　金>

・佐藤さんの正社員としての賃金（42歳、J2級40号）
148,500円＋108,300円＝256,800円

・短時間正社員として、所定労働時間を1日8時間から1日6時間に短縮した場合の賃金
（256,800円×0.9）×6時間／8時間＝173,340円

参照

・P. 274「賃金規程」第2章第9条第8項

<介護休業とは>

広く制度があることが理解されている育児休業と比較すると、取得されることが少ない介護休業は、「育児・介護休業法」によって規定され1999年4月から施行されました。介護休業とは、労働者が要介護状態（負傷、疾病または身体上もしくは精神上の障害により、2週間以上の期間にわたり常時介護を必要とする状態）にある家族を介護するための休業です。

厚生労働省による令和元年度「雇用均等基本調査」によると、女性の育児休業者がいた事業所の割合が84.3%（男性は10.5%）であるのに対して、介護休業者がいた事業所の割合は、2.2%となっています。

■日本プロセス㈱　介護休業規程から抜粋

（介護休業の対象者）

第10条　要介護状態にある家族を介護する従業員（日雇従業員を除く）は、この規程の定めるところにより介護休業をすることができる。ただし、有期契約従業員にあっては、申出時点において、介護休業を開始しようとする日（以下､「介護休業開始予定日」という。）から93日経過日から6か月を経過する日までに労働契約期間が満了し、更新されないことが明らかでない者にかぎり、介護休業をすることができる。

2　本条第1項にかかわらず、労使協定により除外された次の従業員からの休業の申出は拒むことができる。

①　入社1年未満の従業員

②　申出の日から93日以内に雇用関係が終了することが明らかな従業員

③　1週間の所定労働日数が2日以下の従業員

3　第1項に定める要介護状態にある家族とは、負傷、疾病または身体上もしくは精神上の障害により、2週間以上にわたり常時介護を必要とする状態にある次の者をいう。

①　配偶者

②　父母

③　子

④　配偶者の父母

⑤　祖父母、兄弟姉妹、または孫

⑥　上記以外の家族で会社が認めた者

（介護休業の期間等）

第13条　介護休業の期間は、対象家族1人につき、原則として、通算93日の範囲内で、介護休業申出書に記載された期間とする。

2　本条第1項にかかわらず、会社は、育児・介護休業法の定めると

ころにより介護休業開始予定日の指定を行うことができる。

3　従業員は、介護休業期間変更申出書により、介護休業を終了しようとする日（以下「介護休業終了予定日」という。）の2週間前までに総務人事部に申し出ることにより、介護休業終了予定日の繰下げ変更を行うことができる。

この場合において、介護休業開始予定日から変更後の介護休業終了予定日までの期間は通算93日の範囲を超えないことを原則とする。

4　介護休業期間変更申出書が提出されたときは、会社は速やかに当該介護休業期間変更申出書を提出した者に対し、介護休業取扱通知書を交付する。

5　次の各号に掲げるいずれかの事由が生じた場合には、介護休業は終了するものとし、当該介護休業の終了日は当該各号に掲げる日とする。

①　家族の死亡等介護休業に係る家族を介護しないこととなった場合

当該事由が発生した日（なお、この場合において本人が出勤する日は、事由発生の日から2週間以内であって、会社と本人が話し合いの上決定した日とする。）

②　申出者について、産前・産後休業、育児休業、出生時育児休業または新たな介護休業が始まった場合

産前・産後休業、育児休業、出生時育児休業または新たな介護休業の開始日の前日

6　本条第5項第1号の事由が生じた場合には、申出者は原則として当該事由が生じた日に総務人事部にその旨を通知しなければならない。

（介護短時間勤務）

第20条　要介護状態にある家族を介護する従業員は、申し出ることにより、当該家族1人当たり利用開始の日から3年の間で2回までの範囲内で、就業規則第●条の所定労働時間について、以下のよう

に変更することができる。

所定労働時間を午前9時から午後4時まで（うち休憩時間は、午前12時から午後1時までの1時間とする。）の6時間とする。

2　本条第1項にかかわらず、日雇従業員からの介護短時間勤務の申出は拒むことができる。

3　申出をしようとする者は、短縮を開始しようとする日および短縮を終了しようとする日を明らかにして、原則として、短縮開始予定日の2週間前までに、介護短時間勤務申出書により総務人事部に申し出なければならない。申出書が提出されたときは、会社は速やかに申出者に対し、介護短時間勤務取扱通知書を交付する。その他適用のための手続等については、第11条から第13条までの規定を準用する。

4　本制度の適用を受ける間の給与については、別途定める賃金規程に基づく労務提供のなかった時間分に相当する額を控除した基本給と諸手当の全額を支給する。

5　賞与については、その算定対象期間に本制度の適用を受ける期間がある場合においては、短縮した時間に対応する賞与は支給しない。

6　定期昇給および退職金の算定に当たっては、本制度の適用を受ける期間は通常の勤務をしているものとみなす。

■日本プロセス㈱　就業規則から抜粋

正社員、限定正社員、パートタイマー・アルバイトの定義

（従業員の定義）

第●条　この規則で従業員とは、第●条（採用）および第●条（採用選考）の規定により、会社の従業員として採用された者をいう。従業員はその雇用形態により、次のとおり分類する。なお、コース転換は2回を限度とし、原則として、転換後3年以内は行わない。

	正社員	限定正社員	パートタイマー・アルバイト	再雇用嘱託
雇用契約の期間	無期契約	無期契約	有期契約 または 無期契約（無期転換権を行使した場合のみ）	有期契約
賃金	役割等級制度による	役割等級制度による	個別契約による時間給制	役割等級制度による
賞与	あり	あり	なし	なし
労働時間	フルタイム	短時間正社員の場合は、短時間	正社員に比べて短時間、またはフルタイム	フルタイムまたは短時間
人事異動	あり	職種変更あり 転勤なし	なし	なし
退職金制度	あり	あり	なし	なし

2　前項の限定正社員とは、短時間正社員規程または在宅勤務規程の適用を受ける正社員のことをいう。限定正社員は、勤務地の変更を伴う人事異動は行わない。

参照

・P. 293「短時間正社員規程」

事例2

営業職が家族の病気で半年間フルタイム勤務不能に――転職の危機を救った、上司と同僚のフォローと短時間勤務

● 妻の病気で、育児と仕事の両立に悩む営業社員

営業部営業1課の鈴木さんは、妻と子供と3人で暮らしています。子供は現在、自宅近くの保育所に通っており、入園時から妻が送り迎えをしています。妻が専業主婦のため、延長保育の時間を気にすることなく選んだ保育所です。ところが、このところしばらく体調のすぐれなかった妻が、翌月入院して手術を受け、その後も入退院を繰り返しながら治療を受けることになりました。

急に妻の入院が決まったので、子供の送り迎えは鈴木さんがすることになりました。主治医の説明によると、妻が退院して自宅にいるときでも、毎日子供の送り迎えができるかどうかわからないとのことなので、当面の送り迎えは鈴木さんがするつもりにしておかなければなりません。そこで鈴木さんは妻と相談して、延長保育を申し込んだところ、鈴木さんの子供が通う保育所は午後6時00分までしか預かってもらえないということがわかりました。

通常、鈴木さんは通勤に1時間30分あまりかかるため、朝は、時間外保育が始まる午前7時30分に子供を預けてから出勤したとしても始業時刻の午前8時30分に間に合いそうにありません。もし、残業せずに終業時刻の午後5時30分に退社できたとしても、お迎えの午後6時00分に間に合いません。

子供が小学校に入学する来年の4月になると、3月に定年退職を迎える鈴木さんの母親が来て、子供の面倒をみてくれるということにはなりましたが、母親が来るまでの半年は、鈴木さん1人で子供の面倒をみなければなりません。子供の送り迎えのこと、また子供の急な体調不良のことを考えて、自宅近くに転職するしか方法はないのかと悩みながら、

上司である営業1課長に電話で相談しました。

それを聞いた営業1課長は、「残業ができないという程度のことなら、私が君の担当先をなんとかカバーして助けてあげられると思うけど、定刻よりも早く帰るとなると、私の一存では決められないので、営業部長や総務人事部に相談してみるよ。大変なときだろうけど、早まって転職しようとか考えるなよ」と、励ましました。

＜鈴木さんの希望＞

始業終業時刻を繰上げ下げし、所定労働時間を2時間ほど短縮してほしいこと

● 育児休業規程による短時間勤務の対象ではないので、短時間正社員を検討

翌日、営業1課長は営業部長の了承を得たうえで、総務人事部に、鈴木さんのことについて相談に行きました。

総務人事部長が不在のため、相談を受けた総務人事部の高橋さんは、育児休業規程を見ながら、「3歳未満の子供さんの場合、育児短時間勤務というのがあるのですが、6歳になるお子さんなのですね、そして、来年の春には今までどおりの勤務ができるようになるのですね。育児休業規程に沿った対処方法はみつかりませんが、部長が戻りましたらすぐに相談します。こちらでも前向きに検討できればと思います」と答え、続けて「ところで、営業1課で仕事のフォローの体制は取れるのですか？」と尋ねました。

これに営業1課長は、「以前私が担当していた得意先も多くあるので、フォローはできます。鈴木さんは得意先でも評判が良く、よくやってくれているので、何とか力になってやりたいと考えています。業務のほうは自分や他の営業課の社員で責任を持って対応しますのでよろしくお願いします」と、前向きな検討を依頼して総務人事部を後にしました。

高橋さんから報告を受けた総務人事部長は、「人員の補充がなくても

課長が業務のフォローができると言っているなら大きな問題はないだろう。勤務時間を短縮したいとのことなので、始業・終業の時刻を具体的にどうするのかということ、育児のためとはいえ、育児休業規程の対象となる育児ではないので、短時間正社員制度を適用するかどうかという問題になるだろう。時間をとって協議しよう」と提案し、総務人事部で協議することになりました。

その協議の中で「短縮する時間を決めたとしても、他にお子さんの面倒をみることができるご家族がいないのでは、もっと早く帰りたい日があったり、休んだりと、パートさんたちのような形になってしまうのではないのですか？」という意見が出ましたが、これに対して、「奥さんが子育てをできない状況が、夫の仕事にどの程度影響するのか、いまひとつ想像できないし、うちにはシングルファーザーもいないので参考になるケースもありません。だからといって、期間もわかっているのに、短時間勤務をさせないというのは違うと思います」との反論もありました。総務人事部長は、「今、検討しているのは、家庭の事情に配慮するという面だけでなく、営業職として育ってきている社員の流出をどのように防ぐかが大きな目的です。優秀な社員の能力をいかに社内で活かしていくか、人材育成と同時に、能力を発揮できる環境を整えることを考えないといけない時期にきています」と、議論の本質について改めて説明しました。

そこで、営業１課長から直接話を聞いた高橋さんが「今回は、課長が、鈴木さんの担当得意先をいくつか引き受けるとおっしゃっています。つまり、鈴木さんの職務が小さくなるということです。給料の減額は所定労働時間の短縮に合わせることになると思いますので、給料減額分と、減らす役割のバランスをとる必要があります。また、今のところ、朝はお子さんを午前７時30分に保育所に預けてから出勤する予定とのことですが、通勤時間を考えると、始業時刻を午前９時30分に遅らせることになりそうです。また、退勤時刻も１時間早くして午後４時半になるでしょう。この点については、営業１課や鈴木さん本人とよく話し合わ

なければなりません。今、はっきりしていることは、正社員の所定労働時間を勤務することは無理ということだけです」と説明し、総務人事部長からは「営業職で勤務時間を短縮するというケースは初めてのことで、今のところ社長の決裁が下りるという確約はありません。ともかくこの協議内容を、早急に社長に相談してみます」と、締めくくりました。

● 離職防止と、顧客満足への不安

翌日、総務人事部長は社長に、この件について相談しました。社長は、「営業だろ？　短時間ということは、パートみたいな時間ということになるのだね？　得意先への訪問には支障ないのかな。営業は会社の顔だから、得意先に迷惑がかかるのは困るよ」と、心配な様子でした。

総務人事部長は、鈴木さんが担当する得意先の多くは、以前、課長が担当していたこと、その課長が今は幸い鈴木さんの担当をフォローできる状態にあること、さらには、これらの得意先は、会社と鈴木さんの自宅の間に比較的多くあり、得意先から直帰することも可能なことなど、短時間勤務を行ううえでの条件が整っていることを説明しました。また何より鈴木さん自身の取引先での評判が上々で、営業１課長は何とか退職せずに残ってもらいたいと強く思っていることも伝えました。

社長はしばらく考えていました。「大事な得意先から、『うちの担当は短時間勤務の社員なのか』と不満に思われたりしないかというのが心配だな……。もちろん営業職として採用しても、営業には向いてない人材も多くいたから、鈴木君のような社員が大事なのは、よくわかるんだよ。しかし当然、給料は減るだろう？　長く続くと本人が自宅近くで働きたいと思うようになるかもしれないな……。少し考えておくが、返事は急ぐのだね」と、突然の話に戸惑っている様子でした。総務人事部長は「奥さんの病気が治れば元に戻れますし、当面は、実家のお母さんが子供さんの面倒をみてくれるようになるまでの半年程度と見通しが立っています。終わりが見えない状況ではありません。期間の見通しが立っていて、営業１課でもフォローの段取りができているのに、退職させてしまうのは、この人材難に惜しいことです」と、もう一押しして、退室しました。

＜社長の心配事＞

営業職の短時間勤務を認めることで、得意先の信用を失うことにならないか。

数日後、社長から総務人事部長に鈴木さんの短時間勤務を認めるという連絡が入り、総務人事部は、営業部に現状把握と今後の対応について依頼するとともに、部としても本格的に営業職の短時間勤務のおおまかなルールを検討し始めました。

● 職務分析と、時間短縮による役割変更、目標管理 〜数値目標を設定し、短時間正社員に

営業１課長は、現在の鈴木さんの現状分析を実施しました（図表３-５）。担当得意先は、重要得意先４社、それ以外が２社、月の目標売上高は、1,000万円となっていました。所定労働時間が６時間になるということで、営業効率を考慮し、営業部全体での担当割を検討することにしました。

営業１課では、鈴木さんの担当を午前中、午後の早い時間帯に訪問可能な得意先（重要得意先３社）とし、遠方の重要得意先１社については営業１課長が担当する方向で、他の２社を同僚の山田さんが担当することに決まりました。

ただ問題は、重要得意先３社の目標売上高の合計が625万円となったことです。

月の目標売上高を労働時間に比例させると、1,000万円の75％で、750万円とすべきですが、625万円ではJ2級として相応しい目標数値ではありません。このため、担当得意先３社の取引シェアを拡大し、目標売上高を改めて750万円と設定しなおすことにし、鈴木さんとも話し合ったうえ、合意しました。

この合意を受けて、総務人事部は短時間正社員制度の適用を決定し、鈴木さんの短時間勤務が始まりました。

鈴木さんが短時間勤務を始める前は、営業１課長は管理業務に十分時

●図表3−5　営業職　業務分析・業務量調査表（J2級）

単位業務	役割行動
情報収集業務	営業日報を分析、受注製品の傾向を顧客担当営業ごとに確認する
	新聞、業界紙から関連情報を確認し、顧客が持つ担当業界に関する情報を引き出せるような質問項目を準備する。
	競合他社の営業の動きと販売単価を記録、分析する
	新規開拓先に関する情報（得意先、競合先、競合製版会社など）を入手、分析する
訪問計画業務	下位者のフォローを含め月間訪問計画および週間訪問計画の確認をする
	既に受注し、生産している製品の進捗状況を確認する
	直近の質問、苦情などを確認し、回答書を用意する
訪問前準備業務	先行管理表から受注製品を確認する
	営業会議、部門ミーティングでの決定事項を確認する
	接待（飲食・ゴルフ他）等の日常営業外の条件とタイミングを設定する
	顧客からの複雑な要望に対する報告・提案書を作成する
	生産部や他の営業と連携した営業活動を企画提案できる
	入稿および生産状況と生産余力を確認する
	画像処理部の出稿物について内容確認をする
訪問打合せ（商談）業務	出稿物に関する説明を顧客に分かりやすく伝える
	案件について、基本的製版知識に基づき、技術的対応が可能か否かの判断をする
	母材サイズ・仕様について対応可否相談の必要性を判断する
	原稿内容を理解し、適切な製版方法の選択判断または相談する
	原稿処理難易度や一週間の生産予定数を理解して納期スケジュールを判断する
	顧客と営業的各種（原稿処理の方法・価格・納期等）を交渉する
	製版知識をもって顧客とデザインの打ち合わせをする
製版・加工指示業務	顧客別・原稿別に重要度について判断し、要点を的確に捉え、分かりやすい指示をする
	作業時確認を要する部分（ケイ・薄い調子等）を判断し指示する
	掛け合わせ%の指示ができる
	複雑な原稿でもニゲの取り方を上司・ＭＰと相談しながら指示する
	特殊なＣＬ加工（円周加工・穴加工・厚メッキ等）の可否を判断する
	製版的に難しいデザインの打ち合わせ内容に基づいた指示をする
調整業務	業務や生産部からの問い合わせに対し、適切な指示をする
	全工場の営業と営業活動上必要な各種対話・依頼・交渉をする
母材手配業務	顧客の納期、生産予定に確実に間に合わせるよう母材を発注する
帰校確認業務	色目校正判断やある程度ニゲ処理も含めた校正をする
納品手配業務	納期（時刻）を確認し、効率よい配送の手配をする
仕掛品管理業務	製版代総額、中止・保留品の確認をし、請求処理する
実績管理業務	目標売上高の差異分析を日々実施し、対策を検討する
	訪問計画と訪問実績との差異分析を定期的に実施し、行動計画を見直す
クレーム処理業務	クレームに対し、顧客に原因を説明し、納得させる
指導監督業務	下位者の原稿処理・顧客対応状況を評価し、指導する
	自部署起因の不適合の原因を追及、対策案を立案、上申する
改善業務	担当得意先の受注向上のために自ら営業手法を改善し個別適応する
	営業グループ内の作業改善（ミス・効率）を提案できる
	部署内の5S（3S＋清潔・躾）を徹底する

業務知識	担当顧客の主要得意先に関する知識を有している
	担当得意先の保有設備を把握している
	担当外の得意先の代行営業ができる（難度原稿対応）知識・技能
	画像処理部門が使用しているソフトや基本的な機能に関するある程度の知識
	製版方式の違いによる印刷状態に関する基礎的知識
	顧客の意図を反映したカラー色目の調整指示ができる知識・技能
	製版方式の違いによる印刷時の長所・短所に関する知識
	各工場の保有機材とその役割とある程度の処理能力を把握している
	市場分析、エンドユーザー業界に関する知識

遂行要件	専門学校卒業および同じ程度の教育水準
	営業業務経験10年以上
	印刷・製版の専門的知識を有していること

結果責任	役割行動分析	発生区分	発生サイクル	業務区分	処理時間帯	単位時間（分）	1日あたりの件数	1日あたりの時間
① 需要予測精度が向上すること ② 新規提案件数が増加、提案の質もあがること	A	定期	週	管理	8：30〜8：45			0
	O	定期	日	管理		10	1	10
	A	不定期		管理				0
	A	不定期		管理				0
① 顧客訪問が確実にできること	A	不定期		管理	8：45〜9：00			0
	O	定期	日	固定		10	1	10
	O	不定期		管理				0
① リピート受注が確実におこなわれていること ② 納期確認が得意先で即答でき、信頼感が醸成されること	O	定期	週	管理	9：00〜9：30	15	1	15
	O	定期	週	管理		5	1	5
	O	不定期		管理				0
	A	不定期		管理				0
	A	不定期		管理				0
	O	定期	日	固定		10	1	10
	A	定期	日	管理		30	1	30
① 会社に持帰り確認することが減少し、即答できることで信頼感が醸成されること ② 単価が維持、向上していること	O	定期	日	変動	9：30〜16：00	30	4	120
	A	定期	日	管理				0
	O	定期	日	管理				0
	A	定期	日	管理				0
	O	定期	日	管理				0
	A	定期	日	変動				0
	O	定期	日	変動				0
① 指示ミスがないこと ② 社内、顧客との確認が減少すること ③ 製版予定（計画）の変更が減少すること	O	定期	日	変動	16：00〜19：00	15	10	150
	A	定期	日	管理				0
	A	定期	日	管理				0
	A	定期	日	管理				0
	A	定期	日	管理				0
	A	不定期		管理				0
① 営業責任の不適合を削減すること ② 全体最適の視点で効率を高めること	A	不定期		管理				0
	A	不定期		管理				0
① 製版予定（計画）の変更がないこと ② クレームが削減できること	O	定期	日	変動	17：00〜18：00	5	4	20
	A	定期	日	変動		3	20	60
	O	定期	日	固定		10	1	10
① 仕掛品が減少すること	O	定期	月	管理	18：00〜19：00			0
① 予実差異分析によって、次の対策がとれていること	O	定期	日	固定		5	1	5
	O	定期	日	固定		10	1	10
① 顧客満足度が向上すること	A	不定期		固定				0
① 下位者の能力開発ができていること	A	不定期		管理				0
② 自部署起因の不適合が再発しないこと	A	不定期		管理				0
① 不適合、クレームが削減できていること ② 営業生産性が向上していること	A	不定期		管理				0
	A	不定期		管理				0
	A	定期	週	管理	8：30	10	1	10
							合計	465

参 照

・P. 78 第2章 Ⅶ 3「(1) 役割行動分析と短時間正社員の役割編成」

間を確保できる体制をとっていましたが、少し管理業務が滞り気味になり営業企画課、製造部との連携に支障が生じ始めました。それを察した営業１課のある社員から、課長が鈴木さんから引き継いだ業務を、他の社員と手分けして手伝いたいとの申し出がありました。

参照

・P. 97 第２章 XI「3　目標管理制度の運用」

●「年休“時間数”が減る !?」所定労働時間が短くなった場合の年次有給休暇の取扱い

鈴木さんの短時間勤務をきっかけに、営業課はいっそう一丸となってきたように思えた頃、鈴木さんは営業課長に「早く帰らせてもらっている立場で大変言いにくいのですが……」と自らの年次有給休暇について質問しました。「会社や営業課長はじめ同僚のみんなのおかげで子供の送り迎えの問題は乗り越えられましたが、病気療養中の妻のために休暇をいただきたいことも出てきそうなのです」とのことでした。営業課長は「今までと変わらないと思うが、念のため総務人事部に相談してみてほしい」と、総務人事部への相談を勧めました。

総務人事部によると、営業課長が言うように、今までと特に変わらず、付与されている日数は従来どおりの手順で取得してくれればよいとのことでした。

また、追加説明で、付与された年次有給休暇「20 日」は、通常勤務をしていたときは「1 日＝８時間」でしたが、短時間勤務開始以降に取得するときは、「1 日＝短時間勤務の所定労働時間」であることが付け加えられました。年次有給休暇は暦日単位のため、付与された 20 日が「20 日×８時間の 160 時間分」と誤解しないようにとのことでした。

ある日、鈴木さんは得意先から直帰するときに、駅の階段を踏み外して転倒し、足首を軽くひねりました。それでも、子供のお迎えのことが気になり、痛みを我慢して子供を迎えに行った後帰宅し、翌日は市販の

湿布を貼って出勤しました。

歩きにくそうにしている鈴木さんに対し、営業課長が声を掛けたところ、鈴木さんは、前日に駅で転倒したことを話しました。営業課長は「外回り中のケガは労災だよ。総務人事部に労災の手続きをしてもらうといい。最近、総務人事部にはお世話になっているので話しやすいだろう。直接話すほうが誤解なく伝えられて良いかもしれない。それから早く病院に行ったほうがいいよ」と、助言しました。

早速、鈴木さんは総務人事部に相談しました。対応した高橋さんは、「外回り中にとのことですが、訪問先から次の訪問先に向かっていたのか、会社に戻ろうとしていたのか、それとも鈴木さんは最後の訪問先からそのまま自宅に帰ろうとしていたのですか？」と尋ねました。

鈴木さんは、終業時刻の16時30分頃に最後の訪問先での仕事を終え、携帯電話で課長にその旨と退勤することを報告してから自宅方向への電車に乗ろうとした駅での出来事であると答えました。それを聞いた高橋さんは「業務災害ではなく通勤災害ですので、通勤災害用の書類を準備しておきますね。お昼前に取りにきて、その書類を病院に持って行ってください。自己負担なく診療を受けられますから」と説明しました。

営業１課に戻った鈴木さんは、営業課長に申し出て、この日の午後に有給休暇をとり受診しました。その結果、「軽度の距骨骨軟骨損傷」でリハビリを含め完治まで１か月と言い渡され、通院をすることになりました。医師に、「短時間勤務をさせてもらっていて、これ以上通院のために会社に迷惑はかけられないので、なんとか土曜日に診てもらえませんか」とお願いしましたが、叶いませんでした。

鈴木さんは、翌日出勤したものの、短時間勤務をしているうえに、通院までしなければならなくなって迷惑ばかりかけてしまう自分を責め、なかなか通院のことを切り出せませんでした。そこへ営業課長が「足はどうだった？」と話しかけてきました。鈴木さんは「それが……」と、事態を説明したところ、営業課長は「不運が重なったね。正直、辛いところだけど、仕方ないよ。大丈夫、なんとかなるよ。総務人事部へも報告して相談しておいてくれるかな」と、励ましました。

少し気が楽になった鈴木さんは、ことの経過を総務人事部の高橋さんに相談し、通院の日は、2時間ほど出勤が遅れそうだと申し出ました。

賃金のことを心配している鈴木さんに対して、高橋さんは、答えにくそうに「通勤災害でも療養のため4日以上休業する場合は、4日目以降は、労災保険から休業給付が受けられますが、鈴木さんは、休業は必要ないようですから……。業務災害と違って通勤災害の場合、会社は休業に対して補償する義務がないので、規則上は減額した給料を補てんできる制度がないのですよ……」と、返答しました。

くわえて、1か月間の通院のための時間（2時間／日）が遅刻扱いとなることから、勤怠控除の算出方法について「短時間勤務中の基本給÷1か月の所定労働時間数×遅刻時間数」によることを説明しました。

鈴木さんは高橋さんに「有休は1時間単位では使えないのですか？」と尋ねましたが、高橋さんは「うちでは労働組合と協議して、年次有給休暇の時間単位での取扱いはしないことになっているのです。子育て中の女性社員もあまりいなくて、時間単位でとりたいという要望も今までなかったことと、時間単位を導入すると年休の管理が大変になるという事情もあるので、あまり前向きに考えてこなかったのです……」と、丁寧に説明をし、鈴木さんも納得しました。

• 短時間勤務適用期間満了と、事由解消で正社員に復帰

通勤災害や急な年次有給休暇で同僚に助けられながらも、鈴木さんの短時間勤務の半年が無事経過し、鈴木さんの母親が家に来て子供の面倒をみてくれるようになり、鈴木さんは通常の業務に復帰しました。

結局、鈴木さんは半年間の実績が売上目標に到達することができず、人事評価においてC評価と不本意な結果に終わってしまいましたが、人生のピンチで、自分を助けてくれた営業課長や営業課の仲間、体制を整えてくれた総務人事部、これを認めてくれた社長に心から感謝し、この会社で一生、精一杯頑張ろうと心に誓いました。

*　　　＊　　　＊

＜賃　　金＞

・鈴木さんの正社員としての賃金（38歳　J2級29号）

144,400円＋100,600円＋50,000円＋50,000円＝345,000円

・短時間正社員として1日の所定労働時間8時間を6時間に短縮した場合の賃金

（144,400円＋100,600円＋50,000円＋50,000円）×0.9×6時間／8時間＝232,875円

※上記の説明には、家族手当等を含んでいないが、家族手当については、職務の価値、困難度、重要度等に対して支給されるものでないため、労働組合との協議を経て、労働時間が短縮されたことを理由に減額しないことで合意している。

参　照

・P. 274「賃金規程」第2章第9条第8項

＜年次有給休暇の時間単位による付与について＞

過半数組合、それがない場合は過半数代表者との間で労使協定を締結することによって、年に5日を限度として、時間単位年次有給休暇を与えることができます。

（労使協定で定める事項）

①　時間単位年休の対象労働者の範囲

②　時間単位年休の日数

③　時間単位年休1日の時間数

④　1時間以外の時間を単位とする場合はその時間数

事例3 画像編集オペレーターが「夫の転勤についていくので退職します」——深刻な人材不足の中で生まれた在宅勤務制度

● 夫の転勤が決まった女性社員が突然退職を申し出る

広島工場画像処理課の勤続8年、32歳の画像編集オペレーターの女性社員田中さんから、突然「夫が京都へ転勤することになったので、退職します」と申し出がありました。

この申し出を受けた画像処理課長は、製造部長に欠員の補充について相談を持ちかけました。慢性的な人員不足は広島工場画像処理課でも深刻で、採用から育成のプロセスを考えると、急な田中さんの退職は、頭の痛い問題でした。

1年前に結婚した後も勤務している田中さんについては、いずれ出産、育児等の休業もしくは他の多くの女性社員がそうであったように退職することのリスクも想定しておかなければいけない問題ではありましたが、近年の受注増加に対して人材育成が追いついていないのが現状でした。

● 退職引留め策として在宅勤務を提案

「夫の転勤」という理由から、のんびり考えている時間もなく、画像処理課長は、すぐに総務人事部へ画像編集オペレーターの募集、採用を依頼しに行き、人材不足の現状について訴えました。

そして「画像編集の仕事は、パソコンさえあれば家でもできる。画像編集を外注している会社だってある。優秀な女性社員たちが過去に結婚を機に退職していったけれども彼女たちの子育てが一段落していて、もし、もう一度うちで仕事をしてもらうことができれば人材不足の解消になるのではないかと考えることがあるのです」と常日頃思っていたこと

を、打ち明けました。

総務人事部の高橋さんは、「外注を取り入れるのかどうかというお話しになると、そう早く答えは出ないでしょうけど、かつて社員だった人たちがパートタイマーとしてでも戻ってきてくれるとしたら、人材確保の面ではありがたいですね」と返答し、田中さんの退職を前提とした会話が進んでいました。

ふと高橋さんが「画像編集の仕事が家でもできるのなら、田中さんに引き続き転居先の家でやってもらえないでしょうか？」と画像処理課長に尋ねました。画像処理課長は、「田中さんは判断力、自己管理能力が備わっており、能力面も問題ありません、また規律性に優れた信頼のおける真面目な人柄です」と評価しながらも「……ただ、転居先は京都ですよ」と不安そうに答えました。

高橋さんは、「もちろん求人は行いますし、すでに退職された方の再雇用についても検討します。でも、田中さんの退職の件、保留にしておいてもらえませんか。外注ではなく『在宅勤務』ということも考えられるかもしれません。一度、総務人事部長に相談してみます」と、画像処理課長に伝えたところ、画像処理課長はひとまず田中さんの退職願を預かっておくことにしました。

つい高橋さんは、「在宅勤務」と言ったものの、そもそも在宅勤務とは何か、どんな問題点があるのか理解できていなかったので、大急ぎで調べました。その中で、在宅勤務は「テレワーク」のひとつの形であり、「企業に雇用されながら自宅を就業場所として就労する」ということを初めて知りました。外注との違いとして、会社との雇用関係に基づくため、就業規則の一部に「在宅勤務規程」が必要であることもわかりました。

高橋さんは、すぐに総務人事部長に、田中さんから退職申し出があったことと、画像処理課長から「田中さんは判断力、自己管理能力が備わっている人で、能力面も問題なく、また、規律性に優れた信頼のおける真面目な人柄であると評価している」と聞いたこと、それから在宅勤務に関して調べた情報を伝えました。

• 社長の在宅勤務に対する困惑、顧客満足、納期厳守など不安は山積み

高橋さんの意見に賛同した総務人事部長は、社長に現状と急を要することを伝えると、社長は「そもそも社外で仕事するなんて外注じゃないのか？　顧客のデータを自宅に持ち帰らせるのか？　会社のデスクにいないと真面目にやってるかどうかもわからないじゃないか。納期は守れるのか？　問題が起こったときにどうやりとりするんだ？　生産性は落ちないのか？　給料はどう考えてるんだ？」と矢継ぎ早に疑問を浴びせ、総務人事部長の話を即座に承認しようとはしませんでした。

• 能力開発の難しさと、品質レベル向上の課題

製造工程の仕事は標準化が進んでいるとはいえ、画像処理は個人のスキルに頼る部分が大きく、同じ教育訓練カリキュラムをこなしても身に付く技能には差があり、職人的な要素も大きいものです。また細かな作業でもあることから、メッキ課や彫刻課と違って女性の比率が高いのですが、結婚退職が多く勤続年数が短いことに加え、平均年齢が若いため課としての品質レベルの向上が問題となっていました。

• 労働力確保が厳しい状況下での多様な雇用形態の必要性

早速、総務人事部では退職した画像編集オペレーター数名に連絡をしてみるも、そう簡単に良い回答がもらえず、困っていたところへ、社長から連絡が入りました。

社長は、「人材確保が難しい中で優秀な人材を流出させないためにさまざまな勤務形態を考えないと、会社の発展どころか、維持していくのも困難な時代だと気がついた。今はインターネット環境も整っていることだし、信頼のおける社員に限定して、職種によっては多様な働き方を認めていかなければいけない時代になっているのかもしれない。今回は

京都なので少し遠方なことが気がかりではあるが、田中さんは優秀だと聞いている。ルールをしっかり守ってやってくれるというなら、在宅勤務を認めようと思う」と、田中さんの在宅勤務を了承しました。

総務人事部長は、初めてのことで不安な要素はあるものの、せっかく社長の承認を得られたので、田中さんの在宅勤務の話を進めることにしました。

そうして総務人事部から広島工場画像処理課長を通じて田中さんにこの在宅勤務の件が伝えられると、転居先で落ち着いたら仕事を探したいと思っていた田中さんは快諾しました。夫の転勤に伴う転居はやむを得ない事情ですが、初めての地域で自分に合う仕事を探すのは容易なことではありません。田中さんにとっても、今まで積み上げた技能をムダにすることなく仕事を続けられることは願ってもないことでした。

● 在宅勤務のルールをつくる

労働条件については、勤務場所を京都の転居先の自宅とするだけで勤務時間は所属する広島工場の所定労働時間と同じ時間帯としました。在宅勤務のメリットでもありますが、田中さんにとっては通勤時間が省略できることになり、時間にゆとりが生まれました。

業務遂行のうえで当然のことですが、納期の厳守を徹底し、所定時間内で間に合わないときは、これまでと同じく時間外労働を行って対処することを申し合わせました。

パソコンは、田中さんが社内で使用していたものをそのまま貸与し、出社する際にはこれを持参することにしました。インターネットの通信回線については、転居先にあるブロードバンド回線を使用し、取引先や会社とのやり取りのための携帯電話を会社から貸与することで、通信機器は整いました。

始業、終業時にはメール等で上司に知らせ、コミュニケーションはWeb会議システムを活用する、会社にかかってきた田中さん宛の電話

は、電話に出た社員が田中さんに連絡し、田中さんが会社から貸し出された携帯電話を使用して先方へ電話をかけるという方法で行う、などルールを決めました。労働時間管理について、在宅勤務の場合、使用者の指揮命令下にあるとはいえない状況も起こり得ますが、このように始業終業の時刻を把握し、常に通信回線によって上司の指揮監督下にある場合は、通常の労働時間制となります。

心配な点があるとすると、セキュリティ面です。これは社内のITやセキュリティ関係を委託している会社に相談することになりました。

なお、打合せ等のために出社する場合の旅費交通費は会社負担とし、通勤手当のように賃金と一緒に支給するのではなく、実費精算することとしました。総務人事部では、「それなら出張になるのでは？」との意見も出されましたが、田中さんにとっては、自らの所属である広島工場製造部へ出向く行為であるため“出張”扱いで日当を支給する必要がないと判断しました。

総務人事部では、これらの取決めの骨子を、労働組合との協議を経て在宅勤務規程案を作成し、幹部会議の承認を経て、施行にいたりました。

• 仕事の割当て

在宅勤務が始まり、田中さんの上司である水野リーダーは、J2級として相応しい難易度の原稿を割り当てる方向で検討しましたが、どれも短納期案件が多く、田中さんに割り当てる原稿の選別に苦労するようになりました。

遠隔地でも、進捗状況の確認には問題がないのですが、最終品質チェックは工場のプリンタで出力して行わなければなりません。その結果、不具合があった場合、早急に修正する必要があることから、どうしても難度の低い原稿を割り当てざるを得なくなりました。したがって、田中さんには量をこなしてもらうことにし、設定した目標の見直しをしました(図表3−6、3−7、3−8、3−9)。

参 照

・P. 96 第2章 Ⅺ「2　多様な働き方を支える職場管理」

ちょうどこの頃、製造部長は、全国の画像編集オペレーターの能力向上を目指して、教育訓練をするために編集の標準作業を確立、原稿難易度に合わせた標準時間の設定などを行っていました。この標準時間は、あくまでもオペレーターの等級レベルに応じたものであり、監督者が顧客から送られてきたデータを確認、原稿難易度（6段階）を判断し、標準時間で作業できる従業員を担当者として指名するという仕組みも構築できています。

例えば、J2級オペレーターが、難易度B原稿を作業した場合、標準時間は1時間というように、オペレーターの該当等級と原稿難易度で標準時間を設定しています。

ただ、顧客の要求納期は短く、当日中にデータを編集しなければならない案件が多くなってきています。一方、最も難易度の高い原稿については数日間かかるものもあります。

一番、頭を悩ませているのは、入稿数、原稿難易度、納期、オペレーターの能力および人数のアンバランスであり、オペレーターの早期戦力化と採用が大きな課題となっています。

参 照

・P. 110 第2章 Ⅻ 3「(3)　ソフトウェア開発、情報処理部門、開発部門の改善の考え方と進め方」

●図表３－６　画像処理職　役割基準書（J2 級）

単位業務名	役割行動	結果責任
データ確認業務	顧客要求事項（指示書・分色原稿 等）の内容を把握する	①　自工程で不良を発生させないこと ②　標準時間で作業すること
	原稿内容を適切に判断し、製版データ作成する	
	製版方式による印刷特性を考慮したデータ作成する	
	営業へ指示書記載事項の不備について判断し、確認する	
前処理業務（柄割付・アクセサリー付け等）	変則割付など複雑な割付・高度なエンドレスなど処理する	
ニゲ処理	最終的な製品をイメージしながら複雑なニゲ処理をする（複雑とは、色数・柄などが多く、掛け合わせ・柄の重なりなども多く、グラデーションやパターンなどを多様に使用しているもの）	
版下作製業務	デザイン文字・書き文字・筆文字を作成する	
	複雑な原稿でも刷見本からスキャニングしトレースする	
	ニゲ処理を考慮しながら版下・デザインを作成する	
校正物の作成、青焼き業務	顧客と業務上の内容（原稿内容等）について打合せをする	
色校正業務	刷見本とのカラー差異がわかり、プルーフと比較し校正する	
工程内検査業務	下位等級者が編集作業を行った原稿を検品・評価する	
	製版方式に応じたデータが作成されているかを確認する	
設備管理業務	担当機材トラブルに対して適切に判断し、処理する	設備の不具合によって、生産停止や不良（ロス）が発生しないこと
	周辺機器（設備）の基礎的なメンテナンスをする	
在庫管理業務	担当資材の在庫を確認し、発注、適正な管理をする	決められた適正在庫を維持すること
調整業務	他工場および他部署と業務上必要な対話をする	全体最適の視点で効率を高めること
外注管理業務	納入業者・機器・機械メーカーと円滑に交渉を進める	社外起因での品質不良を排除すること
	担当職務の外注業者（版下等）と納期等の折衝をする	
指導監督業務	簡単な機器及び操作マニュアル等を作成できる	①　下位者および非正規社員が起因の品質不良を起こさないこと ②　下位者および非正規社員の作業効率を維持、高めること
	部署内優先作業を的確に判断する	
	営業指示を的確に理解し、版下（デザイン）作成または外注依頼する	
	自部署起因の全不適合に至る原因を追及する	
改善業務	部署内作業閑散時の有効活用を企画提案する	監督者と共同で自工程の生産性を高めること
	自部署内の作業改善（ミス・効率）策を提案する	
	部署内の 5S（3S ＋清潔・躾）を徹底する	

業務知識	部署内全出力機の機構と機能をある程度把握した上で使用できる知識
	分解機器操作とある程度のカラー（編集）処理ができる知識
	簡単な分色作業・版下作業の両方作業ができる基礎知識
	製版方式の違いによる印刷状態に関する基礎知識
	フォントに関する知識を有している（版下）
	デザインの基礎知識があり、簡単な作成技能がある（版下）
	ソフトの機能・特性やソフト間の互換性に関する知識

遂行要件	専門学校卒業および同じ程度の教育水準
	画像処理業務経験 10 年以上
	印刷・製版の専門的知識を有していること

●図表 3−7　画像処理職（J2 級）　業務分析・業務量調査表

単位業務名	役割行動
データ確認業務	顧客要求事項（指示書・分色原稿 等）の内容を把握する
	原稿内容を適切に判断し、製版データ作成する
	製版方式による印刷特性を考慮したデータ作成する
	営業へ指示書記載事項の不備について判断し、確認する
前処理業務（柄割付・アクセサリー付け等）	変則割付など複雑な割付・高度なエンドレスなど処理する
ニゲ処理	最終的な製品をイメージしながら複雑なニゲ処理をする（複雑とは、色数・柄などが多く、掛合せ・柄の重なりなども多く、グラデーションやパターンなどを多様に使用しているもの）
版下作製業務	デザイン文字・書き文字・筆文字を作成する
	複雑な原稿でも刷見本からスキャニングしトレースする
	ニゲ処理を考慮しながら版下・デザインを作成する
校正物の作成、青焼き業務	顧客と業務上の内容（原稿内容等）について打合せをする
色校正業務	刷見本とのカラー差異がわかり、プルーフと比較し校正する
工程内検査業務	下位等級者が編集作業を行った原稿を検品・評価する
	製版方式に応じたデータが作成されているかを確認する
設備管理業務	担当機材トラブルに対して適切に判断し、処理する
	周辺機器（設備）の基礎的なメンテナンスをする
在庫管理業務	担当資材の在庫を確認し、発注、適正な管理をする
調整業務	他工場および他部署と業務上必要な対話をする
外注管理業務	納入業者・機器・機械メーカーと円滑に交渉を進める
	担当職務の外注業者（版下等）と納期等の折衝をする
指導監督業務	簡単な機器及び操作マニュアル等を作成する
	部署内優先作業を的確に判断する
	営業指示を的確に理解し、版下（デザイン）作成または外注依頼する
	自部署起因の全不適合に至る原因を追及する
改善業務	部署内作業閑散時の有効活用を企画提案する
	自部署内の作業改善（ミス・効率）策を提案する
	部署内の 5S（3S ＋清潔・躾）を徹底する

業務知識	部署内全出力機の機構と機能をある程度把握したうえで使用できる知識
	分解機器操作とある程度のカラー（編集）処理ができる知識
	簡単な分色作業・版下作業の両方作業ができる基礎知識
	製版方式の違いによる印刷状態に関する基礎知識
	フォントに関する知識を有している（版下）
	デザインの基礎知識があり、簡単な作成技能がある（版下）
	ソフトの機能・特性やソフト間の互換性に関する知識

遂行要件	専門学校卒業および同じ程度の教育水準
	画像処理業務経験 10 年以上
	印刷・製版の専門的知識を有していること

結果責任	役割行動分析	発生区分	発生サイクル	業務区分	処理時間帯	単位時間（分）	1日あたりの件数	1日あたりの時間
① 自工程で不良を発生させないこと ② 標準時間で作業すること	A	定期	日	変動	8：40～17：30	60	6	360
	A	定期	日	変動				
	A	定期	日	変動				
	A	定期	日	変動				
	A	定期	日	変動				
	A	定期	日	変動				
	A	定期	日	変動				0
	A	定期	日	変動				0
	A	定期	日	変動				0
	A	定期	日	変動		10	1	10
	A	定期	日	変動		5	6	30
	A	定期	日	変動		10	1	10
	A	定期	日	変動				
設備の不具合によって、生産停止や不良（ロス）が発生しないこと	A	不定期						0
	A	不定期						0
決められた適正在庫を維持すること	O	定期	日	固定	12：00	10	1	10
全体最適の視点で効率を高めること	A	不定期						0
社外起因での品質不良を排除すること	A	不定期						0
	A	不定期						0
① 下位者および非正規社員が起因の品質不良を起こさないこと ② 下位者および非正規社員の作業効率を維持、高めること	C	不定期						0
		不定期						0
		不定期						0
		不定期						0
監督者と共同で自工程の生産性を高めること	A	不定期						0
	A	不定期						0
	A	定期	日	固定	8：30	10	1	10
							合計	430

参 照

・P. 78 第2章 Ⅶ 3「(1) 役割行動分析と短時間正社員の役割編成」

●図表3−8　役割（職務）編成

単位業務名	役割行動
データ確認業務	顧客要求事項（指示書・分色原稿 等）の内容を把握する
	原稿内容を適切に判断し、製版データを作成する
	製版方式による印刷特性を考慮したデータを作成する
	営業へ指示書記載事項の不備について判断し、確認する
前処理業務（柄割付・アクセサリー付け等）	変則割付など複雑な割付・高度なエンドレスなど処理する
ニゲ処理	最終的な製品をイメージしながら複雑なニゲ処理をする（複雑とは、色数・柄などが多く、掛合せ・柄の重なりなども多く、グラデーションやパターンなどを多様に使用しているもの）
校正物の作成、青焼き業務	顧客と業務上の内容（原稿内容等）について打合せをする
業務報告書作成	日ごと実施した業務内容と成果および注意すべき事項を報告する

※校正物の作成、青焼き業務、色校正業務、工程内検査業務については、本社の技術者が担当する。

●図表3−9　役割基準書（J2級在宅勤務用）

単位業務名	役割行動	結果責任
データ確認業務	顧客要求事項（指示書・分色原稿 等）の内容を把握する	①　自工程で不良を発生させないこと ②　標準時間で作業すること
	原稿内容を適切に判断し、製版データを作成する	
	製版方式による印刷特性を考慮したデータを作成する	
	営業へ指示書記載事項の不備について判断し、確認する	
前処理業務（柄割付・アクセサリー付け等）	変則割付など複雑な割付・高度なエンドレスなど処理する	
ニゲ処理	最終的な製品をイメージしながら複雑なニゲ処理をする（複雑とは、色数・柄などが多く、掛合せ・柄の重なりなども多く、グラデーションやパターンなどを多様に使用しているもの）	
校正物の作成、青焼き業務	顧客と業務上の内容（原稿内容等）について打合せをする	
業務報告書作成	日ごと実施した業務内容と成果および注意すべき事項を報告する	報告漏れがなく、正確な内容であること

※校正物の作成、青焼き業務、色校正業務、工程内検査業務については、本社の技術者が担当する。

業務知識	部署内全出力機の機構と機能をある程度把握した上で使用できる
	分解機器操作とある程度のカラー（編集）処理ができる知識
	簡単な分色作業・版下作業の両方作業ができる基礎知識
	製版方式の違いによる印刷状態に関する基礎知識
	フォントに関する知識を有している（版下）
	デザインの基礎知識があり、簡単な作成技能がある（版下）
	ソフトの機能・特性やソフト間の互換性に関する知識

遂行要件	専門学校卒業および同じ程度の教育水準
	画像処理業務経験10年以上
	印刷・製版の専門的知識を有していること

結果責任	役割行動分析	発生区分	発生サイクル	業務区分	処理時間帯	単位時間（分）	1日あたりの件数	1日あたりの時間
	A	定期	日	変動				
	A	定期	日	変動				
	A	定期	日	変動				
	A	定期	日	変動				
① 自工程で不良を発生させないこと ② 標準時間で作業すること	A	定期	日	変動	8：40～17：30	60	7	420
	A	定期	日	変動				
	A	定期	日	変動				
報告漏れがなく、正確な内容であること	O	定期	日	固定	17：10～17：30	20	1	20
							合計	440

参　照

・P. 79 第２章 Ⅶ３「(2)　ホワイトカラーの短時間正社員の役割（職務）編成」
・P. 99 第２章 Ⅺ「5　部下管理と人事考課」

● 遠距離での在宅勤務の場合の対策が課題

田中さんの在宅勤務は、ほぼ会社に出社するのと同じ進捗度で業務が進んでいきました。広島工場製造部では、画像処理業務の在宅勤務のモデルケースとなりそうだと話題になっていた矢先、田中さんのパソコンにトラブルが生じました。電話で連絡してきた田中さんにシステム管理者が指示を出しながら対処しようとしましたが、それでも改善されず、迫る納期にイライラしながら、どうにかメーカーのサポートを受け復旧することができました。

もしも、パソコンを修理に出すことになると、田中さんは業務を遂行できなくなります。近隣での在宅勤務の場合、本人が出社、もしくは他の社員が足を運ぶことでパソコンを取り替えることもできますが、遠隔地の場合は、そういうわけにもいきません。情報通信機器のサポート体

制と、万一のトラブルの際にデータが消失しない対策は新たな課題というよりも、本来なら事前に対策を考えておかなければならなかった課題であり、それが今回のことで明るみに出ました。

＊　　　＊　　　＊

<賃　　金>

・田中さんの正社員としての賃金（32歳　J2-6号）
　134,200円＋84,500円＝218,700円

・在宅勤務制度の適用を受け、限定正社員としての賃金
　218,700円×0.9＝196,830円

※通勤手当はなし

※打合せ等のために自宅から会社への交通費は出張旅費の規定に基づき支給する。

参照

・P. 274「賃金規程」第2章第9条第8項
・P. 285「在宅勤務規程」

解説　テレワークの労務管理
――統計・規定・労働時間制度と留意点

● テレワークをめぐる周辺事情

テレワークは、日本では1984年ごろから始まったとされていますが、当初はあまり一般的な働き方ではなかったと思われます。しかしその後、平成29年3月28日、働き方改革実現会議で決定された「働き方改革実行計画」において、一億総活躍社会の実現のための取組みの一つとしてテレワークの推進が掲げられ、次第にその名が知られるようになりました。またこの間、情報通信技術が発達したことやコロナ禍も相まって、労働者にとってずいぶん身近な働き方になったのではないかと思います。

さて、働き方改革実行計画では、「テレワークは、時間や空間の制約にとらわれることなく働くことができるため、子育て、介護と仕事の両立の手段となり、多様な人材の能力発揮が可能となる」とそのメリットを挙げ、実効性のある政策手段を講じて普及を加速させていくとしています。一方、テレワークの普及が長時間労働を招いては本末転倒であるとして、適切に労働時間管理を行う必要性についても言及しています。

そこで、平成30年2月、従来のガイドラインが「情報通信技術を利用した事業場外勤務の適切な導入及び実施のためのガイドライン」として改定され、在宅以外の働き方（サテライトオフィス勤務、モバイル勤務）について整理されるとともに、種々の労働時間制度を適用させるにあたっての考え方、留意点などが示されました。さらに、令和3年3月には、「テレワークの適切な導入及び実施の推進のためのガイドライン」（https://www.mhlw.go.jp/content/000759469.pdf）へと改定され、働く時間や場所を柔軟に活用することができるテレワークの、更なる導入・定着を図ることの重要性について謳われています。

「総務省　令和2年通信利用動向調査」（図表3－10）によれば、テ

レワークを導入している企業の割合は、前年と比べ倍以上に上昇し、47.5％となっています。また、導入予定がある企業を含むと58.2％となり、6割近くの企業がテレワークを新たな働き方の一つとして位置づけていることがわかります。しかし、テレワークの導入目的をみると、「非常時（感染症の流行など）の事業継続」としている割合が68.3％と最も高く、実行計画が当初目的としていたワーク・ライフ・バランスや生産性の向上などについては、前年に比べると低くなっていることもわかります。

ただ、すでに一部の企業においては、本社機能を移転させたり、単身赴任制度の廃止を検討したりするなど、ウィズコロナ・ポストコロナを見据えるだけでなく、多様な働き方を実現することで、人材確保や生産性の向上を図ろうとする動きも見られます。もちろん、多くの中小企業にとっては、同じような施策を講じることができるのかという問題はありますが、国としても明確に「テレワークの推進」を実行計画に掲げていることから、今後ますます導入の動きは拡がってくるものと思われます。

●図表3−10　総務省「令和2年通信利用動向調査」

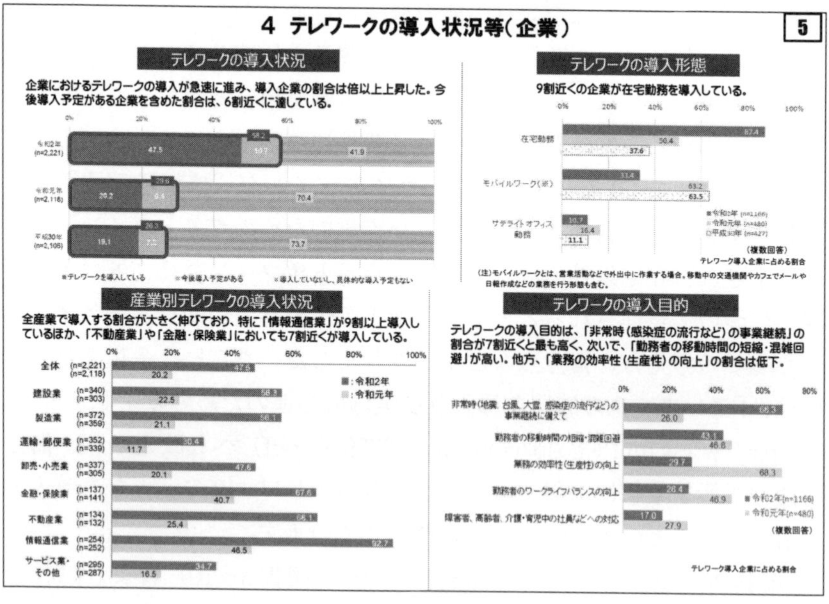

• テレワークの導入、実施にあたっての留意点

新たなガイドラインによれば、テレワークを導入、実施するにあたっては、以下についてあらかじめ労使で十分に話し合い、ルールを決めておくことが重要であるとされています。

① 導入目的
② 対象業務
③ 対象となり得る労働者の範囲
④ 実施場所
⑤ テレワーク可能日（労働者の希望、当番制、頻度等）
⑥ 申請等の手続き
⑦ 費用負担
⑧ 労働時間管理の方法や中抜け時間の取り扱い
⑨ 通常または緊急時の連絡方法等

また、導入にあたっては、既存業務の見直し・点検や、円滑なコミュニケーションを促進するための取組みのほか、企業のトップや経営層が方針を示すなど企業全体として取り組む必要があるとしています。

さらに、人事評価制度についても「企業が労働者に対してどのような働き方を求め、どう処遇に反映するかといった観点から、適切に実施することが基本である。」とし、評価対象となる具体的な行動等の内容や評価の方法をあらかじめ示すことが望ましいとしています。この点、日本プロセス㈱では、役割基準書において業務ごとに求められる役割行動とそれに対する結果責任を明らかにしていますので、在宅勤務か否かにかかわらず評価できる仕組みになっています。（事例３　P.162 役割基準書 J2 級）

• 労働条件の明示、就業規則の改定

勤務場所が社外であっても、労働者であることには変わりありません。したがって、労働基準法などの関連法令については、通常どおり適用さ

れることになりますし、会社の就業規則についてもこれまでどおりです。

ただ、テレワーク特有の勤務ルールを新たに設定しようとするときは、基本的に労働者の合意を得たうえで労働条件の変更を行わなければなりません。また、就業規則に記載しなければならない事項については、就業規則の改定が必要になってきます。それがもし、労働者にとって不利益変更にあたり合意が得られないということになれば、労働契約法に則って慎重に進めていくことが求められます。

テレワーク自体は多様な働き方の選択肢の一つとなり得るものですので、導入することが直ちに不利益変更にあたるわけではありません。とはいえ、会社からすれば、目の届かない場所での就労ゆえに、労働時間の管理や服務規律を遵守させるためのルールを、しっかり決めておきたいところです。したがって、新たなルールを設ける場合は、何のためにルールが必要なのかを説明できるようにし、労働者にとって過度の負担となることのないよう労使間で十分話し合うことが大切です。

【労働契約法】

第８条　労働者及び使用者は、その合意により、労働契約の内容である労働条件を変更することができる。

第９条　使用者は、労働者と合意することなく、就業規則を変更することにより、労働者の不利益に労働契約の内容である労働条件を変更することはできない。ただし、次条の場合は、この限りでない。

第10条　使用者が就業規則の変更により労働条件を変更する場合において、変更後の就業規則を労働者に周知させ、かつ、就業規則の変更が、労働者の受ける不利益の程度、労働条件の変更の必要性、変更後の就業規則の内容の相当性、労働組合等との交渉の状況その他の就業規則の変更に係る事情に照らして合理的なものであるときは、労働契約の内容である労働条件は、当該変更後の就業規則に定めるところによるものとする。（以下、省略）

【就業規則に必ず記載しなければならない事項】

① 始業・終業の時刻、休憩時間、休日、休暇、交替制の場合の就業時転換に関する事項

② 賃金の決定、計算・支払方法、締切日、支払日、昇給に関する事項

③ 退職に関する事項（解雇の事由を含む）

【定めをする場合は必ず記載しなければならない事項】

① 退職手当に関する事項

② 臨時の賃金（賞与）・最低賃金額に関する事項

③ 食費・作業用品などの負担に関する事項

④ 安全衛生に関する事項

⑤ 職業訓練に関する事項

⑥ 災害補償、業務外の傷病扶助に関する事項

⑦ 表彰、制裁に関する事項

⑧ その他全労働者に適用される事項

※ 下線は特にテレワークに関連する可能性がある事項

● テレワークと労働時間制度

労働基準法では、いわゆる通常の労働時間制度のほかに、比較的柔軟に働くことができるよう様々な労働時間制度が定められています。ひとくちに「テレワーク」と言っても、制度を導入する目的やその態様は会社ごとにそれぞれです。自社に合う労働時間制度を導入することで、より働きやすい環境を整え生産性の向上につなげることが大切です。

ただ、いずれの労働時間制度を適用する場合でも、使用者に労働時間の把握義務があることに変わりありません。もちろん、労働時間制によっては厳密に始業・終業時刻を把握することまで求められていない場合もありますが、労働者の健康管理はあくまでも使用者の義務であることは意識しておく必要があります。したがって、すべてを労働者本人に任せっきりにして放置するのではなく、必要に応じて実態を把握しておくことも忘れてはいけません。

【労働時間制度】

① 原則どおりの労働時間

週40時間以内かつ1日8時間以内とし、日ごとの始業・終業時刻を定めます。ただし、就業規則に規定することで始業・終業時刻の繰上げや繰下げを認めることも可能です。

② 1か月単位の変形労働時間制

1か月以内の期間を平均して週あたり40時間以内とする労働時間制度です。例えば、週によって労働日数が異なっていたり、1日の労働時間が日ごとに異なっていたりしても、平均して週40時間以内であればよいという制度です。

③ フレックスタイム制

清算期間と呼ばれる一定の期間（1〜3か月間）を平均して、週40時間以内であればよいという労働時間制度です。また、他の制度と大きく異なる特徴として、始業・終業時刻を労働者自身が決めてよいことになっています。

④ 1年単位の変形労働時間制

1か月を超え1年以内の一定の期間を平均して週あたり40時間以内とする労働時間制度です。1年の間で、月による繁閑の差が大きい業務に比較的適している制度です。

⑤ 1週間単位の非定型的変形労働時間制

事業規模が30人未満の小売業、旅館、料理・飲食業において、週40時間以内であれば日ごとの労働時間を弾力的に決めることが認められている制度です。日ごとの労働時間を就業規則などで決めることが難しい業種を対象として認められている制度です。

⑥ 事業場外みなし労働時間制

事業場外で業務に従事し労働時間の算定が困難な場合に、所定労働時間を働いたものとみなすことのできる制度です。また、通常その業務を遂行するために所定労働時間を超える必要がある場合は、通常必要な時間働いたものとみなすこととされています。この通常必要な時間を何時間とするのかについては、労使協定で定めることができます。

⑦ 専門業務型裁量労働制

業務遂行の手段や時間配分の決定について、使用者が具体的に指示することが難しい専門業務に従事する場合は、労使協定で定めた時間を労働したものとみなす制度です。

⑧　企画業務型裁量労働制

事業運営に関し、企画、立案、調査、分析を行う労働者について、その遂行方法を大幅に労働者の裁量に委ねる必要があり、業務遂行の手段や時間配分の決定について、使用者が具体的に指示しないこととする場合、労使委員会で定めた時間を労働したものとみなす制度です。

【テレワークと事業場外みなし労働時間制】

新ガイドラインでは、テレワークにおいて、次の①②をいずれも満たす場合には制度を適用することができるとしています。これまでのガイドラインに比べると、さらに具体的に踏み込んだ表現で説明されており、わかりやすくなったといえます。

①　情報通信機器が、使用者の指示により常時通信可能な状態におくこととされていないこと（以下の場合については、いずれも①の要件を満たすと認められる。）

・勤務時間中に、労働者が自分の意思で通信回線自体を切断することができる場合

・勤務時間中は通信回線自体の切断はできず、使用者の指示は情報通信機器を用いて行われるが、労働者が情報通信機器から自分の意思で離れることができ、応答のタイミングを労働者が判断することができる場合

・会社支給の携帯電話等を所持していても、その応答を行うか否か、または折り返しのタイミングについて労働者において判断できる場合

②　随時使用者の具体的な指示に基づいて業務を行っていないこと（以下の場合については、②の要件を満たすと認められる。）

・使用者の指示が、業務の目的、目標、期限等の基本的事項にとどまり、1日のスケジュール（作業内容とそれを行う時間等）をあ

らかじめ決めるなど作業量や作業の時期、方法等を具体的に特定するものではない場合

・テレワーク特有の問題

① 始業・終業時刻の把握

ガイドラインによれば、在宅の場合は情報通信機器の使用時間の記録等により労働時間を把握する方法が挙げられています。確かに客観性はありますが、情報通信機器の電源を切り忘れたり、断続的な業務が認められている場合などは点けっぱなしにしたりすることも充分考えられます。であれば、事例３のように、始業・終業時刻をメール等で連絡してもらうことが簡便かつ確実ではないかと思います。

② 中抜け時間

通常出社している場合と同様に、始業・終業時刻や休憩時間を決めてしまえば管理は簡単ですが、テレワークで働く理由によっては実態にそぐわずに、かえって非効率になってしまうことが考えられます。一方、中抜けを労働者本人の裁量に全て任せてしまうと、本人が希望するにもかかわらず、業務の都合上テレワークが認められない従業員からすれば、不平等に感じることがあるかもしれません。

ガイドラインでは、法律上は中抜け時間を把握してもしなくてもいずれでもよいとしていますが、やはり一定のルールを決めておくことは必要でしょう。いずれの働き方を選択したとしても、それぞれ所定の労働時間は働くことが大原則です。

③ 時間外、休日労働の管理

在宅勤務とはいえ、働く時間のすべてを労働者が自由に決めてよいという訳ではありません。特に、在宅勤務は長時間労働に及ぶリスクが指摘されているところでもありますので、時間外や休日労働を行う場合は、必ず事前許可制にしておくことが大切です。また、労働する時間帯については、ある程度労働者本人の事情に合わせて柔軟に認めることは良いかもしれませんが、日中の労働時間で足りなかった分を

深夜時間帯（22時～5時）に働くことを認めてしまえば、深夜割増賃金の問題が生じるだけでなく、健康障害のリスクとなる可能性もあります。したがって、少なくとも一定のルールを決めてその範囲内で働いてもらうことが必要です。

④　安全衛生の確保

在宅でテレワークを行う場合には、通常危険な業務というのは想定されませんが、単独で業務を行うことになるため、コミュニケーションが不足するなど、特にメンタルヘルス対策をしっかり行っておくことが望まれます。

ガイドラインでは、事業者用、労働者用にチェックリストが提示されていますので、こういったツールを使用するなどして、問題の早期発見に努めしっかり対策していくことが望ましいでしょう。

• テレワークの導入に関する政府の支援制度

冒頭でも触れましたが、国はテレワークの普及を加速させていくとしており、テレワーク総合ポータルサイトを立ち上げて、様々な情報発信を行っています。このサイトでは、導入の方法や実際の導入事例などが紹介されており、ルール作りをするうえで参考になるのではないかと思います。また、テレワークに関する助成金も紹介されていますので、一つのきっかけにしてみるのもよいかもしれません。

【参考】

「テレワーク総合ポータルサイト」（https://telework.mhlw.go.jp/）

「人材確保等支援助成金（テレワークコース）」

（https://www.mhlw.go.jp/stf/seisakunitsuite/bunya/telework_zyosei_R3.html）

事例4

出産育児のため退職を申し出た画像処理課女性社員——社内初の育児短時間勤務を在宅で

• 産休、育休取得の前例がない

愛媛工場製造部画像処理課、オペレーターの伊藤さんは、専門学校を卒業後に入社し10年ほど経った30歳の頃、出産を機に退職することにしました。画像処理課は女性社員の比率が高いのですが、日本プロセス㈱では、女性社員は20代後半になると結婚を機に退職するケースが大半です。納期が迫ると残業が多くなることが、結婚後に勤務を続けにくい原因なのかもしれません。そんな中でも、2年前に結婚した伊藤さんは、結婚後の住まいが愛媛工場に近いこともあり、夫と相談のうえ、これまで退職することなく勤務を続けてきました。

製造部長は、「出産ともなればやむを得ないかもしれない」と思いながら、製造本部長に相談を持ちかけました。「うちは育児休業どころか、産休の前例さえないじゃないですか。産休といっても産後2か月ほどで正社員として働かなければならないのはキツイとは思いますよ。なんとかならないですかね。伊藤さんのところは実家も近いし子供を預けてパートで来てもらうとか、無理ですかね。新人を入れても伊藤さんのレベルに育てるには何年もかかりますよ。そしてまた辞めていくの繰り返しですからね。うちはそんなに働きにくい職場なんですかね」。

製造本部長は「確かに自分の妻だったら、子供が小さいときにうちの画像処理課のような勤務の仕方をされるのはイヤだと思うね、せっかく身に付いたスキルをなんとかうちの会社のために発揮してもらいたい気持ちはあるけど、家族のことを考えるとね……」と、製造部長に共感しながらも複雑な思いで返事しました。

• 育児期間中の短時間、在宅勤務の提案

製造部長は、伊藤さんの退職届をいったん預かったまま、製造部長、画像処理課長、伊藤さんの３人で面談の機会を設けました。伊藤さんは、退職を申し出た理由を次のように話し始めました。「私自身、画像編集の仕事は好きですが、出産や育児もしっかりやりたいと思っています。産休や育児休業をさせていただいたとしても、復帰したときに今までどおりの働き方をするのは無理だと思いますし、それに保育所が見つかったとしても「１歳になったら戻らないといけない」という約束が守れるかどうかわかりませんし。社内で前例のない育児休業をさせてもらったあとで、『やっぱり辞めます』と言うくらいなら、出産前に退職しようと決心したのです」。

製造部長は、「気持ちはよくわかった。実は、残業がなく早めに帰れるパート勤務はどうかなとも考えたのだが、会社に出てこないといけないのは同じだ。ただ、画像編集の仕事は、セキュリティや作業環境の問題はあるが、パソコンさえあれば家でもできる。在宅勤務という方法がとれないかなと思っているんだよ。広島工場では１人、在宅勤務をしている社員がいるので、来週にでも製造本部長と社長に相談してみようかと思うけど、君自身はどう思う？」と伊藤さんに尋ねました。

伊藤さんは、突然のことで「はあ……」と答えるのが精一杯でした。

• 在宅勤務に対する家族の同意

その日、伊藤さんは帰宅してから夫に製造部長と画像処理課長との面談の話をしました。夫は「良い話じゃないか、家で子育てしながら仕事も続けられるなんて。それにそこまで言ってもらえるなんて、幸せなことじゃないか。僕１人の給料より、家計も助かるし……」と、乗り気で返事をしました。

翌日、伊藤さんは製造部長に、在宅勤務の件について前向きに考えたい、とお願いしました。

• 社長の「育児・短時間・在宅勤務」に対する困惑、顧客満足、生産性低下

製造部長は、製造本部長に伊藤さんの件について相談したところ、「社長には部長から直接話してみてもらえるかな、事情をよくわかっている君からのほうが伝わりやすいだろう」と言われたので、1人で社長室に向かいました。

製造部長から相談を受けた社長は、「結婚退職が当たり前だった時代ではなくなっていることはわかっているが……」と話し始めました。産休や育児休業という、聞き慣れた制度ではなく、「育児をしながら在宅勤務」という提案に驚きを隠すことができず、「生まれたばかりの子供がいる環境で仕事なんてできるのか？　短時間とはいっても決まった時間仕事に集中することなんてできるのか？　急に子供の体調が悪くなったときはどうするんだ？　確実に生産性は落ちる、それは間違いない。給料はどう考えてるんだ？　子供をあやしながら仕事なんてできるわけないだろう」とたたみかけ、まるで論外だと言わんばかりの反応でした。

• 最初の育児短時間勤務が「在宅勤務」という戸惑い

総務人事部では、産休と育児休業さえも例がない中、今後、育児休業取得の申し出があった場合には「1年休んで、パートとして復帰」を現実的な流れとしてイメージしていました。ただ、1年後に復職したときに、補充した社員の配置など、該当者が出たときには課題がたくさんあることは部内の共通認識ではありました。

• 社長が「育児短時間在宅勤務」に理解を示し始める

社長は、製造部長の提案を完全に否定しましたが、2週間ほど経った頃、「育児はしていないが、在宅勤務をしている社員が広島工場にいる。信頼のおける社員に限定する必要はあるが、募集をすればすぐに良い人

材に巡り合えるというものでもないし、育児休業の代替要員としての期間雇用の条件ではいっそう難しいだろう。『育っては退職』を繰り返しているようでは会社が発展しないし品質も向上しないな」と、冷静に考えるようになっていました。

そして製造部長には、「もし在宅勤務にした場合、どのような仕事のさせ方があるのか検討するよう」指示を出しました。

●「育児短時間・在宅勤務」へ向けて

「社内初の女性社員の出産育児」について想定外の展開になった総務人事部の高橋さんは、部内で把握している情報を洗い出しました。

今回の伊藤さんの場合、自宅が愛媛工場から近いこともあり、出社を要する場合でも、そう困難なことではなく、自宅のインターネット回線を使用することさえできれば会社のノートパソコンを自宅に持ち帰ることで、在宅勤務の環境が整います。

また、伊藤さんの技能に関しては上司の指示を仰ぎながら作業を行うレベルではなく、独力で創造的に仕事をこなすことができるレベルです。それに、独断的に暴走することなく自他部署と相談しながら仕事を進める能力も持ち合わせているので、在宅勤務の場合には、社内で利用しているWeb会議システムによって相談などを行うことができます。

セキュリティ面については、社内のITやセキュリティ関係を委託している会社に相談し対応をお願いしました。

伊藤さんは短時間勤務となるため、業務量を減らすことになるので、製造部長は、まず、伊藤さんの現在の仕事の状況を調査するよう画像処理課長に命じました。

●「育児短時間・在宅勤務」が始まる

産前産後休暇を経て、在宅勤務を開始するにあたり労働条件を決定することになりました。まずは、午前10時から正午まで業務を行い、1時間休憩し、午後1時から3時までの1日4時間勤務から始めるのが妥

当であるだろうと、ほぼ伊藤さんと製造部長の意向が固まりました。

伊藤さんの在宅勤務は､順調に始まりました。顧客からの問合せにも、電話を受けた社員から伊藤さんに連絡し、伊藤さんから先方に電話をするという対応でなんとかスムーズな対応を維持していたつもりでした。ところが、顧客から「最近、伊藤さんは会社におられないのですか？折返しの電話も、携帯電話の番号からかかってきますが」と何気なく質問されました。当時は新型コロナウィルス感染症の問題が起きる前だったため、そもそも世間にテレワークという発想が広まっておらず、社員は会社にいるのが当たり前でした。

また、短時間勤務であるため、会社の営業時間内であっても本人はすでに業務を終えてしまっていることもあり、顧客への対応について課題が見つかりました。

これらのことから、製造部、総務人事部は、顧客に対して、担当者が在宅勤務を行っていること、それに伴うセキュリティ対策などについての説明が必要だと気付きました。

● 「仕事と生活の調和」と「本人の努力と同僚の協力」

次の問題として、生後間もない子の育児中であることから、会社に出勤している社員と比べて急な看護休暇などによる業務の中断が度々起こり始めました。

そこで、伊藤さんは午前中、子供の通院のために業務を行えなかった場合には、午後の就労時間を延長して穴埋めしたり、休日に少しでも時間を作って業務を行うなど、できる範囲で所定労働時間数を就労するよう努力していましたが、そうすると、今度は生活との調和にも支障が出かねない状況になってきました。

結果的に、画像処理課の同僚のフォローが必要となり、同僚が残業や休日出勤をして納期に間に合わせるという場面がしばしば出てくるようになりました。当然、同僚の中には、このような負担がかかることに対

して不満を持つ者や、突発的な業務から伊藤さんだけが外されることについて特別扱いされていると感じる者など、会社の対応について快く思わない者も現れてしまいました。

・勤労意欲と社会保障

伊藤さんは、子育て中の友人同士で情報交換をする中で、疑問が出てきました。

そもそも退職を考えていた伊藤さんにとって、雇用保険の育児休業給付の受給は考えておらず、少しでも働いて給料が支給されることはありがたいとの思いから在宅勤務を始めました。ところが、「育児休業をして働いていないけど、ハローワークから育児休業前の給料の半分以上をもらっている。手続きは会社がしてくれていて、2か月に1回くらい銀行口座に振り込まれる」という友人の話に驚いたのでした。

この話を、伊藤さんは画像処理課長に愚痴っぽく伝えたところ、画像処理課長は事情は理解できないものの、ひとまず、総務人事部へ報告しておきました。

これを受けて、総務人事部の高橋さんは、今後、出産、育児を行う社員に対して事前に、本人の選択には関係のないこと（例えば、育児休業を取得しない人に育児休業給付や、健康保険・厚生年金保険料の免除のことなど）まで説明すべきかどうか悩み始めました。

改正法メモ

令和4年4月1日より、労働者本人または配偶者の妊娠・出産等の申出があった場合、個別の周知・意向確認の措置が義務付けられています。そのうち、個別周知する内容として、以下の4点が示されています。

① 育児休業に関する制度
② 育児休業申出の申出先
③ 雇用保険の育児休業給付

④　労働者が育児休業期間について負担すべき社会保険料の取扱い

今回は伊藤さんが、退職を申し出て会社の人材不足などの問題から、育児休業を取得せず在宅で短時間勤務という選択をしたことで、新たな問題が見えてきました。

例えば、社会保険（健康保険・厚生年金）の被保険者資格の問題があります。フルタイム勤務でない労働者の場合、社会保険の被保険者資格を取得できるのは、所定労働時間がフルタイムの４分の３以上とされています（短時間労働者を除く被保険者の総数が常時500人を超える事業所は一定の条件の下で社会保険への適用が拡大されています。また令和４年10月以降は、100人を超える事業所へと拡大されます）。

伊藤さんの場合は、会社の短時間正社員制度に基づいて短時間勤務を行ったため、被保険者資格を喪失することなく勤務を続けることができました。これは厚生労働省の通達（庁保険発第0630001号。後掲通達参照）によります。

一方、短時間正社員制度を設けていない会社で、所定労働時間を４分の１以上短縮して勤務を継続した場合や、短時間正社員制度の適用を受けず職務内容を変更して所定労働時間が４分の３未満のパートタイマーなど非正規社員になった場合、被保険者資格を喪失せざるを得ません。その後、私傷病によって労務不能な状態となり賃金が支給されなくなった場合、健康保険の被保険者でないため傷病手当金も受給することができず無収入となってしまいます。

これに対して、休業して育児をする従業員は、被保険者資格を喪失しないだけでなく、保険料（健康保険・厚生年金）が免除され、雇用保険制度から育児休業給付を受給できるという、金銭面での差が生じます。

これらは、社会保険の適用拡大によって解消されてきてはいますが、当時は勤労意欲を阻害してしまう理由のひとつでした。

＊　　　＊　　　＊

<賃　　金>

・伊藤さんの正社員としての賃金（30歳、J2-12号）
130,200円＋88,700円＝218,900円

・育児短時間勤務を在宅勤務で行う、限定正社員となったときの賃金
（休日は減らさず、1日の所定労働時間を8時間から4時間に短縮）
218,900円×0.9×4時間／8時間＝98,505円

参　照

・P. 274「賃金規程」第2章第9条第8項

＜育児休業給付を受けた場合＞

（前提条件）

・休業前の画像処理課の時間外労働は月に約30時間

・時間外手当は毎月47,000円で、総支給額は265,900円

雇用保険制度から、育児休業給付として、休業開始前の賃金の67%（178,153円）を受給することができます。

ただし、育児休業開始から、6か月経過後は、子が1歳になるまでの期間、50%（132,950円）です。

＜比較検討＞

今回のケースの伊藤さんが育児休業をせず（もしくは育児休業を短期間で終了し）、短時間正社員制度等の制度の適用なく、正社員の半分の所定労働時間で非正規雇用として就業する場合と、規則で定められた期間をすべて育児休業する場合とを比較すると、図表3−10のようになります。

育児休業に対する施策が手厚くなってきているため、子が1歳になる前に職場復帰しようという気持ちになりにくいかもしれません。

育児・介護休業法は、短時間勤務制度（子が3歳まで）を設けることも義務付けていますが、育児休業給付や社会保険料の免除などを考慮すると、短時間勤務をするよりも、育児休業をして育児休業給付を受給することを選択したくなる環境が整っているといえます。この環境の中、育児休業をせず、短時間であっても、在宅であっても、仕事と家庭を両立させ、バランスをとり、キャリアを途切れさせることなく「活躍したい」と思ってくれる女性従業員は貴重な存在であるといえます。

●図表３－11

	短時間（半日：正社員の２分の１）勤務	育児休業
健康保険	被保険者資格喪失 要件を満たせば（年収130万円未満など）夫（家族）の被扶養者に。 収入等の都合で、被扶養者として認定を受けられない場合には、健康保険に任意継続加入（26,234円）、もしくは国民健康保険に加入し、保険料を納付することになる。	被保険者のままで、保険料（13,117円）は免除される。
厚生年金	被保険者資格喪失 要件を満たせば国民年金３号被保険者又は、国民年金１号被保険者となり、保険料（16,590円）を納付しなければならなくなる。	被保険者のままで、保険料（23,790円）は免除される。
雇用保険からの育児休業給付	支給されない ＊　支給単位期間（育児休業開始日から起算して１か月ごとに区切った期間）で、就業している日が10日以下、または10日を超えるが就業している時間が80時間以下であり、その期間に受けた賃金が、休業開始前の80％未満である場合は、受給は可能であるが、これは原則として「育児休業中」であることが前提である。	育児休業給付を受給することができる。 支給額は、休業前賃金の67％（１か月あたり178,153円）。ただし、育児休業の開始から６か月経過後は50％（１か月当たり132,950円）。
キャリア	継続される。	キャリアが中断するため、職場復帰時に復職支援プログラム等が必要になることがある。 育児休業期間が長くなるほど、職場復帰支援が必要になる。

（注）　健康保険料は協会けんぽ広島県の令和４年度の金額。

※　令和４年10月以降は、社会保険の適用が拡大され、被保険者数101人以上の、次の要件を満たす短時間労働者は、被保険者となります。さらに、令和６年10月以降は、被保険者数が50人を超える事業所にも拡大されます。

①　所定労働時間が20時間以上

②　継続して２か月を超えて雇用される見込み

③　賃金月額が88,000円以上であること

④　学生でないこと

○短時間正社員に係る健康保険の適用について

（平成 21 年 6 月 30 日）
（保保発第 0630001 号）
（地方厚生（支）局長あて厚生労働省保険局保険課長通知）
（公印省略）

近年、いわゆる「短時間正社員制度」を雇用形態の一類型として導入する企業が増えつつあり、これに伴い、短時間正社員に係る健康保険の適用について照会が寄せられているところである。

健康保険の適用については、従前より、健康保険法（大正 11 年法律第 70 号）の趣旨から当該就労者が当該事業所と常用的使用関係にあるかどうかにより判断することとしているところであるが、短時間正社員に係る健康保険の適用については、下記事項に留意のうえ、保険者の指導に当たっては遺漏のないよう取り扱われたい。

なお、本件については、厚生労働省雇用均等・児童家庭局短時間・在宅労働課、年金局年金課及び社会保険庁運営部年金保険課と協議済みであることを申し添える。

記

1　短時間正社員について

(1)　本通知でいう短時間正社員は、「他のフルタイムの正規型の労働者と比較し、その所定労働時間が短い正規型の労働者であって、①期間の定めのない労働契約を締結しているものであり、かつ、②時間当たりの基本給及び賞与・退職金等の算定方法等が同一事業所に雇用される同種フルタイムの正規型の労働者と同等であるもの」であること（別紙参照）。

(2)　当該短時間正社員に係る、労働契約、就業規則及び給与規程等において、上記（1）の内容を踏まえた規定が明確になされていること。

2　短時間正社員に係る健康保険の適用について

(1)　短時間正社員に係る健康保険の適用に当たっては、当該事業所の就業規則等における短時間正社員の位置づけを踏まえつつ、労働契約の期間や給与等の基準等の就労形態、職務内容等を基に判断するものであること。

(2)　具体的には、

①　労働契約、就業規則及び給与規程等に、短時間正社員に係る規定がある

②　期間の定めのない労働契約が締結されている

③　給与規程等における、時間当たりの基本給及び賞与・退職金等の算定方法等が同一事業所に雇用される同種フルタイムの正規型の労働者と同等である場合であって、かつ、就労実態も当該諸規程に則したものとなっている

場合は、健康保険の被保険者として取り扱うこと。

(3)　なお、労働契約の期間や給与等の基準等の就労形態、職務内容等の基準等におけるフルタイムの正規型の労働者との同等性等について判断が困難な事案については、保険局保険課に協議すること。

事例5 営業企画課長、親の介護で「課長を辞めます」——フレックスタイム制導入で役割を全うう、部下を早期育成

● 課長が家族介護のために「課長を辞めたい」と申し出る

営業部営業企画課の55歳の渡辺課長の母親が脳梗塞で倒れ、入院しました。幸い経過は順調で退院が決まりましたが、少し後遺症が残り、退院後も通院してリハビリが必要となりました。

渡辺課長の母親は高齢のため、退院して経過が順調だからといって放っておくわけにはいきません。それに、妻は高校の教師をしており、急に介護休業を取得することは難しい状況です。そこで家族で話し合って、渡辺課長が会社に介護休業もしくは短時間勤務など何らかの制度を利用させてほしいと、総務人事部に申し出たのでした。

このとき渡辺課長は、母親の通院が一段落したとしても、元どおりに動くことは難しそうなので継続的に何らかの介護が必要だろうと考えていました。

そうすると、管理職の立場にありながら個人的な事情で短時間勤務を申し出るなどとても許されることではないと、すでに課長の職は辞する覚悟をしていました。

総務人事部では、ひとまず育児・介護休業規程の範囲での介護休業もしくは介護短時間勤務をして、その後も必要であれば短時間正社員制度の適用を検討することとしました。その過程において、育児・介護休業規程の制度を利用することはともかく、短時間正社員となると「管理職が短時間正社員というのは、部下に対して示しが付かないのではないか」「愛媛工場や営業所との関係でも、課長不在では支障が出ないか」などとの意見が出され、渡辺課長の課長職の辞意は受けざるを得ないとの結

論に達しようとしていました。

• 進んでいない人材育成

営業部営業企画課では、渡辺課長が5年後に60歳の定年を迎えることを見据えて社員を育成していたため、この時点でまだ後任を任せられる人材が育っていませんでした。そのためやむを得ず、渡辺課長は課長のまま短時間正社員となることを検討することになりました。幸い、営業企画課は、現業部門や営業課と違って、職責を果たせれば常時社内に滞在していなくても支障がないだろうということで、部長が課長業務をフォローすることになりました。そして同時に渡辺課長の定年を待つことなく、次の課長として有力候補だった山本さんを早期に育成する方向で話がまとまり、こうして営業企画課全員で渡辺課長を支えていくことになりました。

• 介護休業への備えは、制度整備と同時に人材育成も重要

いよいよ家族介護の問題が顕在化し始めたことで社長は、家庭の形や価値観が変わってきていることに驚きながらも現状を受け入れざるを得なくなりました。そして、総務人事部に対し、広島工場の前例に囚われることなく柔軟な発想で、渡辺課長が職責を果たせて、なおかつ渡辺課長の家族介護をサポートできる方法を検討するよう命じました。

ひとまず、育児・介護休業規程に沿った短時間勤務制度の適用を受けることになった渡辺課長ですが、毎日決まった時間に通院するわけではないため、始業終業時刻の繰上げ、繰下げの対応だけでは難しい面が出てきました。そこで、総務人事部はメッキ課佐藤さんの例とは違った方法を検討し始めました。

総務人事部の検討チームの中で「課長とはいえ始業・終業の時刻が自由というわけにはいかないでしょう」「管理職なんだからそれも仕方な

いのかも」「始業・終業の時刻が管理職の裁量に任されるというのと、それが家庭の事情というのは違うよ」などの意見が出されたところで、ベテランの高橋さんが「フレックスタイム制は無理でしょうか？」という案を出しました。

育児・介護休業規程を作成するうえで、日本プロセス㈱では「短時間勤務の制度」を規定しましたが、育児・介護休業法が定める「要介護状態にある家族に対して講ずべき措置」の選択肢の中に「フレックスタイム制」があったことを思い出したのです。急遽、就業規則にフレックスタイム制について規定を設ける方向で検討することとなりました。

社長は渡辺課長を呼んで話をしました。「お母さんの介護の事情はよくわかったけど、課長の仕事は引き続き君にやってほしいと思っている。うちの営業は新規開拓がほとんどできていないのが実情なのはよくわかっているね。こんなときだからこそ、まだまだ若い社員に任せてしまうのは心配だ。勤務時間や給料のことは、総務人事部に検討させて、介護をサポートできるようにしたいと思っているよ。前例がないので戸惑っているし、正直言って昔は、男性が家族のために会社を休むとか、課長をやめるとか考えられなかった。男性は家族のために一生懸命会社で働くものだと思っていたけど、家族のために仕事を辞めるという発想もあるんだな、今は。こんな時代になっているなら、次世代育成をもっと前倒ししておかないといけないなと痛感している。無理を言って悪いが、引き続きよろしく頼むよ。部長や山本君には私からも言っておくよ」。

渡辺課長は、課長職どころか会社を退職しないといけないのではないかとの不安も感じていたので、社長に対して感謝の言葉を述べ、深々と頭を下げて、社長室を後にしました。

改めて総務人事部長から介護休業規程について説明を聞いた社長は、「2週間前に申し出たら介護休業ができるなんて、社員の誰がいつ2週間後から休むと言い始めるかわからないということだろう？　難しいな。代わりの利かない優秀な人材を育ててしまうことがリスクになるということになるのか……」と、困惑を隠せませんでした。

● 時間短縮とフレックスタイム制によって管理職業務も

渡辺課長は新たに導入されたフレックスタイム制による勤務を始めました。月の総労働時間は、フルタイムが平均173時間45分のところを、1日あたり1時間以上短縮することをイメージし、1か月の所定労働時間を150時間としました。

コアタイムを設けたため、渡辺課長の会議出席には支障がなく、また部下の山本さんは、課長が不在のときには他部署との折衝も積極的に行うようになりました。山本さんは、部長が課長の管理職業務のフォローをしているのを見て、自身も後輩を指導することの大切さを理解したようで、結果的に人材育成面で功を奏したのか、渡辺課長がフレックスタイム制による勤務を始めた後も営業企画課は目標を達成し続けました。3年後、計画よりも早く山本さんが課長となり、渡辺さんは一般職の短時間正社員として勤務することになりました。

● 「週4日勤務希望」の申し出に対応

ほどなくして渡辺さんから、総務人事部へ相談が持ち掛けられました。介護をしていた母親の体調が思わしくなく、週に1日、平日に出勤できなくなりそうだとの相談でした。なんでも、妹と協力しあって介護をしているけれど、週に1日はどうしても渡辺さんが付き添わないといけないということです。総務人事部の高橋さんは「少し検討させてください、できるだけ早くご返事しますので」と、渡辺さんの意向を預かりました。

高橋さんは、突然のことで返答に困ってしまいました。というのも、渡辺さんにはフレックスタイム制が適用されています。つまり、1日の始業と終業の時刻は渡辺さん自身で決めることができますから、ある程度柔軟に働くことができる環境は整えられているのです。また1か月の所定労働時間も150時間ですので、既に負担は軽減されているものと思われます。とはいえ、事情が事情だけにさらに勤務日数を減らさなければなりません。高橋さんは、1か月の所定労働時間はそのままで、1日

の労働時間を調整しながら平日１日休む週４日勤務をしてもらうことができるのではないかとの結論に思い至りました。そして総務人事部長の承諾を得て、渡辺さんにこのことを伝えました。

日々の仕事の進め方については、営業企画課で相談しながら調整して同僚の協力を得る方向で話が進み、ひとまず、渡辺さんの週４日勤務の環境が整いました。渡辺さん自身も、妹の協力が得られたことで介護の事情が変わり、1日の労働時間が長くても問題ない日が増えていたので、1か月の所定労働時間は150時間を維持することができました。

参　照

・P. 79　第２章　Ⅶ３「(2)　ホワイトカラーの短時間正社員の役割（職務）編成」

＊　　　＊　　　＊

<賃　　金>

・渡辺課長の正社員としての賃金（M3　Ⅱランク―B評価）
月額440,000円

・所定労働時間を、１か月平均173時間45分（１年単位の変形労働時間制）から、月150時間に短縮したフレックスタイム制の適用を受け限定正社員（短時間正社員）となったときの賃金
440,000円× 0.9 × 150時間／173時間45分＝341,871円

参　照

・P. 274「賃金規程」第２章第９条第８項

＜フレックスタイム制とは＞

フレックスタイム制（労働基準法第32条の3）は、一定の期間についてあらかじめ定めた労働時間の範囲内で、労働者が日々の始業・終業時刻、労働時間を自ら決めることのできる制度です。労働者は仕事と生活の調和を図りながら効率的に働くことができます。2019年4月以降は、労働時間の調整を行うことのできる期間が延長され、これによってより柔軟な働き方の選択が可能となりました。

■日本プロセス株式会社　介護休業規程から抜粋

（介護休業の申出の手続等）

第11条　介護休業をすることを希望する従業員は、原則として介護休業開始予定日の2週間前までに、介護休業申出書を総務人事部に提出することにより申し出るものとする。なお、介護休業中の有期契約従業員が労働契約を更新するに当たり、引き続き休業を希望する場合には、更新された労働契約期間の初日を介護休業開始予定日として、介護休業申出書により再度の申出を行うものとする。

2　申出は、対象家族1人につき3回までとする。ただし、本条第1項の後段の申出をしようとする場合にあっては、この限りでない。

3　会社は、介護休業申出書を受け取るに当たり、必要最小限度の各種証明書の提出を求めることがある。

4　介護休業申出書が提出されたときは、会社は速やかに当該介護休業申出書を提出した者（以下この章において「申出者」という。）に対し、介護休業取扱通知書を交付する。

（介護短時間勤務）

第20条　要介護状態にある家族を介護する従業員は、申し出ることにより、当該家族1人当たり利用開始の日から3年の間で2回までの範囲内で、就業規則第●条の所定労働時間について、以下のよう

に変更することができる。

所定労働時間を午前9時から午後4時まで（うち休憩時間は、午前12時から午後1時までの1時間とする。）の6時間とする。

2　前項にかかわらず、日雇従業員からの介護短時間勤務の申出は拒むことができる。

3　申出をしようとする者は、短縮を開始しようとする日および短縮を終了しようとする日を明らかにして、原則として、短縮開始予定日の2週間前までに、介護短時間勤務申出書により総務人事部に申し出なければならない。申出書が提出されたときは、会社は速やかに申出者に対し、介護短時間勤務取扱通知書を交付する。その他適用のための手続等については、第11条から第13条までの規定を準用する。

4　本制度の適用を受ける間の給与については、別途定める賃金規程に基づく労務提供のなかった時間分に相当する額を控除した基本給と諸手当の全額を支給する。

5　賞与については、その算定対象期間に本制度の適用を受ける期間がある場合においては、短縮した時間に対応する賞与は支給しない。

6　定期昇給および退職金の算定に当たっては、本制度の適用を受ける期間は通常の勤務をしているものとみなす。

■就業規則　改定例

（フレックスタイム制）

第●条　会社は日本プロセス労働組合と労働基準法第32条の3に基づき、次の事項を定めた労使協定を締結し、その従業員に係る始業終業の時刻をその従業員の決定に委ねることがある。

①　対象となる従業員の範囲

②　清算期間

③　清算期間における総労働時間

④　標準となる1日の労働時間

⑤　コアタイムを定める場合には、その開始・終了時刻

⑥　フレキシブルタイムを定める場合には、その開始・終了時刻

2　前項の労使協定が締結された場合は本規則に添付し、当該協定に定める内容が就業規則の規定となる。

（注）日本プロセス株式会社はユニオンショップ制である。

事例6 “重労働”継続雇用を拒否した定年退職者を、ワークシェアリングで再雇用——「定年延長」を考えるきっかけに

• 継続雇用を希望しない定年退職者

日本プロセス㈱は何年か前に、60歳の定年を迎えた2人を再雇用しました。愛媛工場製造部メッキ課の佐々木さんと山川さんでした。定年が近づいた頃、総務人事部では、いつものように、定年後の再雇用について通り一遍の説明を済ませました。というのも、日本プロセス㈱では、それまで定年後の継続雇用を希望する者がおらず、定年に達すると全員そのまま退職していましたし、今回の佐々木さんと山川さんも、再雇用を希望せずに退職する意向と伝えられていたからです。

当時、総務人事部の高橋さんは総務人事部長に何気なく「うちの会社は、定年退職した人たちが皆辞めていきますね」と、話しかけました。総務人事部長は、「どうやら、どこかに再就職しているみたいだよ。一昨年に辞めた中村さんは、警備会社で週何日か働いていると聞いたよ。慣れない仕事で覚えることもたくさんあると言っていたけど、重たいものを持たなくてもよいのと、毎日じゃないから疲れが少ないそうだよ。うちの現場は体力要るからね」と、中村さんのことを思い出し、答えました。

• 定年退職によって人材不足が加速する

高橋さんは、定年を迎える製造部の社員が再雇用を希望しないことに疑問を持っていました。総務人事部はもちろん、製造部内でも、再雇用で勤務してもらえるものと考えているにもかかわらず、皆退職するのです。慢性的に人手不足の状態にある製造部の人材確保の面からも、定年

退職者に再雇用を希望してもらうためには、何か手を打つ必要があるのではないかと考えた高橋さんは数日後、総務人事部長に次の提案をしました。

・今回は同じ部署で２人が退職するため、退職による影響が大きく、何とか残ってもらう方法を検討する必要がある（愛媛工場製造部に意向の確認が必要）。
・過去の定年退職者や、今回の佐々木さん、山川さんが再雇用を希望しない理由が「体力」であることから、勤務時間を軽減する方法を検討してみる。

● 継続雇用を希望したくなる労働条件を整える

総務人事部長は提案を承諾し、高橋さんに任せることにしました。早速高橋さんは、愛媛工場製造部へ連絡し、メッキ課の人員充足状況と、山川さん、佐々木さんが再雇用を希望しない本当の理由を、できる範囲で本人に尋ねてくれるよう依頼しました。そうしながらも高橋さんは、「本来、会社は『65歳から70歳までの安定した雇用を確保するよう努めなければならない。』という努力義務を課せられている（高年齢者雇用安定法第10条の2）立場なのに、うちの会社は『なぜ希望しないのか』と聞くなんて、どこか変な気がするなあ」と思っていました。

２週間後、愛媛工場製造部から回答が返ってきました。人員の充足状況については、当然、２人の退職後のことでかなりの不安を抱えているとのことでした。山川さん、佐々木さんの意向については、両名とも「年金はまだもらえないし、健康で体力があるうちはどんなかたちであれ働きたいと思っているけど、今のように毎日残業をするのは体力的に厳しいので、もう少し身体の負担の少ない仕事を探そうと思っている。この会社で今の調子で働き続けられるほど体力に自信がない」との考えから、再雇用を希望していないとのことでした。

高橋さんは、総務人事部長にこの回答について報告し、再雇用の条件を考え直すことはできないか相談しました。総務人事部長は「人が

余っているときなら、再雇用を希望しない者に譲歩してまで引き留める必要はないはずなのだが、最近は求人出したところでなかなか若い人が集まらないのが現状だからね。よし、わかった。再雇用の条件について少し考えてみてくれるかな。いずれ広島工場も同じことが起きるかもしれないし、今後のこともあるから慎重に考えていかないと」と、再雇用の条件の検討を高橋さんに指示しました。

高橋さんは、山川さん、佐々木さんが体力面の不安を口にしていたことから、短時間勤務または休日を増やす方法で考えていました。しかし、やはり本人たちの真意、つまり体力面への配慮をすれば再雇用を希望してくれる可能性があるのか、それとも会社自体を辞めたいと思っているのか、もう一度確認しておく必要があると考え、愛媛工場製造部へそのことを依頼しました。

後日、愛媛工場製造部から、2人とも「会社がそこまで考えてくれるのなら、ぜひ、定年後も働かせてほしい。新しいことを覚えるよりは慣れている仕事の方が良いし、新しい職場に行くより、気心が知れている仲間と働けるのはありがたい」と、前向きに考えているとの報告がありました。これを受けて、高橋さんは、再雇用の条件案を考え始めたのでした。

短時間勤務の再雇用だと、2人で、社員1人分の仕事をこなすことになるので、人手不足であることには変わりはありません。加えて、この2人で社員1人分の仕事を担当してもらう場合の問題点は、現状の役割等級は、佐々木さんはJ2級であるのに対して、山川さんはJ3級であることです。定年後は、佐々木さんにJ3級の仕事に変わってもらって、山川さんと同じ役割に変更してもらうことも考えなければなりません。そうすると、佐々木さんは賃金が下がりますので、先々で無用なトラブルを生じさせないために丁寧に説明しておくほうが良さそうです。

一般的に、定年後は年金受給との関連で、給料が大幅に下がるのは当たり前といった風潮があります。しかし、定年前後で仕事の内容が変わらないのであれば、パートタイム・有期雇用労働法第8条に注意が必要

です。つまり、合理的な理由なく「定年後の再雇用であること」を理由に引き下げるわけにはいきません。ですが、佐々木さんにはこれまでより一つ下の役割等級に職務内容を軽減して、それに伴ってJ3級の賃金を元に算出した賃金（時間給）で短時間・有期契約の再雇用をするという方向です。それならば、佐々木さん自身が仕事の内容と労働条件に納得さえすれば問題ないだろうということで、高橋さんの案ができあがりました。

もう一つ、山川さん、佐々木さんの希望として「深夜時間帯の勤務は避けてほしい」という思いがありました。これについては、深夜割増賃金が魅力で深夜勤務を厭わない若手社員を充てることで解決できるのではないかと考えました。そこで今度は総務人事部長を通じて愛媛工場製造部へ、社員が１人分減ることによって想定される問題がないか問い合わせてみることにしました。

• 若年アルバイトの正社員登用を検討

愛媛工場製造部からの返答で、校正検査課の短時間アルバイト小林さんを、社員にできないかとの申し出がありました。製造部長の友人の息子で、２年ほど前から来ている小林さんは、他のアルバイトと掛け持ちで勤務しています。

製造部長は、小林さんの父親から「いい加減、正社員として就職してほしい」という話を聞いていました。

小林さんの性格は、大人しくて神経質なところもあって、決して人付き合いは良いほうではありませんが、版にできるピンホールや色合いの違いを見つけたときはすぐに社員に報告するなど、仕事を進めるうえでのコミュニケーションに問題があるわけではありません。また、作業は几帳面で材料の節約をいつも心がけており、勤務態度も問題ないことから周りの評価は決して悪くありません。ただ、自分のことについて積極的に話すタイプではないので、本心ではどう思っているのか計りかねるところがありました。人物そのものに問題はないと判断した総務人事部

では、短時間アルバイト小林さんの正社員登用について前向きに検討することになりました。

● 定型業務の定年退職者をワークシェアリングで再雇用

高橋さんが出した山川さんと佐々木さんの交代勤務案を、総務人事部長は社長に提案しました。社長は「そこまでして高齢者を引き留めるより、若い男性を採用したらどうだ？　体力も落ちていると本人たちも言っているのだろう？もし事故が起きてケガでもしたら本人にも申し訳ないことだし。」と、少し難色を示しました。ごく自然な反応ではありますが、総務人事部長が製造部の人員不足と時間外労働の現状、求人難を説明したところ、なんとか社長も納得し、「いつまでも高齢者に頼っているようじゃダメだけれど、安心して元気に長く勤めてもらえる職場にしていかないといけないな。製造部には、高齢者を再雇用しているうちに何とか若い社員を採用して育成するという約束で、この条件を認めると言っておくように」と、高橋さんの案による山川さん、佐々木さんの再雇用を認めました。

こうして愛媛工場製造部に報告がなされ、山川さんと佐々木さんは、午前と午後に勤務時間帯を分け、１人分の所定労働時間を２人で勤務することになり、交替制の短時間勤務による再雇用が決定しました。

そして総務人事部から、再雇用の雇用契約書の書面と役割基準書が提示され、雇用契約書にサインをした２人は、引き続きメッキ課で勤務することになりました。

山川さん、佐々木さんが２人１組で１人分の業務をし始めて２か月ほど経った頃、納期に追われていたある日の午後勤務の予定であった佐々木さんから「体調が悪いので休む」と連絡が入りました。山川さんが快く午後の勤務も引き受けたので、業務に支障が出ることなく無事に終了しました。納期切迫のため、メッキ課の日勤グループはこの日１時間の残業を行い、原則的には時間外勤務なしの山川さんも残業しました。こ

の日山川さんは、自身の4時間分の勤務と、佐々木さんの4時間分の勤務と、残業の1時間の計9時間仕事をし、「今日は5時間も残業した、たまに1日働くのも気分がいいな」と若手の同僚にわずかながらも充実感を感じているような言葉を残して帰りました。

● 多様な働き方を導入するうえで管理職に知識が必要

問題が起こったのは、その月の25日の給与支給日のことでした。給与明細書を見た山川さんは、残業時間が「1時間」となっていて、佐々木さんの分を働いた「4時間」が、残業扱いされていないことに疑問を感じ、メッキ課長に尋ねました。

翌日、総務人事部からの返答では、「1日の所定労働時間が4時間の山川さんの場合、4時間の所定労働時間を超えても1日8時間までの賃金は、時間給×労働時間数となり、1日8時間を超えた時間については、時間給×1.25×8時間を超えた時間数となる」とのことでした。総務人事部によると、これについては雇用契約書に記載されているとのことでしたが、メッキ課長自身理解できていなかったため、うまく説明することができませんでした。

● 定年を65歳に引き上げることに

以降は、2人の健康状態や業務遂行上も特に問題なく契約更新を行いながら、社内初の再雇用は順調に見えました。しかし一方で、思うように新規採用者が定着せず、人手不足はなかなか解消されません。結果として正社員の時間外労働もなかなか減っていませんが、60時間を超える時間外労働の割増率50%の猶予期限が切れる2023年4月が迫っています。

総務人事部では、新規採用と並行して、今いる人材の有効活用を検討していました。現在の定年は60歳ですが、日本プロセス㈱の業務は力仕事でない分野もあり、そういった部署では60歳で第一線を退く必要はありません。もし、第一線を退くことになった場合は、配置転換に

よって職務内容が変われば、新たに従事する職務に応じた賃金になります。つまり、賃金が属人的要素ではなく、職務内容に応じて決まる仕組みですので、体力や視力の低下などを理由に現状の職務を遂行することが難しくなった場合は、配置転換が行われ、新たな職務内容に応じた賃金になります。そしてこの仕組みについては、労働組合も個々の従業員も十分理解しています。

これまで、60歳の定年時に再雇用を希望する者が少なかった製造部は、ここ1年ほどでかなり機械化が進み、これまでのように体力を消耗することも少なくなってきています。新しく導入した安全装置も性能が良く、高齢者でも働ける環境が少しずつ整ってきていて、そうすることで、生産性も上がり、仕事の標準化が進んできていたところです。

そこで、総務人事部長は思い切って社長に、定年を65歳に延長する案を提案しました。社長は、人手不足と世の中の流れに理解を示しました。とはいっても、同業他社の多くがまだまだ定年は60歳だと聞いていることから、定年を65歳に延長することで生じる雇用契約上の問題点について説明を求めました。

社内には様々な雇用形態の従業員がいるため、これらの従業員がそれぞれ65歳を迎えたとき、またそれ以降の雇用形態がどのように変わっていくかを示したのが次頁の図です。

注意点は、ずっと有期契約のままだったパートタイマーが、会社の定年年齢（65歳）を超えてから無期転換を申し出た場合に備えて、雇用の上限年齢を定めておく必要があるということです。「体力に問題がなければ、本人が希望する限り雇用する」という考えも悪くはありませんが、今後トラブルが生じないとも限りません。

総務人事部長はこれらを丁寧に説明して社長の承認を得ることができました。後日、幹部会議でも賛同され、定年を65歳に引き上げ、雇用上限年齢を70歳とすることになりました。

●図表３－12　雇用形態の転換例

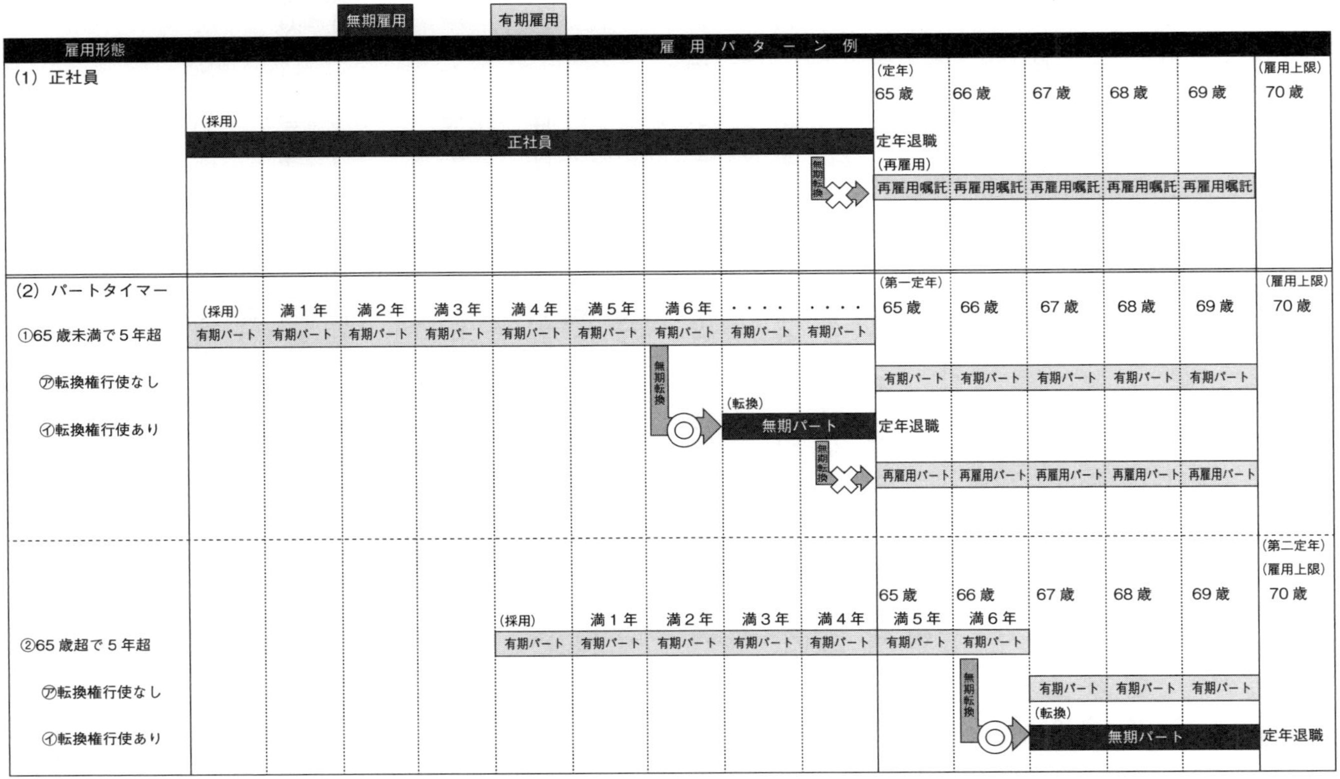

（定年再雇用）

第●条　正社員または限定正社員が定年後引き続き勤務することを希望した場合は、満70歳に達する月度の賃金締切日を限度に嘱託社員として再雇用する。ただし、解雇事由に該当する者については、この限りではない。

2　定年再雇用の雇用契約は、1年以内の有期雇用とする。また、再雇用時及び再雇用後の更新にあたって会社が提示する労働条件は、従前と異なることがある。

<賃　　金>

・山川さんの定年時の賃金（60歳J3-61号）

150,000円＋88,000円＝238,000円

・従事する業務はそのままで、嘱託社員として再雇用されたときの賃金

時間給＝238,000円÷173時間45分×0.8＝1,096円

・佐々木さんの定年時の賃金（60歳J2-61号）

（150,000円＋123,000円）＝273,000円

・従事する業務をJ3級に変更し、嘱託社員として再雇用されたときの賃金

時間給＝（150,000円＋88,000円）÷173時間45分×0.8
　　　＝1,096円

※労使交渉によって、正社員や限定正社員が、パートタイマー等に雇用形態を変更した場合に、賃金は、役割等級制度による正社員の賃金の80%とすると決定されています。

　ただし、当該等級のモデル賃金における上限額とする考え方もあります。

参照

・P. 274「賃金規程」第2章第9条第9項

■高年齢者の雇用の安定等に関する法律（高年齢者雇用安定法）

（高年齢者就業確保措置）

第10条の2　定年（65歳以上70歳未満のものに限る。以下この条において同じ。）の定めをしている事業主又は継続雇用制度（高年齢者を70歳以上まで引き続いて雇用する制度を除く。以下この項において同じ。）を導入している事業主は、その雇用する高年齢者（第9条第2項の契約に基づき、当該事業主と当該契約を締結した特殊関係事業主に現に雇用されている者を含み、厚生労働省令で定める者を除く。以下この条において同じ。）について、次に掲げる措置を講ずることにより、65歳から70歳までの安定した雇用を確保するよう努めなければならない。ただし、当該事業主が、労働者の過半数で組織する労働組合がある場合においてはその労働組合の、労働者の過半数で組織する労働組合がない場合においては労働者の過半数を代表する者の同意を厚生労働省令で定めるところにより得た創業支援等措置を講ずることにより、その雇用する高年齢者について、定年後等（定年後又は継続雇用制度の対象となる年齢の上限に達した後をいう。以下この条において同じ。）又は第2号の65歳以上継続雇用制度の対象となる年齢の上限に達した後70歳までの間の就業を確保する場合は、この限りでない。

一　当該定年の引上げ

二　65歳以上継続雇用制度（その雇用する高年齢者が希望するときは、当該高年齢者をその定年後等も引き続いて雇用する制度をいう。以下この条及び第52条第1項において同じ。）の導入

三　当該定年の定めの廃止

2　前項の創業支援等措置は、次に掲げる措置をいう。

一　その雇用する高年齢者が希望するときは、当該高年齢者が新たに事業を開始する場合（厚生労働省令で定める場合を含む。）に、事業主が、当該事業を開始する当該高年齢者（厚生労働省令で定める者を含む。以下この号において「創業高年齢者等」という。）

との間で、当該事業に係る委託契約その他の契約（労働契約を除き、当該委託契約その他の契約に基づき当該事業主が当該事業を開始する当該創業高年齢者等に金銭を支払うものに限る。）を締結し、当該契約に基づき当該高年齢者の就業を確保する措置

二　その雇用する高年齢者が希望するときは、次に掲げる事業（ロ又はハの事業については、事業主と当該事業を実施する者との間で、当該事業を実施する者が当該高年齢者に対して当該事業に従事する機会を提供することを約する契約を締結したものに限る。）について、当該事業を実施する者が、当該高年齢者との間で、当該事業に係る委託契約その他の契約（労働契約を除き、当該委託契約その他の契約に基づき当該事業を実施する者が当該高年齢者に金銭を支払うものに限る。）を締結し、当該契約に基づき当該高年齢者の就業を確保する措置（前号に掲げる措置に該当するものを除く。）

イ　当該事業主が実施する社会貢献事業（社会貢献活動その他不特定かつ多数の者の利益の増進に寄与することを目的とする事業をいう。以下この号において同じ。）

ロ　法人その他の団体が当該事業主から委託を受けて実施する社会貢献事業

ハ　法人その他の団体が実施する社会貢献事業であって、当該事業主が当該社会貢献事業の円滑な実施に必要な資金の提供その他の援助を行つているもの

3　65歳以上継続雇用制度には、事業主が、他の事業主との間で、当該事業主の雇用する高年齢者であってその定年後等に雇用されることを希望するものをその定年後等に当該他の事業主が引き続いて雇用することを約する契約を締結し、当該契約に基づき当該高年齢者の雇用を確保する制度が含まれるものとする。

4　厚生労働大臣は、第1項各号に掲げる措置及び創業支援等措置（次条第1項及び第2項において「高年齢者就業確保措置」という。）の実施及び運用（心身の故障のため業務の遂行に堪えない者

等の65歳以上継続雇用制度及び創業支援等措置における取扱いを含む。）に関する指針（次項において「指針」という。）を定めるものとする。
5　第6条第3項及び第4項の規定は、指針の策定及び変更について準用する。

事例7 デザイン職イクメン社員が育児休業を申し出る——問題提起と、プライドと、ワークライフバランスと

● 男性社員が育児休業を申し出た

デザイン部に所属する吉田さんは、現在34歳の男性社員です。

ある年の11月下旬、吉田さんは直属の上司であるデザイン部長に、来年1月から育児休業をしたいと考えていることを伝えました。この頃は、男性の育児休業取得率が5%にも満たないと言われていた時代です。女性社員を含め、これまで育児休業の取得実績がなかった日本プロセス㈱では、男性の育児休業はおろか、子育てに関する両立支援制度について、お世辞にも理解されているとは言えない状況でした。

吉田さんの話を聞いたデザイン部長は、「男が育児休業？」と、一瞬違和感を覚え怪訝な表情で返事をしました。すると、吉田さんはすかさず、「男性でも育児休業はできるはずですよ、『パパ・ママ育休プラス』という制度をご存知ないのですか？実は今、妻が育児休業をしているのですが、1月から職場復帰することになったのです。4月からは、子供を保育所に預けようと思っているのですが、1月から3月までの間は、今度は私が育児休業を取って子供の面倒をみたいと思っているんです。」と、一気にまくし立てました。

吉田さんの勢いに気圧されて、デザイン部長は「わ、わかったよ、じゃあ、総務人事部に君の要望を伝えておくよ」と返事をし、翌日、総務人事部を訪ねることにしました。

その日、総務人事部長は不在でしたが、代わりに部員の高橋さんが、デザイン部長に育児休業についてざっと一通りの説明を行いました。高橋さんは続けて、「うちは考え方が古いと言うか、男性どころかいまだに女性社員でも育児休業の前例が無いんです。ま、考え方だけじゃなく

て、時間外労働があるので、仕事と子育てを両立していくのが難しい環境なのかもしれませんけど。これまではずっと、女性社員が結婚や出産を機に退職していくのを黙って送り出して来たんですけど、今は、ライフイベントをきっかけに優秀な社員、優秀な技能が流出しないように、会社としても対策を検討しなければと話しているところなんです。吉田さんの申し出については総務人事部長とも相談し、できるだけ早くご返事します」と、「技能流出防止」と「仕事と生活の調和」の重要性についても、伝えました。

• 拒否することは許されないが、在宅勤務の選択肢を提案してみた

高橋さんから報告を受けた総務人事部長は、「育児介護休業法が度々改正されていることは知っているし、うちでもそのうち該当者が出てくるだろうということも理解しているつもりだった。でも、本音を言えばどこかまだ他所事だと思っていたよ。まさか初めての育児休業の申し出が男性社員だとは。もちろん、断るわけにはいかないが、吉田さんはデザイン部だろう、何も育児休業を取らなくても、家で仕事ができるんじゃないかな。デザイン部長に、家で仕事をしてもらう可能性を含め、吉田さんの業務内容について聞いておいてくれないか」と、高橋さんに指示を出しました。とはいえ、当時は在宅勤務がまだまだ世間に浸透しているとは言えない時代です。

高橋さんは、吉田さんの在宅勤務を検討するなかで、デザイナーの業務は創造的かつ自己完結型であり、時間の長短だけが完成度を左右するものでないため、裁量度を持たせた働き方ができるのではないかと考えました。つまり、始業、終業を都度上司に報告することを義務づけず、また就業時間帯も本人に任せてしまえないかということです。ただ、デザイン部は必ずしも定刻に退社できるとは限らず残業が生じることもしばしばです。そこで、デザイン部長に実状を聞くとともに過去の勤務実績を調べてみたところ、もし今までどおりの業務を任せるとすれば、1日の労働時間は、おそらく所定労働時間プラス1時間程度（約9時間）

ではないかと想定しました。

労働基準法では、事業場外みなし労働時間制を採る場合、通常所定労働時間を超えて労働することが必要な時には、通常必要とされる時間を働いたものとして算定しなければならないとされています。また、通常必要とされる時間（みなし時間）が、法定労働時間（8時間）を超える場合には、労使協定を締結し労働基準監督署に届け出ることになっています。

日本プロセス㈱においても、事業場外（在宅勤務）で働いたものとみなす時間を9時間とする場合、労働組合と協議をしたうえで労使協定を締結しなければなりません。

• 会社に対する不信感が払しょくされる

デザイン部長から総務人事部の在宅勤務の提案を伝えられた吉田さんは、「会社は、育児休業の申し出を拒否するということですか？」と、怪訝な面持ちで聞き返しました。デザイン部長は、「いやいや、そうじゃなくて」と、高橋さんから聞いた会社の状況を簡単に説明し、「今、会社は育児休業という選択肢以外にも、キャリアを途切れさせることなく仕事と家庭を両立できる制度を検討しているところらしいよ。在宅勤務の提案はそのうちの一つということだ」と伝えました。

もともと会社の古い考え方にやや不信感があり、それに一石を投じたいという思いがあった吉田さんは、デザイン部長の話に頷き、「わかりました。在宅勤務をするか、育児休業をして雇用保険の育児休業給付を受給するかのどちらかになると思いますが、在宅勤務も条件によっては選択させていただきます。少し考えさせてください」と答えました。

そしてその日のうちに、デザイン部長はこのことを総務人事部に伝えておきました。

在宅勤務の提案を受けた吉田さんは、家に帰ると妻にこのことを話しました。妻は、「あら、いいじゃない。私だって会社が認めてくれたらそうしたかったわ。ま、私の仕事は現場じゃないとできないから、会社

が認めてくれたとしても現実的には難しいけどね。」と言いました。吉田さんはこれまで、育児休業を請求することは男性にも認められた当然の権利だと言う気持ちが先に立って、それ以外の方法は考えてもみませんでした。妻の意外な反応に、吉田さん自身も、在宅勤務も悪くないと思う気持ちや、自分が休むことでもしかすると周りに負担をかけてしまうんじゃないかと思い始めてきました。それに、3か月もの間、仕事を空けてしまう不安がまったくない訳ではありません。

数日後、吉田さんはデザイン部長に、休業ではなく在宅勤務を行うことを前向きに考えたいと申し出ました。「ただ、毎日必ず決められた時間帯にパソコンに向かって業務を行えるかどうかわかりませんが……」と、今感じている不安についても伝えました。

デザイン部長は、「なんでも事業場外で業務を行うことになるので、上司である私の指揮命令下にない状態と考えるらしいよ。そのような働き方をすると『みなし労働時間制』が適用される場合があるようだが、君の場合その対象になりそうなんだ。その手続きとして労働組合と会社との労使協定は、1日の労働時間は9時間という方向で進めたいと総務人事課が言っていたよ。もちろん、進捗状況によっては9時間で終わらない日があるかもしれないが、反対に業務さえできていれば、実際に9時間働いていない日があっても構わないという話だ」と、総務人事部長から聞いたとおり伝えました。

吉田さんは、もし自分が在宅勤務をすることになった場合でも、仕事をしながら自分1人で育児をすることはやはり難しいのではないかと思い始め、近くに住む母親に助けを借りることができないか相談することにしました。父親は「家で仕事なんてできるのか」と在宅勤務に懐疑的でしたが、ブランクができることで顧客との信頼関係がどうなってしまうのか、復帰したときの立場はどうなるのかという不安を正直に話しました。そして、何より、吉田さん自身が仕事にやりがいを感じていることを伝えました。それを聞いた両親も納得し、できる範囲で支援してもらえることになりました。

こうして、いろいろ悩んだ吉田さんでしたが、育児休業は申請せずに、

在宅勤務を始めることにしました。

● 男性社員の育児のための在宅勤務が始まる

デザイン部長を通じて、総務人事部から労働条件に関する案が吉田さんに提示されました。「できれば、今吉田さんが担当している業務は引き続き吉田さんにやってもらいたい」というデザイン部の意向を汲んだ内容で、①勤務場所は吉田さんの自宅とする、②いつも会社で吉田さんが使っているパソコンと連絡用の携帯電話を会社から貸与する、③インターネット回線については吉田さんが契約している回線を使用する、④仕事をする時間帯は吉田さんに任せる、というものでした。吉田さんの場合、在宅で育児も行うことから、厳密に労働時間を算定することが難しいため、事業場外のみなし労働時間制（労基法第38条の2）が適用されることになりました。

吉田さんは、朝9時頃から午後3時頃までは母親に家に来てもらい、子供の面倒をみてもらうことにしました。そして、母親が帰ってから妻が帰宅するまでの間は、育児に専念することにしました。そして、早めに食事を済ませた後、夜7時頃から10時頃までを仕事の時間に充てようと1日のスケジュールをイメージしました。

1月に入り、慣れない育児と家事と在宅勤務が始まりました。もちろん想定はしていましたが、子供の急な発熱で通院などに時間をとられ、しばしば納期に間に合わなくなり同僚の協力を得てなんとか仕上げる場面も出てきました。

同僚からは、「休んでしまわれるよりはマシかもしれないけど、仕事量は減らしていないという建前になっているのですよね？」「会社に出て来ていたときよりは明らかに滞っていると思うけど」という声がちらほら聞かれるようになりました。また、デザイン部の中では、「うちのような中小企業で、男性でも育児休業を取ろうとする人が本当にいるんですね。大企業や公務員なら普通なのかもしれないけど、うちはそんなに考え方が進んでいたんですね」と、デザイン部長に皮肉を言う者もい

ました。

吉田さん自身も、仕事に対する責任感は持っているつもりですが、納期に間に合わないことで、同僚にいちいち気を遣わなければならないことを気づまりに感じていました。また、働いていることでこれまでと同じ額の給料を受けられるものの、もし、育児休業を取っていたとしても、雇用保険から育児休業給付がある程度もらえたはずだと思うと、育児休業を取った方が良かったかもしれないと後悔し始めました。そんな吉田さんの雰囲気を感じていたデザイン部長は「人手が足りず皆残業しているのは知っているだろう、君に休んでしまわれるとつらいんだよ。」と、社内では板挟みになりながらも吉田さんを励ましました。

• 在宅勤務から正社員の通常勤務に復職したものの…

当初思っていたよりも、在宅勤務と育児の両立に苦労している吉田さんの様子を近くで見ていた妻は、悩んだ末子育てに専念することを決め、4月を待たずに退職することにしました。妻にしてみれば、子育てを夫と姑に任せて仕事に出ているという気兼ねがあったことと、やはり子供が小さい間は傍に居てあげたいという気持ちが徐々に強くなってきたということも大きな理由です。こうして、吉田さんは約2か月の在宅勤務を終え、通常勤務に戻ることになりましたが、同僚との間に少し溝ができてしまいました。

ところが、吉田さんが通常勤務に戻ってほどなく、妻の体調に異変が起き始めました。仕事を辞めざるを得なくなったことのストレスや、育児の負担が大きかったからなのか、原因不明のめまいや身体のだるさを訴えるようになり、日々の家事にも支障を来すようになってきました。

せっかく通常勤務に戻った吉田さんでしたが、妻の体調のみならず、この先育児をどうするのかという問題にぶち当たってしまいました。これまで、会社や同僚、家族の協力で何とかやってこれたと思っているのですが、仕事のことだけでなく同僚とのコミュニケーションなど、在宅勤務の難しさを一度経験した吉田さんには、再び在宅勤務という選択肢を選ぶことはできませんでした。吉田さんは、やはり自身が育児休業を

取って子供の面倒をみるしかないと決意し、育児休業を申請することにしました。

その後、妻の体調は安定してきたのですが、当初予定していた保育所に入所することができませんでしたので、結局吉田さんはしばらく育児休業を続けることになりました。

＊　　　＊　　　＊

<賃　　金>

・吉田さんの正社員としての賃金　（34歳　J1　ランクⅡ－B評価）
（138,200円＋155,000円）＝293,200円

・在宅勤務制度の適用を受けた限定正社員としての賃金
293,200円×0.9＝263,880円

・事業場外のみなし労働時間制を適用するため、支給される時間外手当（1か月の所定労働日数が21日の場合）
1時間あたりの賃金　263,880円÷173時間45分＝1,519円
1日（1時間）の時間外手当　1,519円×1.25＝1,899円
1,899円×21日＝39,879円

参　照

・P. 274「賃金規程」第2章第9条第8項

<両親ともに育児休業することができる制度（パパ・ママ育休プラス）とは>

両親ともに育児休業する場合で、次のいずれにも該当する場合には、育児休業の対象となる子の年齢が、原則1歳に満たない子から原則1歳2か月に満たない子に延長されます。

①　育児休業を取得しようとする労働者（以下「本人」という）の

配偶者が、子の１歳に達する日（１歳の誕生日の前日）以前において育児休業をしていること

② 本人の育児休業開始予定日が、子の１歳の誕生日以前であること

③ 本人の育児休業開始予定日が、配偶者がしている育児休業の初日以降であること

育児休業が取得できる期間（出産した女性の場合は、出生日以後の産前・産後休業期間を含む）は、これまでどおり１年間です。

＜みなし労働時間制（労基法 38 条の 2）とは＞

事業場外労働に関するみなし労働時間制は以下のとおりです。

① 労働者が労働時間の全部または一部について事業場外で業務に従事した場合において、労働時間を算定し難いときは、所定労働時間労働したものとみなす。

② ただし、当該業務を遂行するためには通常所定労働時間を超えて労働することが必要となる場合には、当該業務に通常必要とされる時間労働したものとみなす。

③ ②の場合であって、労使協定が締結されているときには、その協定で定める時間を当該業務の遂行に通常必要とされる時間とする。

なお、②の労使協定に定める労働時間が法定労働時間を超える場合には、その労使協定を労働基準法施行規則に定める様式により、事業所を管轄する労働基準監督署長に届け出なければなりません。

＜在宅勤務と事業場外労働に関するみなし労働時間制＞

「テレワークの適切な導入及び実施の推進のためのガイドライン」（令和３年３月）では、次のいずれも満たす場合には、事業場外のみなし労働時間制を適用することができるとしています。

① 情報通信機器が、使用者の指示により常時通信可能な状態にしておくこととされていないこと

② 随時使用者の具体的な指示に基づいて業務を行っていないこと

また、①の解釈については、以下の場合については、いずれも①を満たすと認められ、情報通信機器を労働者が所持していることのみをもって、制度が適用されないことはないとされています。

・勤務時間中に、労働者が自分の意思で通信回線自体を切断することができる場合
・勤務時間中は通信回線自体の切断はできず、使用者の指示は情報通信機器を用いて行われるが、労働者が情報通信機器から自分の意思で離れることができ、応答のタイミングを労働者が判断することができる場合
・会社支給の携帯電話等を所持していても、その応答を行うか否か、又は折り返しのタイミングについて労働者において判断できる場合

さらに、②については、使用者の指示が、業務の目的、目標、期限等の基本的事項にとどまり、一日のスケジュール（作業内容とそれを行う時間等）をあらかじめ決めるなど作業量や作業の時期、方法等を具体的に特定するものではない場合には、要件を満たすとされています。

■事業場外労働に関する協定書

日本プロセス株式会社と　日本プロセス労働組合は、事業場外における労働時間の算定に関し、次のとおり協定する。

（対象従業員）

第１条　本協定は、デザイン部の従業員で、主として事業場外においてデザイン業務に従事する者に適用する。

（みなし労働時間）

第２条　前条の従業員が、労働時間の全部または一部を事業場外に

おいて業務に従事する場合、当該業務の遂行に通常必要とされる時間は、1日9時間とする。

2　前項の規定による時間のうち、法定労働時間を超えている時間については、通常賃金に割増賃金（2割5分）を加算して支払う。

（深夜労働）

第3条　第1条の従業員は、特別の指示のないかぎり、深夜労働に従事しないものとする。

（休日労働）

第4条　第1条の従業員は、特別の指示がないかぎり、休日に労働をしないものとする。

2　特別の指示により休日に労働し、法定休日労働または法定時間外労働が発生した従業員に対しては、時間外（2割5分増し）、休日（3割5分増し）労働割増賃金を支払う。

（欠勤、休暇等）

第5条　第1条の従業員が、欠勤、有給休暇、看護休暇、特別休暇その他により事業場外における労働に従事しなかった日については、第2条の規定は適用しない。

（有効期間）

第6条　本協定の有効期間は、20XX年1月1日から20XX年3月31日までとする。

20XX－1年12月X日

日本プロセス株式会社　代表取締役　○○○○　㊞

日本プロセス労働組合　執行委員長　○○○○　㊞

●図表３－13　育児介護休業法の改正動向（育児関係）

施行日	法改正の概要
2021年9月1日	**【雇用保険】** 育児休業給付のみなし被保険者期間の計算の起算点に関する特例（産前休業開始日等とすることができる特例）
2022年4月1日	**育児休業を取得しやすい雇用環境整備及び妊娠・出産の申出をした労働者に対する個別の周知・意向確認の措置義務** 1. 本人または配偶者の妊娠・出産等を申し出た労働者に対して、育児休業制度等の個別周知と休業の取得意向の確認措置の義務付け 2. 育児休業と出生時育児休業の申し出が円滑に行われるようにするための措置義務
	有期雇用労働者の育児休業取得要件の緩和 「引き続き雇用された期間が1年以上」要件の廃止（労使協定を締結した場合を除く）
2022年10月1日	**出生時育児休業（産後パパ育休）の創設** 1. 子の出生後8週間以内に4週間まで取得可能 2. 2回まで分割取得が可能
	育児休業の分割取得等 1. 2回まで分割取得が可能 2. 1歳以降の育児休業開始日の柔軟化 3. 1歳以降の育児休業で特別な事情がある場合の再取得可能
	【雇用保険】 育児介護休業法の改正に合わせた育児休業給付の改定 (出生時育児休業給付金の創設など)
2023年4月1日	**育児休業等の取得率の公表義務** 常時雇用者1,000人超の事業主に対する年1回の公表義務

様式第12号（第24条の2第3項関係）

事業場外労働に関する協定届

事業の種類	事業の名称	事業の所在地（電話番号）		
業務の種類	該当労働者数	1日の所定労働時間	協定で定める時間	協定の有効期　　間
時間外労働に関する協定の届出年月日			年　　月　　日	

協定の成立年月日　　　　　年　　月　　日

協定の当事者である労働組合の名称又は労働者の過半数を代表する者の

職名

氏名

協定の当事者（労働者の過半数を代表する者の場合）の選出方法

（　　　　　　　　　　　　　　　　　　　）

年　　　月　　　日

職名

使用者

氏名　　　　　　　　　　　　　　　　　　㊞

労働基準監督署長殿

記載心得

「時間外労働に関する協定の届出年月日」の欄には、当該事業場における時間外労働に関する協定の届出の年月日（届出をしていない場合はその予定年月日）を記入すること。

事例8 優秀なパート事務職を、離職防止対策として短時間正社員に——初めての配置転換で、まさかの退職申し出

• 正社員並みの職務遂行能力を持つパートタイマーがいる

本社財務部に採用されて2年になる38歳のパートタイマー田村さんは、仕事が早く正確で、財務部長にとって「心強い存在」となっていました。当時、子育て中の田村さんは、午前9時半に出勤し、午後3時半に退勤する1日5時間勤務をしていました。雇用契約は、1年契約を更新する有期雇用契約となっていて、もうすぐ次の更新時期を迎えるという頃のことでした。田村さんが短時間労働者であることは間違いないことなのですが、財務部長は、田村さんのことを“パート”ということに対して、仕事ぶりと“パート”という言葉の響きのギャップに違和感を持っていました。

ある日、総務人事部から、田村さんの次期の雇用契約書の書面が財務部に届きました。財務部長は田村さんを呼んで次期の雇用契約について、契約書に記載されてあるとおりに説明し、田村さんも「はい、よろしくお願いいたします」と同意しました。財務部長は「じゃあ、ここにサインして印鑑を押して、総務人事部へ提出しておいてください」と、雇用契約書を手渡しました。

• パートタイマーを評価する仕組みがない

財務部長は総務人事部長と話をしたときに、「よく頑張っているパートの時給をもう少し上げることはできないのでしょうか。うちの事務職のパートの時給は、入ったときから少し上がるとそのままだいたいみんな一緒ですよね。パートでも社員並みのレベルで仕事ができる人は、社

員のように評価して給料を決めてあげる仕組みがあっても良いのじゃないかなと思うのですけど、そのへんは今後何か考えていることはあるのですか？」と尋ねてみました。

総務人事部長は「今は何もしていないですね、パートは一括りになっていますね。もちろん求人をするときは、求人誌やハローワークの求人情報で時給の“相場”は意識していますよ。何か問題が起こっているのですか？」と問い返しました。

財務部長は「職務遂行能力としては社員に見劣りしないどころかむしろ優秀なのに、ただ、勤務時間が短いだけで一括りの賃金で雇用していては気軽に転職されてしまうかもしれないなと心配に思うことがあるのです。募集してもなかなかうちの希望に沿った人材を採用できるとは限らないのですから、在職している優秀な人材にしっかり定着してもらえる仕組みがあると良いなと思うのです」と田村さんの話をしました。総務人事部長は、財務部長の真っ当な意見に共感しながらも、当事者としては（面倒なこと言うな……）と心の中で思いました。

● パートタイマーを正社員化する動き

財務部長の提案を受け、総務人事部では「短時間正社員制度」の適用について検討を始めました。総務人事部長の指示で高橋さんは、社内の該当候補者を洗い出すことから始めました。もちろん田村さんも候補者の一人です。

パートタイマーを短時間正社員に登用するにあたっては、総務人事部において、下記についておおまかな案を出し、それを総務人事部長が幹部会議において説明するということで進めました。

・短時間正社員の勤務場所は、短時間正社員となったときに所属する事業場に限定する。
・短時間正社員は、１日の所定労働時間を８時間より短縮、または１日の所定労働時間は８時間で、週の所定労働日数を４日以下とする。
・１日の所定労働時間および週の所定労働日数の両方を短縮することも可能とする。

・許可基準は、短時間勤務を希望する従業員の役割基準、役職、責任度、勤務態度、家庭の事情を総合的に判断する。
・「短時間勤務制度」適用期間は、本人の希望と業務上の都合を元に協議のうえ決定する。
・短時間正社員は、人事異動による転勤の対象としないが職種変更の対象とする。

・パートタイマーから第1号の短時間正社員誕生

正社員転換規程が整備され、総務人事部から短時間正社員転換への打診を受けた財務部の田村さんは、早速手を挙げ試験を受けることにしました。その結果、問題なく登用試験に合格した田村さんは、自身の仕事ぶりが認められたこと、また給料も上がったことでモチベーションが上がり、財務部長には生き生きと働いているように見受けられました。

翌年、本社と同じ場所にある広島工場の営業部の事務員に欠員が出たことにより、田村さんの臨機応変な処理能力が買われ、新たな職務である広島工場営業部の営業事務職に異動が命じられました。

今まで財務部の仕事が性に合うと感じていた田村さんにとって、未経験の職務に対する不安にくわえて、営業社員との連携や、得意先とのやり取りなど、新しい業務を覚えることを考えると憂鬱な気持ちになり、これに難色を示しました。田村さんは、短時間正社員になることで給料が上がることにメリットを感じていましたが、「正社員」である以上配置転換が行われます。

日本プロセス㈱の短時間正社員は、転勤はありませんが、転勤を伴わない職種変更は行うことになっています。田村さんは、せっかく正社員にしてもらったのにパートに戻してほしいとは言いづらく、悩んだ結果、転職することを考え、財務部長に退職の意向を相談しました。驚いた財務部長は、その意向を預かったまま、総務人事部に相談しました。

そもそも財務部長の田村さんへの配慮から始まった短時間正社員制度であったため、財務部長にとっては非常に残念で、また、総務人事部に相談するには、バツが悪い思いもありました。

相談を受けた総務人事部長にとっても、第1号短時間正社員の思わぬ反応は、残念なことでした。「田村さんに退職を思いとどまってもらいたい財務部長の気持ちは理解できます。ひとまず田村さんの退職の意向は財務部長が預かっておいてほしい。そしてその間は、田村さんの配置転換の辞令も保留にします。初めての試みなので、予測できないことが起きるのも想定内です。しばらく時間をいただきますが、できるだけ早く返事をします。」との返答をしました。

・配置転換の対象から外れたいので再びパートを希望

総務人事部で検討した結果、就業規則に規定している、「コース転換後、原則的に3年間はコース転換を行わない」というルールを適用せず、田村さんを短時間正社員登用前の配置転換を行わないパートタイム従業員に戻すことにしました。

そのことが、財務部長を通じて田村さんに伝えられると、田村さんは戸惑いながらも承諾し、退職の申し出は取り下げられることとなりました。

＊　　＊　　＊

<賃　　金>

・田村さん（38歳）のパートタイマーとしての賃金
時間給1,000円（当時）

・短時間正社員に登用時、職務分析、評価の結果、J3-39号に格付けされたときの賃金
144,400円＋72,600円＝217,000円（月給／フルタイムの場合）。1時間あたりの賃金は、217,000円÷173時間45分＝1,249円
1日5時間勤務のため、基本給（月給）は、217,000円× 0.9 ×

5時間／8時間＝122,063円

・再びパートタイマーとなったとき、時間給1,000円

※労使交渉によって、正社員や限定正社員が、パートタイマーに雇用形態を変更した場合に、賃金は、役割等級人事制度による正社員の賃金の80%とすると決定されています。これに従った結果であり（1,250円×80%＝1,000円)、当初のパートタイマーとしての時間給と同額となりました。

なお、パートタイマーの人事制度がある場合は、その制度に基づいて格付けすることになります。

参照

・P. 274「賃金規程」第2章第9条第8、9項

■短時間労働者及び有期雇用労働者の雇用管理の改善等に関する法律（パート労働法）

（不合理な待遇の禁止）

第８条　事業主は、その雇用する短時間・有期雇用労働者の基本給、賞与その他の待遇のそれぞれについて、当該待遇に対応する通常の労働者の待遇との間において、当該短時間・有期雇用労働者及び通常の労働者の業務の内容及び当該業務に伴う責任の程度（以下「職務の内容」という。）、当該職務の内容及び配置の変更の範囲その他の事情のうち、当該待遇の性質及び当該待遇を行う目的に照らして適切と認められるものを考慮して、不合理と認められる相違を設けてはならない。

（通常の労働者と同視すべき短時間・有期雇用労働者に対する差別的取扱いの禁止）

第９条　事業主は、職務の内容が通常の労働者と同一の短時間・有期雇用労働者（第十一条第一項において「職務内容同一短時間・有期雇用労働者」という。）であって、当該事業所における慣行その他の事情からみて、当該事業主との雇用関係が終了するまでの全期間において、その職務の内容及び配置が当該通常の労働者の職務の内容及び配置の変更の範囲と同一の範囲で変更されることが見込まれるもの（次条及び同項において「通常の労働者と同視すべき短時間・有期雇用労働者」という。）については、短時間・有期雇用労働者であることを理由として、基本給、賞与その他の待遇のそれぞれについて、差別的取扱いをしてはならない。

（賃金）

第10条　事業主は、通常の労働者との均衡を考慮しつつ、その雇用する短時間・有期雇用労働者（通常の労働者と同視すべき短時間・有期雇用労働者を除く。次条第二項及び第十二条において同じ。）

の職務の内容、職務の成果、意欲、能力又は経験その他の就業の実態に関する事項を勘案し、その賃金（通勤手当その他の厚生労働省令で定めるものを除く。）を決定するように努めるものとする。

事例9

メンタル不調の休職者が復職――職種変更と短時間勤務で職場環境を整えて迎える

● 休職中のメンタル不調者の復職が決まる

メンタル不調により休職していた営業部営業1課の男性社員磯野さんは、主治医の診断書を添えて復職を申し出ました。これを受けて営業部長は総務人事部長と相談し、磯野さんの同意を得て磯野さん同席のもとで、主治医から体調について説明を受けました。営業部長からこの報告を受けた総務人事部長は、職場環境でお世話になっている産業医とは別の精神科医に相談し、そのアドバイスを元に、磯野さんの復職の準備を検討することになりました。

磯野さんは休職前は営業職でしたが、取引先との折衝などは特にストレスが大きい可能性があるため、磯野さんの体調への配慮から、総務人事部長は、いきなり営業部に戻すことは避けたほうが良いという判断をしました。そこで、まずは総務部において短時間勤務をし、様子を見ながら営業職への復職を目指していくことにしました。

短時間勤務中に行う業務については総務人事部において検討、準備しておくこととなり、総務人事部の高橋さんがこの準備を任されました。

● 職種変更を伴う短時間勤務

この場合、従来の職務での短時間勤務ではないため、休職前の営業職の賃金を基準にした短時間正社員とするわけにいきません。前例がないため、総務人事部で人事制度を調べた結果、人事制度に従うと「総務事務職」の最下位等級の賃金となることがわかりました。ただ、その金額は、現在、磯野さんが健康保険から受給している傷病手当金の額を下回ってしまいます。

高橋さんは、磯野さんの復職後の賃金が、休職中に受給していた傷病手当金の金額を下回るということに納得してもらえるのか気になり、総務人事部長に相談を持ちかけました。

総務人事部長は、「うちは役割等級人事制度で、役割が変われば給料も変わる。営業職の給料は営業をしてこその給料だ。総務で、軽めの作業を担当しながら会社に出勤する訓練をしてもらうために、一番高い営業職の給料を払うのはおかしいし、うちの人事制度はそんな仕事と賃金を切り離した考え方をしていないよ。労働組合だってこの点は同じ考え方だよ」と、返答しました。メンタル不調による休職からの復職について調べていた高橋さんは、「リハビリ勤務」という選択肢も検討してみましたが、磯野さん本人の希望と主治医等の診断により、総務事務職の短時間勤務となったのでした。

磯野さんの復職にあたり、営業部長同席のもと、総務人事部長は磯野さんに説明を行うことになり、「いきなり営業課の仕事をするのはストレスも大きいので、まずは、短時間勤務で1日4時間総務部の仕事をしてもらおうと思っています。その間は休職前の営業職の給料ではなくなるのと、総務といっても軽作業的な事務職をしてもらおうと思っているので、給料は、総務の事務職の中でも最も低い、J3級の1号になります。結果的に休職中に受給している傷病手当金より低くなってしまいますが、了承してもらえますか？」と、切り出しました。

磯野さんは、「長く休んで皆さんに迷惑をおかけしたうえ、復職にあたってこのような配慮をしてくださり感謝しています。実際に今すぐ営業の仕事に戻ることは不安ですし、自信もないので、事務作業をさせていただけるとありがたいです。給料も、簡単な事務作業をして営業の給料をもらえるとは思っていません」と、磯野さん本人の合意を得ることができました。

• 正社員として原職復帰へ

磯野さんの短時間勤務が始まり、徐々にではありますが安定した出勤が可能になってきました。そこで、短時間勤務からフルタイム勤務へ、

そして営業職への復職を目指して、次に製造本部業務部（顧客との納期の調整を行うなど営業のサポートを担当する部署）への配置転換が行われました。

顧客との折衝がストレスをためこむことなくスムーズに行えるようになり、自信をつけた本人からの要望と、主治医の判断を受けて、また、営業部長の意見も聞いたうえで総務人事部は磯野さんの営業１課への配属を決定し、休職前の役割（等級）に復帰しました。

＊　＊　＊

<賃　金>

・休職前の磯野さんの正社員としての賃金（36歳　J2-20号　営業職のB評価）
141,600円＋94,300円＋50,000円＋50,000円＝335,900円

・総務部事務職　最下位等級（J3-1号）にて１日４時間の短時間正社員として復職したときの賃金
（141,600円＋46,000円）×0.9×4時間／8時間＝84,420円

・総務部事務職（J3-1号）にてフルタイム勤務したときの賃金
141,600円＋46,000円＝187,600円

・業務部へ配置転換時　業務部営業事務職の最下位等級（J2-1号）のときの賃金
141,600円＋81,000円＝222,600円

・営業部営業１課へ配置転換により、休職前の役割に復帰し、335,900円となる。

参照

・P. 274「賃金規程」第２章第９条第８項

■職務再設計と職務評価

日本プロセス㈱のケースでは、労使交渉の結果、正社員が限定正社員になる場合の基本給は90%とし、また、正社員や短時間正社員がパートタイマーとなる場合の時間給は、80%を基準とするよう合意しており、これに基づき制度が運用される限りにおいては問題ありません。

しかし、限定正社員となった際に、職務が再設計され、従来の職務の難易度が変更される場合、本当にこれで賃金の公正さが保たれているかどうかについては疑問が残ります。

日本プロセス㈱のケースで重要なことは、常に職務分析が実施され、普段から作業標準書（役割基準書の元）に基づき作業が遂行されていることです。また、生産性の観点から課業分担もなされています。

しかし、限定正社員になりこの課業分担が変更され、つまり職務において遂行される課業を絞り込むことで、その数が減少する場合や、課業そのものを下位レベルの業務に変更せざるを得ない場合があります。

この場合、職務の難易度は変更されていることから、本来はこの再設計された職務を職務評価することが必要です。その結果、等級が異動するのであれば、その該当等級に応じた賃金を支給すべきであることを大前提に考えなければなりません。

昨今、IT 技術の発展によって、場所を限定せず仕事ができるようになり、転勤や出張が不要になってきています。さらに、プライベートを重視する社員の多くが、転勤を避ける傾向にあります。こういったことから全国に拠点を持つような大企業では、いずれ勤務地限定正社員が大半を占めるようになるかもしれません。すなわち、正社員と勤務地限定正社員の職務内容は全く同じで、転勤することだけが唯一の違いになり、正社員の数が僅かになる時代がくるかもしれないということです。そうすると、職務価値に基づく基本給以外に、転勤（範囲別）型社員確保のためのインセンティブとなる賃金とその理由が問われることになるでしょう。

いずれにしても、働き方を自分で選択できる時代において、職務内容が明確化できる職務分析は重要です。なぜならこれは組織における個々の社会的ストレスを軽減できるだけでなく、企業にとっても社員の働き

方にかかわらず生産性を維持、向上させることができるようになるからです。

コラム　職務設計と労働生産性の関係

職務設計の原則は、下記①～④の通りです。職務設計においては、労働生産性の向上を実現するために、各課業だけではなく全体最適を目指して、類似、もしくは事実上同一の種類および程度の課業および職位を一単位として編成することにより、ムダをなくしていきます。

① 職務を構成する課業は、過度に多様化させず、最適化することで効率を上げる。

② 各職務で遂行される課業は、全体課業の中で、相互依存するよう設定する。

③ 作業サイクルの長さの最適化によって作業のリズム（繰り返し性・定型化）を作る。

④ 職務を相互依存（課業のつながりと労働者間の相互理解の創造）させるために、課業の組合せ、職務交代制、あるいは物理的な近接性を与える。等

また、職務設計には課業の水平的統合（職務拡大）、垂直的統合（職務充実）があり、これによって労働者の職務満足度を向上させることができる点も非常に重要です。

事例10 幹部候補の男性社員が、子供誕生を機に、副業を希望 ——時代の流れと会社の方針転換、そして新しい労務管理上の問題

● 子の誕生と残業減少、そこで流行りの『副業』を思いつく

広島工場メッキ課に勤務する井上さんには、昨年産まれたばかりの子供がいます。子供好きの井上さんにとって、結婚3年目30歳にして待望の第一子誕生となりました。

井上さんが所属するメッキ課は交替制を採っています。また、以前は月40時間ほどの時間外労働もありました。ところが、感染症が全国的に拡大したことで、多くの企業が業績を落とす中、日本プロセス㈱もまた例外ではなく、以前に比べると生産量が激減し苦戦を強いられている状況です。

広島工場でもその煽りを受け、これまで常態的に行われていた時間外労働はほぼ無くなってしまいました。井上さんにとっては、子供の面倒を今まで以上にみられるようになったことは良かったと思っていますが、その反面、毎月の収入に不安を抱えることとなってしまいました。

というのは、ここ最近では長時間労働こそないものの、平均すると毎月40時間程度の時間外労働があったことから、井上さんにとっては時間外手当も含めた賃金が固定的な収入となり、それを元に生活設計が組まれていたからです。そのうえ、子供が生まれたことで、これまで以上に生活費がかかるようにもなってきています。もちろん、家計を見直すとしても、子供にかかる費用はこれからどんどん増えていくことが予想されます。そのため、井上さんとしては、何としても以前と同程度の収入を得る必要があったのです。

ただ、そうは言っても、現状では当分業績の回復は見込めそうにありません。悩みに悩んだ挙句、井上さんに一つの考えが浮かびました。それは、ここ数年でよく耳にするようになった副業を、自分もできないか

ということです。これまで、正社員で副業をしているという話は聞いたことはありません。そもそも、副業そのものを会社が認めてくれるのかどうかもわかりません。けれども、すがる思いでメッキ課長に相談することにしました。

● 社員の副業希望に対して不快感を示す社長

井上さんから相談を受けたメッキ課長は、早速、総務人事部に問い合わせてみましたが、総務人事部からは、正社員の副業は禁止されているとして、それ以上の情報を得ることはできませんでした。社員の高年齢化が進む中、井上さんは日本プロセス㈱にとって、将来を嘱望されている幹部候補の１人です。収入だけを理由に転職されてしまうことは、会社にとって大きな損失になります。何とか仕事を続けてもらいたいと考えたメッキ課長は、直接社長に相談することにしました。

メッキ課長「社長、実は課員の井上さんから副業をさせてもらえないかという相談を受けてまして。」

社長「正社員が副業？何を言ってるんだ、とんでもない。何が不満で副業したいと言っているのかは知らんが、副業なんかしたら、仕事のパフォーマンスが落ちてしまうことは目に見えている。第一、当社の技術や内部情報が他社に漏れたりでもすれば一体どうするつもりなんだ？」

メッキ課長「社長のおっしゃることはよくわかります。ただ、彼には去年産まれたばかりの子供がいるんですが、何でも時間外手当が減ったので、生活がかなり厳しいらしいのです。もちろん、私も手放しで賛成しているわけではありません。でも、時間外労働が減っているのは事実ですし、現状では業績が以前の水準まで戻るまでに当分かかりそうです。それに、最近では厚生労働省でも副業を推進しているようですので､マイナス面ばかりでは無いように思うのですが｡いかがでしょうか。」

社長「そうなのか、わかった。とりあえずどんな副業をするつもりなの

か聞いてみてくれ。話はそれからだ。」

• 副業解禁への道が開ける

社長の言葉を受けて、メッキ課長は井上さんとあらためて面談することにしました。

メッキ課長「社長と副業のことについて話をしてみたよ。事情については理解してもらえたようだが、副業を認めることで会社の情報が流出してしまうことがないか、いたく心配されておられる。社長がおっしゃることはもっともだし、実を言うと私もそのことは気になっていたんだ。副業といっても、一体どんな仕事をしようと思っているんだね。」

井上さん「社長や課長が不安に思われる気持ちはよくわかります。ですから、私も競合他社で働こうというつもりは初めからありませんでした。そもそも、同業種はどこもうちと同じような状況だと思いますし、アルバイトを新たに雇おうというところもないと思います。私としては、会社になるべく迷惑がかからないように、それでいて自分の身体への負担も考えて、実家の商売を手伝おうと思っていたのです。ところが、うちもこのところの不景気で、私が手伝えるような仕事はないと言われたので、もし副業を認めてもらえたとしても、何か別の仕事を探そうと思っているところです。」

井上さんとの話しを社長に伝えたところ、社長からは、現場の意見も聴く必要があるため幹部会で諮るよう指示を受けました。その幹部会では、予想通り情報漏洩のリスクや本業への悪影響を危惧する声が大勢でしたが、メッキ課長は、副業といっても社員が自由に働くことを認めるわけではないこと、他社での就業体験を通じて得たものは有形無形となって自社の業務に還元されること、多様な働き方に柔軟に対応することで人材流出を防げることなどを説明し、理解を求めました。

社長「我が社の先行きを考えると、全社員に対してこれまで通りの給与を保障することは難しくなってくるかもしれん。また時代の変化に合

わせて、業務そのものを見直す必要が出てくることもあるだろう。そうなると、担当業務が無くなってしまった社員にこれまで通りの給与を払おうと思ったら、どんな仕事を与えたらいいのかという問題が出てくる。それに、社員自身が自分のキャリアを考えるようになってくると、収入以外の理由から副業をしたいという話がこれからも出てくるかもしれんな。ここはひとつ、環境の変化を機会と捉えて制度の導入を前提に検討を始めることにする。いいね。」

こうして幹部会での決定を受け、総務人事部は、まず労働組合との話し合いに入りました。労働組合としては、基本的に賛成はするものの、様々な意見が出されました。それらは、「副業することで本業がおろそかになってしまわないか」「副業しながら、きちんとシフト通り働くことができるのか」「仕事を掛け持ちすることで長時間労働になるのではないか」といったものでした。

そういう声があがったことを総務人事部から聞いたメッキ課長は、井上さんにもそのことを伝え、副業が認められたとしても、あくまでも会社のルールに則ったうえで本業に支障を来すようなことがあってはならないことを念押しし、本人もそれを約束しました。このようにして、日本プロセス㈱の副業制度の検討が始まることになりました。

● 導入にあたっての検討

副業制度の導入にあたっては、厚生労働省が出しているガイドラインが参考になります。

(厚生労働省「副業・兼業の促進に関するガイドライン　平成30年1月策定（令和2年9月改定）」

当該ガイドラインでは、(1) 安全配慮義務　(2) 秘密保持義務　(3) 競業避止義務　(4) 誠実義務　(5) 副業・兼業の禁止又は制限　の5つの区分について、副業・兼業を認める場合の留意点がそれぞれ示されています。

そこで、日本プロセス㈱では、ガイドラインに沿って以下のとおり検討が進められました。

(1) 安全配慮義務

副業を認める場合、企業は自社における労働についてのみ安全配慮義務を負うのではなく、労働者の全体としての業務量・時間を把握したうえで、労働者に健康障害が生じないように配慮しなければならないとされています。

この点、副業先で実際どの程度働いたのかは、労働者からの申告に拠らざるを得ないことになります。一方、副業を希望する労働者にとっては、よほど健康に不安を感じることでもなければ自ら歯止めをかけることは難しいことが考えられます。特に、井上さんのように収入を目的とする場合であればなおさらです。

従って、あらかじめ労働者との間で、自身の健康管理についての考え方や認識を共有しておくことや、場合によっては会社から副業を制限又は禁止できるようにしておくことを想定しておかなければならないのではないかという議論がなされました。

【決定事項】

- 副業先での労働時間について、適切に報告することを義務付けること。
- あらかじめ、副業できる労働時間の上限を決め、その範囲内で認めること。
- 副業先での業務終了から始業までは10時間のインターバルを取ること。
- 上限時間を超えた場合はもちろんのこと、上限内であっても、過重労働のリスクがあると会社が判断した場合には、承認を取り消す場合があること。

(2) 秘密保持義務

労働者には、業務上の秘密を守る義務があるとされていますが、副業を認める場合、自社の秘密が他社で利用されてしまう可能性があり、企

業にとって大きなリスクとなることがあります。

日本プロセス㈱の就業規則には、もともと労働者の秘密保持義務について定められています。また､規定を知っているかどうかにかかわらず、一般的に会社の秘密情報を漏らしてはならないという認識は共有されていると思われます。したがって、意図的な漏洩ということはあまり考えられないかもしれませんが、意図せず漏洩してしまった場合にまで服務規律違反を問われるのかということについて、労働組合から不安の声が挙がりました。

【決定事項】
・業務上の秘密が漏洩する可能性があると会社が判断した場合には、副業の承認を取り消す場合があること。
・業務上の秘密となる範囲を明確にし、労働者に周知すること。
・秘密漏洩の過失の程度によっては、懲戒処分の対象となり得ることを労働者に認識しておいてもらうこと。

(3) 競業避止義務

労働者は、在職中は自社と競合する業務を行わない義務を負っていると解されています。この競業避止義務については、他社から副業者を受け入れる場合でも、当該労働者がその義務を負っている場合があることに留意しておく必要があります。

労働者が副業を希望する理由にもよりますが、自らのキャリアを高めようと考える場合は、本業に関連する企業で働くことを希望する労働者が出てくることも考えておかなければなりません。井上さんの場合は、もっぱら収入を理由としていますので、それほど問題にならないと思われますが、副業を一時的措置ではなく制度化するのであれば、禁止する範囲を決めておく必要があるのではないかという意見が多く聞かれました。一方、「会社の正当な利益」をどのように評価し判断すればいいのかについては、なかなか結論を見出すことができませんでした。

【決定事項】
・競合他社での副業は原則禁止とすること。
・資質向上に資する場合であって、なおかつ情報漏洩のリスクがないと会社が認めた場合は、一定範囲において同業種での副業を認めることも今後の検討課題とすること。

(4) 誠実義務

労働者は、労働契約に付随して、誠実に働く義務を負っているとされています。これは、会社との信頼関係を損なう行為をしてはならないことはもちろん、常に完全な状態で労務提供を行うことも含まれています。

副業を行うことによって、本業に支障を来すことがあってはなりません。特に井上さんの場合交替制で勤務していますから、シフト組みに影響が出るのではないか、残業しなければならない日にちゃんと残業できるのか、など心配する声が聞かれました。

【決定事項】
・副業の承認に際し、申請者から合意書の提出を求めること。
・服務規律に違反する場合は、副業の承認を取り消す場合があること。

(5) 副業・兼業の禁止または制限

副業や兼業に関する裁判では、労働者が労働時間以外の時間をどのように利用するかは基本的に自由であると判示されています。ただ、いくら自由であるといっても、企業にとって保護されるべき権利を侵害することまで、認められているわけではありません。

日本プロセス㈱では、今後、他にも副業を希望する社員が出てくることが考えられますが、副業を認めるにあたっては、労使双方の信頼関係が大前提になります。そのあたりの考え方をきちんと整理し、共有しておく必要があるのではないかという意見が出されました。そして、副業を多様な働き方の一態様とし、会社にとっても労働者にとってもプラス

に働くような制度にしていくことが大切だということで、全員が一致しました。

【決定事項】
・副業を制度化し、就業規則に規定すること。併せて、副業が認められない場合についての考え方を示すこと。
・会社は、適正に副業者の労働時間管理を行うこと。
・労働者は、ルールを守ったうえで副業を行い、会社や同僚に迷惑をかけることがないようにすること。

これらの検討が終わり、総務人事部において副業に関するルールがまとめられました。そして、就業規則についても所要の改定を行ったうえで、労働組合との協議、社員への説明会を経て制度が正式に導入されることとなりました。

● 副業を始めた矢先にトラブルが発生する

こうして、一時期は転職も覚悟していた井上さんですが、副業が認められたことで、何とか新たな生活基盤を作る目途が立ちました。副業を認めてくれた会社と理解してくれた同僚へ感謝しながら、無事コンビニエンスストアで働くことになりました。

ところが、副業を始めて２か月ほど経った頃、自宅から出勤する途中に、車で自損事故を起こしてしまいました。幸い軽いむち打ち程度で済みましたので、当日の仕事を休んだだけで大事には至りませんでした。けれども、副業についてあまり快く思っていなかった一部の社員の間では、「ほらね、言わんこっちゃない。」と言った声が聞かれ、それが社内全体にも伝わってきました。そんな折、会社には申請せずに、自宅でインターネットを使った副業をしている社員がいるらしい、という噂も拡がっていました。

これらは当然社長の耳にも入っており、社長としては、あらためて副業を認めたことが良かったのかどうかを考え悩んでいました。けれども、

副業の制度を取り入れることによって、人材の流出を防げたことは事実であり、社内だけでは得られない経験を積むことで、社員自身の引き出しを増やしてくれることに期待することにしました。そして、井上さんには厳重注意をしたうえで、副業制度については継続していくことにしました。

また、総務人事部には、全社員に対してあらためて副業のルールを通知して、徹底させるよう指示しました。

● 副業を認めたことで、新たな労務管理上の問題が生じる

労働基準法第38条では、時間計算について、「事業場を異にする場合においても、労働時間に関する規定の適用については通算する。」と規定されています。

これは既に触れたとおり、自社における労働時間だけでなく、労働者の全体の実労働時間を把握したうえで、労務管理を行わなければならないということです。つまり、労働時間を通算した結果、法定労働時間を超える労働があった場合には、健康管理の問題だけでなく、自社の時間外労働時間数や割増賃金についても影響を受ける可能性があるということです。

この通算については、まず労働契約の締結の先後の順に所定労働時間を通算し、次に所定外労働の発生順に所定外労働時間を通算することとされていますが、例えば変形労働時間制の場合にはどのように通算するのかなど、管理が煩雑になることが想像できます。

ただし、時間外・休日に関する労使協定（36協定）については、個々の事業場における労働時間のみが規制の対象とされています。

【井上さんが日勤後に副業した場合】

日本プロセス㈱の所定労働（実働8時間）	日本プロセス㈱の法定外労働（1時間）	帰宅～出勤	コンビニエンスストアの所定労働＝井上さんの法定外労働（2時間）
8：30～17：30	17：30～18：30	18：30～20：00	20：00～22：00
	日本プロセス㈱割増賃金		コンビニエンスストア割増賃金

【管理モデル】

上記のように、副業者の労働時間管理を適正に行おうとすると複雑になり、手続上の負担が生じることが考えられます。

このため、厚生労働省のガイドラインでは、簡便な労働時間管理の方法として、いわゆる「管理モデル」について紹介しています。

これは簡単に言えば、副業元と先の使用者の間で、あらかじめ長時間労働にならないように上限時間を設定し、双方がその範囲内で労働させ、かつ自らの法定外労働に対してそれぞれ割増賃金を払うことにするというものです。

この方法であれば、あらかじめ設定した労働時間の範囲内で労働させる限り、他の使用者における労働時間を把握する必要が無くなるということです。

• 副業する場合の賃金

井上さんの場合、会社の所定労働時間を過ぎてから副業することになりますので、これまで通りの賃金ということになります。

●モデル就業規則（厚労省）

（副業・兼業）

第●条　労働者は、勤務時間外において、他の会社等の業務に従事することができる。

2　会社は、労働者からの前項の業務に従事する旨の届出に基づき、当該労働者が当該業務に従事することにより次の各号のいずれかに該当する場合には、これを禁止または制限することができる。

①　労務提供上の支障がある場合

②　企業秘密が漏洩する場合

③　会社の名誉や信用を損なう行為や、信頼関係を破壊する行為がある場合

④　競業により、企業の利益を害する場合

○年○月○日

副業・兼業に関する届出

○○○株式会社（事業所名称）
　　●●　●●　殿（使用者氏名）

就業規則第○条の規定（／労働契約書の記載）に基づき、私　■■　■■（労働者氏名）　は、以下のとおり、副業・兼業について届け出ます。

1　副業・兼業の形態：☐　雇用　（事業所の名称等を 2～5 に記入）
　　　　　　　　　　　☐　非雇用（業務の内容：　　　　　　　　　　　　　）

2　事業所の名称：株式会社△△△
　　事業所の住所：◆◆県◇◇市▲▲＊－＊－＊

3　2 の事業所の事業内容：○○○○
従事する業務内容：○○○○

4　労働契約締結日等：○年○月○日
　　契約期間：期間の定めなし／期間の定めあり（○年○月○日～○年○月○日）

5　所定労働時間等：（所定労働日）　月　火　水　木　金　㊏　㊐
　　　　　　　　　　（所定労働時間）　1 日○時間、週○時間
　　　　　　　　　　（始業・終業時刻）　00：00～00：00
　　（※上記の内容が記入されたカレンダーを別途添付するなどの方法も可。）
　　所定外労働時間：1 日○時間、週○時間、1 か月○時間　／　なし
　　（見込み）　　　（※所定外労働時間には上記 2 の事業所における休日労働の時間も含む。また、見込みとは別に最大の時間数が定まっている場合はそれぞれ括弧で記載する。）

6　確認事項　**※必要に応じて労働者に確認する事項の例**

☑　上記 1～5 の事項に変更があった場合、速やかに届け出ます。また、これらの事項について、会社の求めがあった場合には、改めて届け出ます。

☑　所定の方法により、必要に応じ上記 2 の事業所での実労働時間を報告するなど、会社の労務管理に必要な情報提供に協力します。

（＊所定の方法の例としては、時間外労働の上限規制の遵守等に支障がない限り、①1 週間分を週末に報告する、②所定労働時間どおり労働した場合には報告等は求めず、所定外労働があった場合のみ報告する、③時間外労働の上限規制の水準に近づいてきた場合に報告するなどが考えられる。）

副業・兼業に関する合意書

○年○月○日

事業所の名称：株式会社○○○（以下 X 社）
事業所の住所：▼▼県▽▽市□□＊-＊-＊
使用者職氏名：代表取締役　●●　●●

対象労働者氏名：■■　■■

上記使用者及び　■■　■■（対象労働者）（以下「対象労働者」という。）は、以下の内容について合意します。

1　対象労働者は、以下の内容で副業・兼業を行います。

(1) 副業・兼業の形態：□　雇用　（事業所の名称等は（2)～(5）のとおり）
□　非雇用（業務の内容：　　　　　　　　　）

(2) 副業・兼業を行う事業所の名称：株式会社△△△（以下 Y 社）
副業・兼業を行う事業所の住所：◆◆県◇◇市▲▲＊-＊-＊

(3) Y 社の事業内容：○○○○
従事する業務内容：○○○○

(4) 労働契約締結日等：○年○月○日
契約期間：期間の定めなし／期間の定めあり（○年○月○日～○年○月○日）

(5) 所定労働時間等：（所定労働日）　月　火　水　木　金　㊏　㊐
（所定労働時間）　1日○時間、週○時間
（始業・終業時刻）　00：00～00：00
（※別途添付するカレンダー等をもって代える場合はチェック。□　）
所定外労働時間：1日○時間、週○時間、1か月○時間　／　なし
（見込み）（※所定外労働時間には Y 社における休日労働の時間も含む。また、見込みとは別に最大の時間数が定まっている場合はそれぞれ括弧で記載する。）

2　X 社は、対象労働者の１の副業・兼業について、以下の点を遵守して行われることを条件に認めます。

(1) 対象労働者の行う副業・兼業が就業規則第○条の副業・兼業の禁止・制限事項に該当するものではないこと。

(参考) 副業・兼業に係る禁止・制限事項（就業規則第○条）

①労務提供上の支障がある場合　　②企業秘密が漏洩する場合

③会社の名誉や信用を損なう行為や、信頼関係を破壊する行為がある場合

④競業により、企業の利益を害する場合

※対象労働者の行う副業・兼業が、雇用による場合であり、かつ、「副業・兼業の促進に関するガイドライン」で示されている簡便な労働時間管理の方法（「管理モデル」）により会社が労働時間管理を行う場合に労働者と合意する事項の例

(2) 対象労働者がＹ社に対し、(3)～(6)の条件を十分に伝達すること。

(3) 対象労働者のＸ社における１か月間の時間外・休日労働（注1）の上限は○○時間（A）であること。

(4) Ｘ社では、労働基準法第 38 条第１項の規定（注2）に基づき、対象労働者について、Ｙ社が①及び②を遵守することを条件に、副業・兼業を認めるものであること。

①　Ｘ社における１か月間の時間外・休日労働の上限（A）に、Ｙ社における１か月間の労働時間（所定労働時間及び所定外労働時間）の上限（B）を通算して、時間外・休日労働の上限規制（注3）の範囲内とするとともに、上限（B）の範囲内で労働させること。その際、可能な限り法定の上限に近い水準で上限を設定しないこと。

②　①の上限（B）の範囲内の労働時間について、Ｙ社から割増賃金が支払われること（注4）

(5) Ｘ社は、Ｘ社における時間外・休日労働の実績に基づき、対象労働者に割増賃金を支払うものであること。

(6) Ｘ社における１か月間の時間外・休日労働の上限（A）に変更がある場合は、事前に対象労働者に通知するので、その際は、対象労働者は速やかにＹ社に伝達すること。

（
注1）労働基準法第32条の労働時間（週40時間、1日8時間）を超える時間及び同法第35条第1項の休日における労働時間の合計
注2）労働時間は、複数の会社に雇用されるなどの事業場を異にする場合においても、労働時間に関する規定の適用については通算する旨の規定
注3）時間外労働と休日労働の合計で単月100時間未満、複数月平均80時間以内とすること（労働基準法第36条第6項第2号及び第3号）。なお、月の労働時間の起算日がX社とY社とで異なる場合には、各々の起算日から起算した1か月における上限（A）と上限（B）をそれぞれ設定することとして差し支えない。
注4）2割5分以上の率でY社が定める率により割増賃金が支払われること。また、X社における上限（A）の時間に、Y社における上限（B）の範囲内の労働時間（休日労働は除く。）を通算して、1か月について60時間を超えた場合、60時間を超える部分については、5割以上の率でY社が定める率により割増賃金が支払われること（労働基準法第37条第1項）。
）

3　対象労働者は、1の副業・兼業が就業規則第○条の副業・兼業の禁止・制限事項に該当しないことを確認しました。また、副業・兼業の開始後に、禁止・制限事項に該当するおそれが生じたときは、速やかにX社に報告します。

4　対象労働者は、所定の方法により、必要に応じY社での実労働時間を報告するなど、X社の労務管理に必要な情報提供に協力します。
具体的には、○○○、○○○（**企業と対象労働者の間で合意した方法など**）を行います。

5　対象労働者は、1（1）～（5）の事項に変更があった場合、速やかにX社に届け出ます。また、これらの事項について、X社の求めがあった場合には、対象労働者は、改めて届け出ます。

6　対象労働者は、健康保持のため自己管理を行うよう努めます。

7　X社は、対象労働者の心身の不調があれば都度相談を受けること、副業・兼業の状況も踏まえ必要に応じ、○○○、○○○（**法律を超える健康確保措置、時間外労働の免除や抑制など**）を実施します。

8　この合意書に基づく取扱いについては、○年○月○日までとします。
この期日を超えて1の副業・兼業を行う場合は、対象労働者は、期日の○日前までに、改めて会社に届け出ます。

9　5、8の届出が行われた場合、必要に応じ、使用者と対象労働者の間で新たに合意書を交わすものとします。

事例11

何気なく交わされる契約更新『私はこの会社でずっと働けるのかしら』――対応して気づいた規定の不備と、高齢者雇用の課題

● 初めての無期転換パートタイマー

東京工場校正検査課に勤務する山口さん（50歳）は、入社6年目の有期雇用パートタイマーです。ただ、パートタイマーといっても労働時間は正社員と同じで、フルタイムで働いています。山口さんは、結婚後は家庭に入り子育てに専念していたのですが、子供が大きくなるにつれ学費がかさむようになったことから、日本プロセス㈱で働くようになりました。山口さんにとって、仕事と家庭の両立は大変なこともありますが、外で働くことに対してそれなりに働き甲斐を感じています。それに、子供にまだまだお金がかかることを考えると、できる限りこの会社で働きたいとも思っています。

そんな山口さんには、一つ気がかりなことがありました。というのは、飲食店に長年勤めていた仲のよい友人が、会社の業績が振るわないという理由で、契約更新してもらえずに仕事を辞めざるを得なくなったというのです。この友人はパートタイマーでしたが、栄養士の資格を持っていたため、メニューの開発を手伝うなど、わりと責任ある仕事を任されていたと聞いていました。ですから、少しの驚きと同時に、ふと自分のことが心配になったのです。

この友人の話を聞くまで、山口さんはこの会社でずっと働けるものだと思っていました。ですから、毎年会社から契約更新の説明を受ける時でも、どちらかと言えば面倒だと思っていて、ろくに内容を見ずに契約書にサインをして会社に提出していました。それどころか忙しいことを理由に、受取っているはずの自分の分すらどこにあるのかわからない状態で、そこに何が書かれていたのかなど覚えているはずもありません。

『私は、この会社でずっと働けるのかしら。』

• 無期転換権行使の申し出に焦る

そんな不安を別の友人に打ち明けたところ、その友人が「あら、私もパートタイマーだけど、会社に言って有期契約から無期契約に変えてもらったわよ。だから､定年までガッツリ働くつもりなの｡」と言うのです。聞くとなんでも有期契約が5年を超えると、会社に申し出さえすれば無期契約にしてもらえるというではありませんか。山口さんは、この時初めて無期転換権という言葉と、その意味を知ったのでした。

『日本プロセスの定年は、確か60歳だと、この前検査課長が話していたわ。無期契約にしてもらったら、私も60歳までは雇ってもらえるはずだわ。』

こう考えた山口さんは、夫とも相談し、会社に無期転換の申し出をすることにしました。

翌日、山口さんは総務人事部に行き、雇用形態を有期から無期に変えてもらうようお願いしました。総務人事部の高橋さんは､「そうですか。わかりました。ただ、今の契約は来年の3月まで残っていますので、無期契約になるのはその次の契約からになりますよ。それから契約内容ですが、いつもの契約更新の時と同じようにまた契約書で確認して頂きますけど、基本的には契約期間以外の条件についてはこれまでと同じになります。えっと、それから……。あ、そうそう、無期契約を希望されるのであれば、所定の申請書がありますから、それを、所属長を通じて総務人事部に提出してくださいね。」と、ひとしきり説明をし、書類ケースの引き出しの奥から取り出した申請書を、山口さんに手渡しました。

「あの、この書類はいつまでに出せばよいのでしょうか。」山口さんの質問に、高橋さんは、「一応、契約期間中であればいつでも提出できますけど、そうですね、社内処理の都合がありますから、できれば12月末までにお願いします。」と答えておきました。

実は、日本プロセス㈱では、これまで無期転換権を行使したパートタイマーは、誰一人として居ませんでした。というのも、この制度ができ

たときに、当時在職していたパートタイマーには総務人事部長から一通りの説明がなされたのですが、パートタイマー達の関心はそれほど高くありませんでした。それに、会社としても、これまで雇止めをすることはほとんど無かったため、とりあえず法改正があったから制度だけは設けておいたという状態だったのです。

山口さんから無期転換の話を受けた高橋さんは、一瞬ヒヤッとしましたが、手続きについて何とか説明ができて、ほっと一息つきました。

『そうそう、総務人事部長にもこのことは報告しておかないと。』

その後、12月の初めには山口さんの申請書が総務人事部に提出され、翌年度4月から山口さんは日本プロセス㈱で初めての無期転換パートタイマーになりました。

また、山口さんの労働条件については、高橋さんの説明どおり、有期から無期に変わってもこれまでと何ら変わることはありませんでした。

● 無期転換者の定年ルールが見当たらない

山口さんが無期転換権を行使してからも、しばらくは無期転換を希望するパートタイマーというのはいませんでした。会社としては、優秀な人材であれば長く勤めてもらいたいと考えていましたが、担当する仕事によっては体力的負担が大きいことから、長続きするパートタイマーはそれほど多くないことが、理由の一つなのかもしれません。

そんな中、財務部で働く松本さんは現在62歳、今年で入社12年目を迎える有期雇用パートタイマーで、比較的長く在籍している数少ないパートタイマーの一人です。松本さんは、以前、一部上場企業で経理を担当していたベテランですが、病気を理由にその会社を退職し、治療期間を経てから日本プロセス㈱に入社してきたという経歴の持ち主です。もともと、経理の知識や経験が豊富で頭の回転も速いことから、パートタイマーとはいえ今や財務部長の右腕に匹敵するほどになり、部署内で厚い信頼を得ています。

松本さん自身もまた、体力的に無理のない範囲で、しかも自分の経験

を活かせる今の仕事に満足しやりがいを感じています。それに、自分の年齢を考えてあえて口に出すことはしませんが、会社から必要とされる限りはいつまでも、日本プロセス㈱で働きたいと思っています。

ある日、幹部会議に出席した財務部長は、山口さんが無期雇用パートタイマーになったという話を総務人事部長から聞きました。

『なるほど、無期転換制度か。そういえば以前聞いたことがあったな。それなら、松本さんにもその制度を利用してもらったらどうだろう。財務部では残念ながら松本さんほどの人材はまだ育っていないし、まだまだ松本さんには頑張ってもらいたい。松本さんもその方が安心だろうし、それに会社へのロイヤルティーも高まるんじゃないかな。』

そう考えた財務部長は、松本さんに声をかける前に制度について確認しておこうと考え、まず総務人事部に話を聞きに行きました。

「高橋さん、うちの無期転換制度について知りたいんだが、詳しく教えてくれないか。」

財務部長からそう聞かれた高橋さんは、無期転換権を行使できるパートタイマーの要件や、基本的に労働条件は有期と無期で変わらないことなどを説明しました。

「そうか、ありがとう。よくわかったよ。ところで、うちの部の松本さんに、無期転換の話を勧めてみようと思っているんだが、もし松本さんが無期転換したら何歳まで働いてもらえるんだい？」

「松本さんは、確か六十……、あっ。」財務部長の問いかけに一瞬考えた高橋さんは、そこで重要なことに気付いたのです。

「財務部長、ちょっと待って頂けますか。確認してまたお返事しますので。」

高橋さんは、そう答えた後、急いで就業規則を確認しました。

『やっぱり、パートタイマーの就業規則には、無期転換した人の定年は規定されていない。』

日本プロセス㈱では、定年と言えば60歳というのが、高橋さんだけでなく総務人事部の共通認識でした。けれども、60歳と定めているのは、

あくまでも正社員の就業規則であって、有期で雇用しているパートタイマーについては、定年という概念がそもそもありません。なぜなら、雇用期間ごとに更新するかどうかを決めているために、定年の規定を設ける必要がないからです。現に、松本さんについても、社員で言えばすでに定年を超える年齢ですが、雇用期間が決まっていたために年齢を理由として契約を打ち切るということはありませんでした。それに、松本さんのように60歳を超えている有期雇用パートタイマーと、定年再雇用の嘱託社員とを明確に区別していたわけでもありませんでしたので、65歳までは契約更新できるのだろうという漠然とした共通認識が、社内にあったのです。

また、これまで無期転換したパートタイマーは校正検査課の山口さんだけですが、山口さんはまだ50歳代ということもあってか、総務人事部で山口さんの定年について話題に出たことはありません。それどころか、総務人事部長を含め、おそらく全員が定年は60歳だという認識でいたのです。ところが、松本さんのように60歳を超えていたとしても、5年を超えて働いているパートタイマーであれば、いつでも無期転換権を行使することができます。もし、無期転換者の定年規定がないまま松本さんが無期転換していれば、定年そのものがないことになってしまいます。もちろん、会社の方針として定年を設けないということであれば、問題ありません。けれども、少なくとも日本プロセス㈱においてはそうではなく、誰一人として気づいた者がいなかったというだけです。財務部長から聞かれて初めてこのことに気づいた高橋さんは、すぐに総務人事部長に伝えました。

「そうか、まったく気がつかなかったよ。危ないところだった。本当なら、無期転換制度を設けるときに、決めておかないといけなかったんだな。ま、今更言ってもしようがない。急いで規定案を作って幹部会議に諮ることにするよ。財務部長には、松本さんの話は少し保留しておいてもらうように、私から話をしておくよ。」

こうして、パートタイマー規程が大至急改正されることになったのですが、折しも社内では、正社員の定年を65歳に引き上げることについて検討が進んでいました。そこで、パートタイマーについても正社員に

合わせる形で、無期転換者の定年を65歳、再雇用の上限年齢を70歳とすることで話がまとまりました。

改正パートタイマー規程（抜粋）

【無期雇用契約への転換及び手続き】

第●条　有期雇用契約期間が通算5年を超えたパートタイマーが、無期雇用契約への転換（以下「無期転換」という。）を希望する場合は、所定の申請用紙を会社に提出して申し込むことができる。

2　前項の規定にかかわらず、定年再雇用された有期雇用のパートタイマーは、無期転換の申込みはできない。

3　第1項の申込みにより、現在締結している有期雇用契約期間の末日の翌日から、無期雇用の契約に転換することができる。

4　無期転換の申込みは、原則として雇用契約期間満了日の3か月前までに行うものとする。**(注)法律上は契約期間の末日まで認められている。**

5　第1項による雇用契約通算期間の計算において、雇用契約が締結されていない空白期間が連続して6か月以上（雇用契約期間が1年未満の場合は、その2分の1の期間）ある場合は、それ以前の雇用契約期間は通算しない。

【無期転換の労働条件】

第●条　第●条（無期雇用契約への転換及び手続き）の定めにより無期転換したパートタイマーの労働条件については、契約期間を除き有期雇用契約時と同一とする。また、引き続き有期雇用契約であったものとした場合の更新と同時期に、次期の労働条件を決定し書面により明示する。

2　パートタイマーの職務内容および人材活用のしくみについては、期間の定めの有無による相違はないものとする。

【無期雇用パートタイマーの定年】

第●条　無期雇用パートタイマーの定年は、満65歳に達する月度の賃金締切日とする。ただし、満65歳に達する月度の賃金締切日を超えて、無期雇用契約に基づく就労が開始した場合の定年については、次のとおりとする。

無期転換権を行使した時期	定　　年
満65歳に達する月度の賃金締切日	満65歳に達する月度の賃金締切日の翌日
満65歳に達する月度の賃金締切日を超え満70歳に達する月度の賃金締切日の前日	満70歳に達する月度の賃金締切日
満70歳に達する月度の賃金締切日	満70歳に達する月度の賃金締切日の翌日

【定年再雇用】

第●条　無期雇用パートタイマーが定年後引き続き勤務することを希望し労使協定で定める基準に該当した場合には、満70歳に達する月度の賃金締切日を限度に有期雇用パートタイマーとして再雇用する。ただし､解雇事由に該当する者については､この限りではない。

2　定年再雇用の雇用契約は、1年以内の有期雇用とする。また、再雇用時および再雇用後の更新にあたって会社が提示する労働条件は、従前と異なることがある。

【有期雇用契約の期間】

第●条　有期雇用パートタイマーの雇用契約期間は、1年以内で会社が定める期間とし、契約満了の都度、更新の有無を判断するものとする。

2　前項の雇用契約期間については、満70歳に達する月度の賃金締切日を上限とする。

日本プロセス㈱では、無期転換したパートタイマーの定年は、基本的には正社員と同じ65歳としました。けれども、松本さん以外にも、す

でに60歳を超えている有期雇用パートタイマーが何人かいます。それに、今後さらに人材不足が進んでいくリスクを考えると、65歳を超えて有期雇用契約を締結することがないとは言い切れません。ですので、これらの有期雇用パートタイマーが無期転換権を行使した場合を考え、パートタイマー規程については、第二定年として70歳の年齢を設けることにしました。ただ、定年を二種類設定しただけでは、65歳を超えてから無期転換権を行使した方が、より長く働けることになってしまいます。また、70歳までに無期転換権を行使せずに70歳を過ぎてから無期転換権を行使した場合はやはり定年がないということになってしまいますので、これまで明確に決めていなかった有期雇用契約の上限年齢も正社員に合わせる形で70歳とすることにしました。

つまり、65歳までに無期転換権を行使し65歳で定年になった後は、70歳まで定年再雇用として有期雇用で働ける道を残し、65歳を超えて無期転換権を行使した場合は、無期雇用として70歳まで働けることになります。さらに、無期転換せずに有期雇用として働いた場合でも70歳までは契約更新されることがあり、全員が何らかの雇用形態で70歳まで働けるようにしたのです。（事例6　P.205 雇用形態の転換例）

● 高齢者雇用は健康問題と隣り合わせ

パートタイマー規程の改定を待って、財務部長は松本さんに無期転換権の話を持ち掛けてみました。松本さんは、自分が必要とされていることに喜びを感じつつ、まだまだ自分も仕事をしたいし後進も育てたいという気持ちをあらたにしました。こうして、無期転換の申し出をし、晴れて無期転換パートタイマーの第二号となりました。

無期転換パートタイマーになって1年ほど過ぎた頃から、松本さんは、何となく疲れやすさを感じるようになってきました。最初は、決算期で社内が慌ただしいこともあって、自分も根を詰め過ぎているかもしれないという程度に考えていましたが、気のせいか手もしびれてきたように思います。これはどうもおかしいと思った松本さんは、病院を受診した

ところ、脳梗塞の疑いがあるということですぐに検査と入院を勧められました。

松本さんから入院の報告を受けた財務部長は、「そうか。会社のことは心配しないで、ゆっくり治療に専念してくれたらいいよ。」と言ったものの、年齢を考えると少し不安もありました。

『どれくらい入院するんだろうか。退院しても元のように働いてもらえるんだろうか。』

一方の松本さんの家族は、松本さんの身体のことが心配で仕方ありません。松本さんの妻は、「ゆっくり治療と言っても、どれくらいで退院できるかもわからないじゃない。第一、そんなに無理して働くことはないんじゃないの。」と、入院を機に退職することを勧めてきました。松本さんにしても、不安がまったくないわけではありません。けれども、せっかく無期雇用に転換してもらったのだし、少なくとも定年までは仕事を続けたい気持ちがあったため、結論を出すのはもう少し先にしようと思っていました。

ところが、思ったよりも経過が思わしくなく、またたく間に入院から1か月が過ぎようとしています。もともと律儀な性格の松本さんは、このままいつまでも自分が会社に籍を置いていては、代わりに人を雇うこともできずに迷惑をかけてしまうのではないかと考え、悩んだ末に退職を申し出ることにしました。松本さんから退職の意思を告げられた財務部長は、率直に残念に思いましたが、会社の立場で考えるとやむを得ないという思いもあり、松本さんの申し出をそのまま受けることにしました。

松本さんに限らず、年齢が上がるにつれ、身体的な能力には個人差が出てきます。いくら機械化を進めたとしても、やはりカバーし切れないことが生じるのも事実です。松本さんの一件によって、総務人事部長は、いくら健康診断で異常がなかった人でも突然倒れてしまうことがあるのだということを、若い人以上に想定しておかなければならないと痛感しました。また、身体面だけでなく、松本さんの後から無期雇用になった

60歳以上のパートタイマーの中には、年金を受給し始めた頃から仕事に対するモチベーションが下った者がいるという報告があることも気になっています。

日本プロセス㈱では、パートタイマーの給与は市場相場で決めてきましたので、仕事への取り組み方によって、すぐに給与に大きな差が出る訳ではありません。ですので、部署内の一部にそのような従業員がいると、全体のモチベーション低下につながりかねません。

総務人事部長は、松本さんのように、いつまでも働いてもらいたいと思う人がいる一方、要件に該当しさえすれば誰でも70歳まで雇用することになるこの制度を上手く運用していくためには、年齢にかかわらず、いかにして意欲を維持し高めてもらうかという労務管理が必要だということを、あらためて感じました。また、身体的な能力の衰えから、処理速度が低下してきたり、慣れた業務でもミスが増えてきたりすることが考えられますので、より負担の少ない業務へ変更することも、想定しておかなければならないと思うようになりました。そして、今後パートタイマーの給与についても正社員と同様、職務内容に応じて決まる仕組みに変えていくことを検討する必要があると考え始めました。

事例12 正社員並みの仕事を担当するようになったパートタイマーを、正社員転換制度によって正社員に——正社員転換制度を運用しやすいルールに変更するきっかけに

• 正社員の補助業務を担当するために

総務人事部の加藤さんがパートタイマーとして採用されたのは、マイナンバーが導入されたり、ストレスチェックが義務付けられたり、年末調整の書類の書式が変わったりと、総務人事部の事務作業に新しいことが増えてきた時期でした。それ以前から慢性的な人手不足のため、仕事が雑になりがちで小さなミスがよく起きていました。加藤さんは当時28歳で、前職を退職後、これまでやってきた仕事で再び正社員として就職するまでの“つなぎ”という感覚で気楽に応募してきたのです。以降約5年間、勤務時間は話し合いのうえで変更してきましたが、ずっと有期契約のパートタイマーという立場は変わらないまま、仕事の範囲が知らず知らずに広がっていました。

• 補助業務担当のはずが、正社員の代わりをするように

当初加藤さんは、給与計算の時期にはタイムカードの打刻漏れがないかチェックしたり、他の社員が集計して一覧にした数値をパソコンで入力をしたり、給与明細書の封入作業といった補助的な作業を担当していました。それが1~2年後には、各部署から集まってきたタイムカードを確認し、疑問点を各部門に問い合わせたり、月ごとの要注意項目を事前に整理したり、さらにここ最近は、給与計算システムの設定間違いに気づくなど、着実に理解を深め基幹業務を担当するようになっていました。

また、正社員が体調不良のため欠勤していたときには、加藤さんがフォローするなど、すっかり当てにされる存在でした。加藤さんもまた、人間関係に不満がなかったのか居心地良さそうに振る舞っていて、転職し

ようという思いを持っていなさそうに見受けられていました。ですが採用から5年経ち33歳になった加藤さんは、30代半ばに近づいてきたことで、内心、転職するなら若いうちの方が有利かもしれないという思いも持っていました。なんとなくこれを察知した総務人事部の高橋さんは、総務人事部長と定年退職者のことで打合せをした際、ついでに加藤さんの処遇や労働条件について相談を持ち掛けました。

● 正社員転換制度を利用して正社員化を検討

高橋さんの相談に対して総務人事部長は、「確かに加藤さんは、パートだけれど、正社員の代わりになるくらいの仕事ができている。日頃の加藤さんの仕事ぶりを正社員の役割基準書に照らしてみると、ほぼ正社員だと言っても良いくらいだ。加藤さんが入った頃は『パートが1人入ってくれて補助業務をしてくれると正社員が楽になる』という程度の気持ちで採用したけれど、今は、正社員1人分の仕事を加藤さんがこなしてくれているということになるね」と、加藤さんの置かれている状況について理解を示しました。

高橋さんは、就業規則の正社員転換制度にも触れ、「正社員を中途採用する際には、社内の非正規雇用の従業員のなかに希望者がいれば正社員に登用することもできます。でも、うちの部署では加藤さんが正社員の代わりみたいになっているので、正社員を採用する必要がなくなっています。加藤さんが希望すればですが、加藤さんを正社員に登用するというのはどうでしょうか。もっとも、登用試験や面接を受けていただく必要はありますが」と、提案しました。そこで、総務人事部長は高橋さんに、「高橋さんの判断だけでなく、実際にうちで正社員になりたいかどうか聞いてみてくれないか。部長の私より、君が聞くほうが気楽に話してくれるかもしれない」と、加藤さんの意向を探るよう、伝えました。

● 正社員転換制度によって“タイミングよく”正社員に

ある日の昼休み、機会を窺っていた高橋さんは、昼食のあと一人でいる加藤さんに話しかけて、「加藤さんはパートとして採用されたので、仕事の範囲が広がってしまっているのにパートのままになってしまっているけれど、正社員になる機会があるとしたら、どう思う？」と切り出しました。加藤さんは、どう答えようか迷う様子を見せながらも「確かに、最初はこの会社で事務職のパートをしながら、以前勤めていた業界の求人を探そうと思っていました。でも、ここは苦手な人もいなくて、対外的な仕事がないので対人関係でストレスを溜めることもなく気が楽です。仕事の方も慣れてきて、だいたい何をやったら良いのかわかってきました。年齢的にこれからは転職が厳しくなると思いますし、せっかく仕事を覚えたので、この会社で正社員になれるのなら、チャレンジしたいと思います」と、前向きな気持ちを話しました。高橋さんは、このことを総務人事部長に伝えても良いか加藤さんに確認し、部長とも前向きに相談すると、伝えました。

高橋さんから報告を受けた総務人事部長は、加藤さんと面談し、就業規則に規定している正社員転換制度を説明し、自らが推薦者となるので正社員登用の試験を受けてはどうかと勧めました。高橋さんは、「就業規則をきちんと読んだことがありませんでしたが、そのような制度があるのでしたら、ぜひチャレンジしたいです。もちろんフルタイム勤務は問題ありません」と、答えました。

日本プロセス㈱の就業規則では、当時「正社員転換時期は毎年４月１日」と規定されていたため、ちょうどタイミングよく、２月に正社員登用面接を実施し、4月１日から正社員として勤務することになりました。

• 実際に運用して制度の使いにくさが判明

今回は、高橋さんが加藤さんの気持ちを察知し総務人事部長に相談を持ち掛けたことをきっかけに加藤さんの正社員転換に至りました。たまたま、3月末の定年退職者のことで打合せがあったので、高橋さんから総務人事部長へ提案したのが1月の上旬で、就業規則に規定されていた年に一度の転換時期にちょうどタイミングが良かったのです。日本プロセス㈱では、正社員は中途採用が多く、人事異動も必ずしも年度区切りで行われるわけではありません。そうすると、正社員転換時期だけが年に一度の4月1日だけというのは会社の他のルールに馴染まないことに、高橋さんは疑問を感じました。

どうやら、この制度を規定した際に、厚生労働省のサイトからダウンロードしたものをそのまま記載したということがわかりましたので、今後も正社員転換制度を活用していくために、運用しやすい規定に変更しました。

＜賃　　金＞

・加藤さん（33歳）のパートタイマーとしての賃金

　時間給980円

・正社員に登用時、職務分析、評価の結果、J3-20号に格付けされたときの賃金

　136,200円＋59,300円＝195,500円

　1時間あたりの賃金は、

　195,500円÷173時間45分＝1,125円

コラム　判例に見る正社員登用制度の注意点

パートタイム・有期契約労働法第８条において、パートタイム・有期契約労働者と正規雇用従業員との間の労働条件の相違について次のように定められています。

①　職務の内容（業務の内容及び当該業務に伴う責任の程度）
②　職務の内容及び配置の変更の範囲
③　その他の事情

のうち、そのなされている待遇の性質およびその待遇を行う目的に照らして適切と認められるものを考慮して、不合理な相違を設けてはならない。

有期雇用労働者が、正社員との待遇格差は不合理であるとして損害賠償などを求めたメトロコマース事件の最高裁判決（令和２年10月13日第三小法廷判決）は、労働契約法旧20条が適用される事案です。しかしながら正社員に対する待遇（退職金）について、パートタイム・有期契約労働法第８条に示されている、待遇の「性質」や「目的」について言及しています。

具体的には「上記退職金は、上記の職務遂行能力や責任の程度等を踏まえた労務の対価の後払いや継続的な勤務等に対する功労報償等の複合的な性質を有するものであり、第１審被告は、正社員としての職務を遂行し得る人材の確保やその定着を図るなどの目的から、様々な部署等で継続的に就労することが期待される正社員に対し退職金を支給することとしたものといえる。」や、「第１審被告の正社員に対する退職金が有する複合的な性質やこれを支給する目的を踏まえて、売店業務に従事する正社員と契約社員Ｂの職務の内容等を考慮すれば、契約社員Ｂの有期労働契約が原則として更新するものとされ、定年が65歳と定められるなど、必ずしも短期雇用を前提としていたものとはいえず、第１審原告らがいずれも10年前後の勤続期間を有していることをしんしゃくしても、両者の間

に退職金の支給の有無に係る労働条件の相違があることは、不合理であるとまで評価することができるものとはいえない。」などといった部分です。

また、この事件では有期契約の契約社員に正社員への登用制度が設けられていたこと、勤続1年以上の希望者全員にその受験が認められていたこと、そして「契約社員A及び正社員へ段階的に職種を変更するための開かれた試験による登用制度を設け、相当数の契約社員Bや契約社員Aをそれぞれ契約社員Aや正社員に登用していた」ことなどが、上記③の「その他の事情」として、積極的に考慮されていることが窺われます。

こうしたことから、今後はパートタイム・有期契約労働者と正規雇用従業員の待遇格差の問題において、「正社員登用制度と開かれた選考方式」が重要になってくるのではないかと思われます。

この日本プロセス㈱の正社員転換制度では、「所属長の推薦があること」を条件にしていることから、開かれた制度であるとは言えないかもしれません。今後は、正社員転換制度のあり方にも注意が必要です。

規　程　集

役割等級人事制度規程

【目　　的】

第１条　この規程は、従業員自ら会社の経営方針に沿った役割責任を果たすことにより社業の発展を目指すことを目的とし、各従業員が担当する役割を会社が期待する行動や成果により等級区分する。会社は、本規程に基づき公平な処遇を行う。

【適用の範囲】

第２条　役割等級人事制度は就業規則第●条に定める従業員に適用し、パート従業員・嘱託社員等は適用外とする。

【役割等級人事制度】

第３条　役割等級人事制度では、会社が各従業員に期待する仕事を職群コース別に役割等級（以下「等級」という。）区分し、その基準に基づき「賃金管理」「目標管理」「人事考課」「要員管理」「任用管理」等を行う。

【役割等級の構成】

第４条　役割等級人事制度の役割群コース別体系は、管理職・専門職・監督職・一般職で構成する次の８コースとし、専門職・監督職は２つの等級、管理職・一般職は３つの等級にそれぞれ区分する。

①　管理職
②　専門職
③　監督職
④　企画職
⑤　業務職
⑥　総務職
⑦　生産職

⑧　営業職

2　役割等級の体系

＜管　理　職＞

等　　級	役　割　基　準
EM （本部長） エグゼクティブ・ マネージャー	①　経営方針に従い、特定の事業部門の業務執行を行う。 ②　本部の責任者として、長期的全社的立場から財務の安定化、本部の方針・計画を立案し、統括する。 ③　本部間の調整を行い、本部計画、設備投資計画、人員計画などを立案・策定する。
M1 （部長） ゼネラル マネージャー	①　部門の責任者として経営方針に基づいて、担当分野の方針・計画を企画立案し、その方針ならびに計画の全社的な徹底を図り、またこの計画に基づく担当部の全業務活動を統括する。 ②　部門間の調整を行い、部門計画、設備投資計画、人員計画、教育訓練計画を立案・策定する。 ③　社内業務全般に精通し、社内管理制度の確立等の主要業務に関する企画立案、導入、指導の統括する。
M2 （次長） チーフ マネージャー	経営方針または上司の包括的指示に基づき次のことをする。 ①　部またはそれに準ずる組織運営を統括する。 ②　部またはそれに準ずる組織の業務運営方針・目標の設定と調整および推進する。 ③　経営に重要な影響のある大型プロジェクトへの参画・推進。 ④　部門所管の重要課題の立案、意見具申、連絡調整および上司の補佐など。
M3 （課長） マネージャー	①　直属の上長の指導監督のもとに上長を補佐し、年度方針に基づいて業務目標の設定と業務計画を立案し、部下を統括する。 ②　業務統制、情報の選別評価、業務状況の分析とその対処をする。 ③　所属員を管理統率し、その能力開発計画を決定、この実行を管理する。 ④　各部関係者との業務折衝をする。

＜専　門　職＞

等　　級	役　割　基　準
SS	極めて高度の幅広い専門知識・能力を有し、新市場の開拓、新技術・新製品の開発など新たな付加価値の創造ができ、社内の最高権威として社員の技能・スキル向上に寄与する。

TS	余人を持って代え難い特殊な技能の維持あるいは多能技量とそれを指導できる技量を持ち、品質の維持向上のための製法の改善合理化、ならびに設備改善、技術改善により原価の削減に貢献する。

＜監　督　職＞

等　級	役　割　基　準
L1 リーダー	直属の上長の指揮監督のもとに、年度目標・計画に基づき、サブリーダーを指揮監督して、担当する職場を統括する。
L2 サブリーダー	直属の上長の指揮監督のもとに、上長を補佐し、職場の年度目標・計画に基づき部下を指揮監督、業務を遂行する。

＜一　般　職＞

等　級	役　割　基　準
J1	複雑かつ専門的な知識および豊富な実務経験により企画・判断業務を行う。また、必要に応じて下級者の業務指導を行う。
J2	包括的な指示や命令のもとに熟練定型的業務、非定型的業務を行う。また、必要に応じて下級者の業務指導を行う。
J3	上司あるいは上級者の具体的な指示や命令のもとに定型的業務を行う。

【役割基準書】

第５条　役割基準書は、役割ごとに果たすべき職務の内容と、要求される能力・レベルの内容を役割等級別に整理し、基準化したものをいう。

2　役割基準書は、職務調査を実施して作成するものとし、会社の経営ビジョン（中期事業計画）にそって求められる役割内容等の変更を反映させるため必要に応じ改訂する。

【役割等級の格付け】

第６条　役割等級への格付けは次のとおり行う。

①　一般職群においては、配置（担当する仕事）により自動的に該当する役割等級に格付ける。

②　管理職および専門職においては、役職任用により自動的に該当する役職の役割等級に格付ける。

【初任格付け】

第７条　新規学卒採用者は、次のとおりの定期初任格付けとする。

＜定期初任格付け＞

最　終　学　歴	等級・号俸
高　校　卒	３級　１号
高専・専門学校・短大卒	３級 16 号
大学・大学院卒	３級 30 号

2　中途採用者は、本人の経験および担当職務の他社内の実情を勘案し、その都度、会社が仮格付けし、試用期間終了後役割等級基準書に基づき本格付けする。

【役割異動基準等】

第８条　役割異動は、役割等級の上位または下位への変更を伴う異動または、役割群コースの変更を伴う異動とする。

2　役割異動および役職任命は、会社が組織・要員管理上の都合により本人の能力・適性・勤務実績・人事考課結果等を慎重に審査し総合的な判断に基づき行う。

3　一般職層の J1、J2、J3 級間の役割異動は、原則として人事考課の年度総合評価が以下の場合に等級異動候補者として審査会における審査対象とする。

①　年度総合評価で A 以上を２回連続取得した場合には上位等級への昇級候補者に、２回連続して C 以下の場合は下位等級への降級候補者とする。

②　年度総合評価で S を収めた場合には、２期を待たず上位等級へ、D の時は下位等級への異動候補者として審査対象とする。

4　監督職務への役割異動の取扱いは次のとおりとし、第９条に定める役割等級異動手続きに従って審査会において慎重に審査を行い決定する。

①　原則として、該当等級のランクⅡ－B に格付ける。

②　人事考課の年度総合評価において２期連続で A・A 以上の成績を収めた場合は上位等級への昇級候補者に、２期連続で C・C 以下

の成績の場合は下位等級への降級候補者とする。ただしSを収めた場合には、2期を待たず上位等級へ、Dの時は下位等級への異動候補者として審査対象者とする。

③　同一等級内のランクの異動は、それぞれのランクの成績Bに格付けを行う。

5　専門職務への役割異動の取扱いは次のとおりとし、第9条に定める役割等級異動手続きに従って慎重に審査を行い決定する。なお、専門職に格付けられた場合は2年を超えない範囲で都度再審査を行うこととする。

①　SSに推薦されるには審査基準9項目中5項目以上に該当すること。

②　TSに推薦されるには審査基準9項目中3項目以上に該当すること。

③　審査基準は次の9項目とする。

・開発した技術が事業化し著しく売上増に貢献したこと
・生産技術や品質管理で増益に著しく寄与したこと
・社内もしくは社外との連携プロジェクトを運営した件数が複数あること
・業務に関連した特許登録件数が複数あること
・社長賞を複数回受賞していること
・学会や業界団体で幹部となった経験があること
・顧客企業のトップへの強力な人脈をもっていること
・社内の技術勉強会への貢献が著しいこと
・業務に関連した論文掲載や学会発表などを行っていること

6　限定正社員の役割異動は、M3を上限とし、M2、M1、EMへの異動は行わない。

【役割等級異動手続き】

第9条　役職および人事異動の発令における、推薦者、審査方法、審査者および決定者は次のとおりとする。

被発令者	推薦者	審　査	審査者	決定者
エグゼクティブ・マネージャー（EM）	役　員	面　接	役員会	社　長
ゼネラルマネージャー（M1）	役　員	小論文 面　接	役員会	社　長
チーフマネージャー（M2）				
マネージャー（M3）				
専門職（SS・TS）	役　員	面　接	役員会	社　長
リーダー（L1）	マネージャー	面　接	審査会	社　長
サブリーダー（L2）				

2　管理者の定員は組織上の都合によって設定されるため、昇進は次の場合に、適性を審査し、任命（任用・役職離脱）する。

①　そのポストが空位の場合

②　ポジションの交代の場合

③　ポストが新設された場合

【休職に伴う役割等級の取扱い】

第10条　休職または長期の欠勤の場合、期間中の役割等級は原則として据え置き、復職後改めて職務および役割等級を見直す。

【役割等級運用（人事異動）の時期】

第11条　役割等級運用（人事異動）は事業年度の初めに行うほか、必要に応じて随時行う。

附　則

【実施時期】

第1条　本規程は、　　年　　月　　日から実施する。

賃　金　規　程

第1章　総　　則

【目　　的】

第1条　この規程は、就業規則第●条に基づき別途定める『役割等級人事制度規程』とともに従業員の賃金に関する事項を定めるものとする。

2　この規程は、就業規則第●条に定める従業員に適用し、次の者には適用しない。

①　契約社員（期間の定めのある雇用契約による従業員）

②　パートタイマー・アルバイト（期間の定めのある雇用契約による従業員で、所定労働時間がフルタイムでない者）

③　その他一般従業員と異なる労働契約により就業する者

【賃金体系等】

第2条　賃金は『役割等級人事制度規程』に定める役割等級人事制度により運用し、賃金体系は、次のとおりとする。

- 賃金
  - 月例賃金
    - 所定内賃金
      - 基本給
        - 役割給
        - 基礎給
      - 手　当
        - 家族手当
        - 別居手当
        - 営業手当
        - 営業業績手当
    - 所定外賃金
      - 時間外勤務手当
      - 通勤手当
  - 賞　与

【賃金の支払方法】

第3条　賃金は、全額通貨で直接従業員に支払う。ただし、本人の同意を得て本人名義の預貯金口座へ振り込むことができる。

2　前項にかかわらず、賃金はその支払いに際し以下のものを控除する。

①　法令で定めるもの

源泉所得税

住民税

健康保険料の被保険者負担分

厚生年金保険料の被保険者負担分

雇用保険料の被保険者負担分

介護保険料の被保険者負担分

②　従業員の過半数を代表する者と協定により定めたもの

【賃金の計算期間及び支払日】

第4条　賃金の計算期間は、当月1日から当月末日までとする。

2　賃金は毎月末日を締切日として、これを翌月20日に支払う。ただし、支払日が金融機関の休日に該当する時は、その前日に支払う。

【賃金の不就労控除】

第5条　欠勤、遅刻、早退した場合は、当該賃金計算期間の所定労働日数・所定労働時間を基準に日割・時間割計算し、不就労時間分を控除して支払う。

【休暇・休職中の賃金】

第6条　従業員が就業規則第●条に定める年次有給休暇ならびに就業規則第●条に定める休暇を取得した場合、所定労働時間を勤務したものとして賃金の減額は行わない。ただし、無給の定めのある休暇については、当該計算期間の所定労働日数を基準に日割した額を控除する。

2　従業員が就業規則第●条に定める休職を命ぜられた場合、休職中の賃金は支払わない。

【休 業 手 当】

第７条　会社の都合による休業の場合は、平均賃金の60％以上の額を休業手当として支給する。

【退職時の支払】

第８条　従業員が死亡または退職の場合は、権利者からの請求があった場合においては７日以内に既往の労働に対する賃金を支払い、その他従業員の権利に属する金品を返還する。

第２章　所定内賃金

【基　本　給】

第９条　基本給は、役割給と基礎給の合計金額とする。

2　役割給は、担当職務の価値、性質、困難度、重要度に応じて、毎年１回４月に人事考課の成績により決定し、役割等級別に役割給表（別表Ⅰ）のとおりとする。

3　基礎給は生活保障給とし､毎年４月１日時点の満年齢により決定し、基礎給表（別表Ⅱ）のとおりとする。

4　役割給における人事考課の対象期間は、前年４月１日から当年３月末日までとする。

5　新規学卒採用者の初任給は採用時の年齢による基礎給と初任格付けによる役割給の合計額とする。

6　中途採用者の役割給は、担当職務、世間水準および社内の実情を勘案し、その都度、会社が仮格付けする。試用期間終了後役割等級基準書に基づき本格付けし役割給を決定する。

7　第１項の定めにかかわらず、管理職における基本給は役割給のみとする。

8　就業規則第●条に定める、限定正社員（短時間勤務、在宅勤務、勤務地限定）の基本給は、原則として、第1～7項により決定された金額の90％とする。

9　正社員および限定正社員が雇用形態の変更により、パートタイマー

になる場合は、原則として第1～7項により決定された金額の80％を基準とする。

【家族手当】

第10条 家族手当は次の要件に該当する親族を有する従業員に対し、届出を行った翌賃金計算期間より条件に該当しなくなった賃金計算期間分まで1月単位で支給する。

① 健康保険の被扶養者たる、配偶者を有する従業員に対し________円を支給する。

② 健康保険の被扶養者たる、4月1日時点の年齢が18歳未満の子、もしくは22歳未満の学生たる子（人数制限なし）を有する従業員に、子1人につき________円を支給する。ただし、18歳以上は毎年4月15日までに在学証明書を提出することを条件とする。

2 被扶養者異動届の申請が遅れた場合であっても、届出を行った翌賃金計算期間からの支給とする。ただし、やむを得ないと会社が認めた場合はこの限りではない。なお、支給条件を欠くことの届出が遅れたことによる過誤払い分はすみやかにその全額を返還しなければならない。

3 賃金計算期間の途中で入社・退社・休職・復職する場合には、当該賃金計算期間の所定労働日数により不就労相当分を日割計算にて控除する。また、1賃金計算期間において5日以上欠勤した場合も同様に日割計算にて控除する。

【別居手当】

第11条 転居を伴いやむなく同居家族と別居することとなる異動においては、生活費の補助として別居手当を支給する。別居手当の金額ならびに支給期間は個別に転勤辞令の際に提示することとする。

2 別居手当を支給する場合には第14条に定める住宅手当は支給しない。

3 転居期間中の各賃金計算期間において、各期間中1回の一時帰省往復交通費は別途支給することとする。

【営 業 手 当】

第12条　営業職の従業員に対し、役割等級ごとに営業手当表（別表Ⅲ）に定める額の営業手当を支給する。

2　前項の営業手当はその全額を第14条に定める時間外手当・休日勤務手当・深夜手当相当分として支給する。ただし、各月の時間外勤務等が第14条の計算により営業手当の額を超えた場合は、超過分を時間外勤務手当として支払い、営業手当の額を下回る場合はそのまま支払うこととする。

3　前項の定めにかかわらず、賃金計算期間の途中で入社・退社・休職・復職する場合、もしくは1賃金計算期間のうち5日以上欠勤した場合には、営業手当の支払いに代えて第12条の定めにより計算した時間外勤務手当を支払うことがある。

【営業業績手当】

第13条　営業業績手当は各人の役割等級ならびに各四半期の売上目標達成の度合に応じ、営業職に対する奨励給として支給する。営業業績手当の金額は役割等級ごとに営業業績手当表（別表Ⅳ）に定めるとおりとする。

2　算定対象期間の途中で入社・退社・休職・復職・異動などにより算定対象期間が3か月（暦月）に満たない場合は業績評価をせず暫定的にB評価として支給する。

第3章　所定外賃金

【時間外勤務手当】

第14条　従業員が所定労働時間を超え、または法定休日に労働した場合は、次の計算式により時間外勤務手当を支給する。

①　時間外手当

$$\frac{\text{基本給}}{\text{1か月あたり年平均所定労働時間}} \times 1.25 \times \text{時間外労働指数}$$

② 休日出勤手当

$$\frac{\text{基本給}}{\text{1か月あたり年平均所定労働時間}} \times 1.35 \times \text{休日労働時間数}$$

2 時間外労働または休日労働が深夜に及んだ場合は、次の計算式による深夜手当を加算する。

$$\frac{\text{基本給}}{\text{1か月あたり年平均所定労働時間}} \times 0.25 \times \text{深夜労働時間数}$$

【通勤手当】

第15条 通勤手当は、会社に通勤するための最も経済的かつ合理的な経路および方法を届け出た従業員に対し、会社が承認した場合に次のとおり支給する。

① 公共交通機関の場合

会社が認める公共交通機関で通勤し、実際に定期券等を購入する者に当該交通機関の1か月の定期代等を通勤手当として支給する。ただし、移動距離が2km未満の交通機関については対象としない。

② マイカー通勤（自動車、二輪車を含む）の場合

会社の許可を得てマイカー通勤をする場合は、距離に応じて支給する。

2 賃金計算期間の途中で入社・退社・休職・復職する場合には、当該賃金計算期間の所定労働日数により不就労相当分を日割り計算にて控除する。また、1賃金計算期間において5日以上欠勤する場合も同様とする。

3 転居等により賃金計算期間の途中で通勤方法の変更があった場合の通勤手当は、翌賃金計算期間から変更するものとする。ただし、会社の命令による転居・異動等により、新しい通勤手当が従来の額より高額となるときは、転居・異動等をした日の属する賃金計算期間から当該金額を支給する。

4 通勤手当の支給を受けている従業員は、転居その他の理由により通勤の経路の変更があったとき、または運賃改定等があった場合には、速やかに所定の届出を行わなければならない。

5　前項の届出の遅滞等により通勤手当の過払いが発生したときは、ただちにその全額を返還しなければならない。

第4章　賃金の改定

【賃金の改定】

第16条　基本給における昇給および降給は、基礎給は毎年4月1日の年齢により決定し、役割給は毎年4月支給分より次のとおり改定する。

①　一般職層のJ2、J3級の役割給の改定は次のとおりとする。

評価	異動号数
S	4号上げる
A	3号上げる
B	2号上げる
C	そのまま
D	2号下げる

②　年度総合評価でA以上を2回連続取得した場合には上位等級の直近上位の金額を、2回連続してC以下の場合は下位等級の直近下位の金額を支給する。ただし、人事考課の年度総合評価でSを収めた場合には、2期を待たず上位等級の直近上位の金額に、Dの時は下位等級の直近下位の金額を支給する。

③　J1級、専門職（S級）、監督職（L級）、管理職（M級）の役割給は、年2回の人事考課における年度総合評価による洗い替え支給とし、年度総合評価でA以上を2回連続取得した場合には上位ランクの直近上位の金額を、2回連続してC以下の場合は下位ランクの直近下位の金額を支給する。ただし、人事考課の年度総合評価でSを収めた場合には、2期を待たず上位ランクの直近上位の金額に、Dの時は下位ランクの直近下位の金額を支給する。

2　役割異動および役職任命に伴う役割給の改定は別途定める『役割等級人事制度規程』によることとし、会社の組織・要員管理の観点から人事考課結果のみならず、慎重に審査し総合的な判断に基づき行うこととする。

3　賃金改定時期において休職中の者に対しては、復職後に賃金の改定を行う。

第5章　賞　　与

【賞　　与】

第17条　賞与は、会社の業績に応じ年2回支給する。ただし、業績不振等により賞与原資が確保できない場合は支給しないことがある。

2　支給対象者は、対象期間すべてに在籍し、かつ支給日に在籍している従業員とする。ただし、支給対象期間に出勤停止以上の懲戒処分を受けた者については、原則として支給しない。

3　支給時期、支給対象期間は次のとおりとする。ただし、支給日はその都度会社が決定する。

支給月	対象期間
夏季　7月	10月1日　～　3月31日
冬季　12月	4月1日　～　9月30日

4　本条の定めにかかわらず、会社業績により別途決算賞与を支給することがある。

【賞与の算定方法】

第18条　賞与額については賞与算定基礎額の●か月分の固定部分と業績変動部分の役割等級別業績ポイントから成るポイント方式で算定する。ただし、役割等級別業績ポイントの配分ならびに各工場別営業利益予算額および達成度係数等は事前に定める。

2　固定部分における算定基礎額は算定対象期間末日における役割給の額とする。

3　業績変動部分は従業員の当該期間における人事考課結果に基づいた役割等級別業績ポイント数に、各工場営業利益予算の達成度係数を乗じ決定する。

4　ポイント単価は業績変動部分賞与原資÷該当全社員の総合計ポイントとする。

5　業績変動部分賞与原資は各人の固定部分を確保した残額とする。
6　支給対象期間に欠勤、休職等があった場合は、その日数分を比例減額する。

第6章　そ　の　他

【不正受給の返還】

第19条　従業員が、不正な申請や記録などにより賃金などの支払を受けた場合は、その額を直ちに返還させる。また、程度に応じ就業規則の制裁処分を行うことがある。

【賃金規程の改定】

第20条　経済情勢の変動に伴う賃金水準の変動、または会社の業績などの理由により必要がある場合は、本規程および別表の各賃金表の改定を行う。

附　　則

【実施時期】

第1条　本規程は、　　年　　月　　日から施行する。

別表Ⅰ　役割給表

〈管理職〉

	ランク	S	A	B	C	D
EM（エグゼクティブ・マネージャー）	Ⅰ	980,000	910,000	840,000	770,000	700,000
	Ⅱ	910,000	840,000	770,000	700,000	630,000
	Ⅲ	840,000	770,000	700,000	630,000	567,000
M1（ゼネラル・マネージャー）	Ⅰ	740,000	700,000	660,000	620,000	580,000
	Ⅱ	700,000	660,000	620,000	580,000	540,000
	Ⅲ	660,000	620,000	580,000	540,000	500,000
M2（チーフ・マネージャー）	Ⅰ	610,000	580,000	550,000	520,000	490,000
	Ⅱ	580,000	550,000	520,000	490,000	460,000
	Ⅲ	550,000	520,000	490,000	460,000	430,000
M3（マネージャー）	Ⅰ	500,000	480,000	460,000	440,000	420,000
	Ⅱ	480,000	460,000	440,000	420,000	400,000
	Ⅲ	460,000	440,000	420,000	400,000	380,000

〈専門職〉

	ランク	S	A	B	C	D
技能専門職（TS）	Ⅰ	210,000	200,000	190,000	180,000	170,000
	Ⅱ	195,000	185,000	175,000	165,000	155,000
	Ⅲ	180,000	170,000	160,000	150,000	140,000
営業専門職（SS）	Ⅰ	120,000	110,000	100,000	90,000	80,000
	Ⅱ	105,000	100,000	95,000	85,000	75,000
	Ⅲ	110,000	100,000	90,000	80,000	70,000

〈監督職〉

	ランク	S	A	B	C	D
L1（リーダー）	Ⅰ	200,000	195,000	190,000	185,000	180,000
	Ⅱ	190,000	185,000	180,000	175,000	170,000
	Ⅲ	180,000	175,000	170,000	165,000	160,000
L2（サブリーダー）	Ⅰ	185,000	180,000	175,000	170,000	165,000
	Ⅱ	175,000	170,000	165,000	160,000	155,000
	Ⅲ	165,000	160,000	155,000	150,000	145,000

〈J1 級〉

	ランク	S	A	B	C	D
J1 級	Ⅰ	175,000	170,000	165,000	160,000	155,000
	Ⅱ	165,000	160,000	155,000	150,000	145,000
	Ⅲ	155,000	150,000	145,000	140,000	135,000

＊　＊　＊

別表Ⅱ　基礎給表

年齢	年齢給	ピッチ	年齢	年齢給	ピッチ
18	115,600		33	136,200	2,000
19	116,300	700	34	138,200	2,000
20	117,000	700	35	140,200	2,000
21	117,700	700	36	141,600	1,400
22	118,900	1,200	37	143,000	1,400
23	120,100	1,200	38	144,400	1,400
24	121,300	1,200	39	145,800	1,400
25	122,500	1,200	40	146,700	900
26	123,700	1,200	41	147,600	900
27	125,200	1,500	42	148,500	900
28	126,700	1,500	43	149,000	500
29	128,200	1,500	44	149,500	500
30	130,200	2,000	45	150,000	500
31	132,200	2,000	46	150,000	0
32	134,200	2,000			

※ 46 歳以降 65 歳まで定期昇給はしない

〈J2 級〉

号俸	役割給	号俸	役割給
1 号	81,000	31 号	102,000
2 号	81,700	32 号	102,700
3 号	82,400	33 号	103,400
4 号	83,100	34 号	104,100
5 号	83,800	35 号	104,800
6 号	84,500	36 号	105,500
7 号	85,200	37 号	106,200
8 号	85,900	38 号	106,900
9 号	86,600	39 号	107,600
10 号	87,300	40 号	108,300
11 号	88,000	41 号	109,000
12 号	88,700	42 号	109,700
13 号	89,400	43 号	110,400
14 号	90,100	44 号	111,100
15 号	90,800	45 号	111,800
16 号	91,500	46 号	112,500
17 号	92,200	47 号	113,200
18 号	92,900	48 号	113,900
19 号	93,600	49 号	114,600
20 号	94,300	50 号	115,300
21 号	95,000	51 号	116,000
22 号	95,700	52 号	116,700
23 号	96,400	53 号	117,400
24 号	97,100	54 号	118,100
25 号	97,800	55 号	118,800
26 号	98,500	56 号	119,500
27 号	99,200	57 号	120,200
28 号	99,900	58 号	120,900
29 号	100,600	59 号	121,600
30 号	101,300	60 号	122,300
		61 号	123,000

〈J3 級〉

号俸	役割給	号俸	役割給
1 号	46,000	31 号	67,000
2 号	46,700	32 号	67,700
3 号	47,400	33 号	68,400
4 号	48,100	34 号	69,100
5 号	48,800	35 号	69,800
6 号	49,500	36 号	70,500
7 号	50,200	37 号	71,200
8 号	50,900	38 号	71,900
9 号	51,600	39 号	72,600
10 号	52,300	40 号	73,300
11 号	53,000	41 号	74,000
12 号	53,700	42 号	74,700
13 号	54,400	43 号	75,400
14 号	55,100	44 号	76,100
15 号	55,800	45 号	76,800
16 号	56,500	46 号	77,500
17 号	57,200	47 号	78,200
18 号	57,900	48 号	78,900
19 号	58,600	49 号	79,600
20 号	59,300	50 号	80,300
21 号	60,000	51 号	81,000
22 号	60,700	52 号	81,700
23 号	61,400	53 号	82,400
24 号	62,100	54 号	83,100
25 号	62,800	55 号	83,800
26 号	63,500	56 号	84,500
27 号	64,200	57 号	85,200
28 号	64,900	58 号	85,900
29 号	65,600	59 号	86,600
30 号	66,300	60 号	87,300
		61 号	88,000

別表Ⅲ　営業手当表

等級	営業手当
SS 級	65,000
J1 級	55,000
J2 級	50,000
J3 級	45,000

別表Ⅳ　営業業績手当表

等級	S	A	B	C	D
SS 級	100,000	80,000	60,000	40,000	20,000
J1 級	90,000	75,000	55,000	35,000	20,000
J2 級	80,000	65,000	50,000	35,000	20,000
J3 級	75,000	60,000	45,000	30,000	20,000

在宅勤務規程

第1章　総　　　則

【目　　　的】

第1条　この規程は、従業員の「在宅勤務」に関する労働条件その他就業に関する事項について定めるものである。

【在宅勤務および在宅勤務者の定義】

第2条　この規程において、在宅勤務とは、所定労働日および所定労働時間の全部または一部について、従業員の自宅内の指定場所（以下「勤務場所」という）において、会社が認めた情報通信機器を用いて行う勤務形態をいう。

2　前項の規程による在宅勤務を行う者を、在宅勤務者という。

【就業規則の適用】

第3条　この規程に定めのない事項については、この在宅勤務制度に反しない限り、就業規則の定めるところによるものとする。

第2章　対象者・対象業務

【在宅勤務の対象者】

第4条　在宅勤務の対象者は、次条に定める業務に従事する従業員のうち、出社することが困難になった者で、会在が宅勤務可能と認める基準に達していて、会社が在宅勤務を承認した者とする。

【在宅勤務の対象部署】

第5条　在宅勤務可能な部署は、次のとおりとする。

①　画像処理課

② デザイン部

③ 前各号のほか、会社が可能と認める業務

第3章 勤務の申請手続等

【在宅勤務の申請と承認】

第6条 在宅勤務を希望する者は、所定の申請書に次の事項について記載し、同申請書を所属長に提出しなければならない。

① 在宅勤務制度の適用を希望する理由

② 適用を希望する在宅勤務の形態

③ 在宅で勤務しようとする日

④ 在宅で勤務することを希望する期間

⑤ 在宅で従事しようとする業務の具体的な内容

⑥ 在宅で勤務しようとする自宅の作業環境

⑦ その他在宅勤務に関する特別な事情

2 会社は、在宅勤務を希望する従業員の適性、業務内容、自宅の作業環境等を勘案し、在宅勤務を認めることが適切と判断した場合には、在宅勤務を承認し、「在宅勤務承認通知書」によって労働条件を通知する。

3 在宅勤務の実施にあたっては、利用の都度、従業員が申請を行い、事前に会社の承認を得ることとし、事後承諾による実施は認めない。

4 この規程の適用を受けた限定正社員が、正社員にコース転換をした場合、原則として、その後3年間はコース転換をすることができない。また、コース転換は2回を限度とする。

【在宅勤務の解除】

第7条 会社は、業務上の都合により、在宅勤務の適用を解除することができる。

第4章　労働時間

【労働時間】

第８条　在宅勤務時の所定労働時間、始業時刻、終業時刻は、原則、就業規則第●条に定めるとおりとする。

2　在宅勤務中の時間外労働は原則として禁止する。ただし、業務上必要が生じた場合には、従業員は事前に所属長に申し出て、許可を得なければならない。

3　前各項の規定に関わらず、在宅勤務者が次の各号のいずれにも該当する場合であって、在宅勤務にかかる事業場外労働に関する労使協定に基づき、労働時間の全部又は一部について在宅勤務に従事した場合には、労使協定に定める時間労働したものとみなす。

①　会社と在宅勤務者間の情報通信機器の接続は在宅勤務者に任せていること。

②　在宅勤務者の業務が常に所属長から随時指示命令を受けなければ遂行できない業務でないこと。

【業務の開始および終了時の報告】

第９条　在宅勤務者は、勤務の開始および終了時には、電子メールにより所属長にその旨報告しなければならない。

【休憩時間】

第10条　在宅勤務者の休憩については、就業規則第●条の定めるところによる。

【休　　日】

第11条　在宅勤務者の休日については、就業規則第●条の定めるところによる。

【休日労働、深夜労働】

第12条　在宅勤務中の休日労働及び深夜労働（午後10時から午前5

時まで）は禁止する。

【年次有給休暇】

第13条　在宅勤務者の年次有給休暇については、就業規則第●条の定めるところによる。

【出社日の指定】

第14条　会社は、在宅勤務者に対し、業務の必要があると認められるときは、出社すべき日を指定することができる。

第5章　給　　与

【在宅勤務時の賃金】

第15条　在宅勤務者の給与については、賃金規程の定めるところによる。

第6章　服務規律

【在宅勤務服務規律】

第16条　在宅勤務者は情報管理規程（略）に定めるもののほか、次に定める事項を遵守しなければならない。

① 業務に関連する重要な書類およびデータ等、会社の保有または顧客に関する情報を持ち出す場合には、会社の定める手続きに従い、会社の許可を得なければならない。

② 前号により持ち出した会社の情報について、会社の定めた方法に従い、取り扱わなければならない。

③ 第1号により持ち出した会社の情報及び在宅勤務において作成した成果物を、従業員の家族を含む第三者が閲覧、コピー等しないように注意を払わなければならない。

④ 第1号に定める情報及び前号に定める成果物は紛失、毀損しないように丁寧に取り扱い、情報管理規程に準じた確実な方法で保管・

管理しなければならない。

⑤　在宅勤務時間中は業務に専念しなければならない。

⑥　在宅勤務時間中は勤務場所以外の場所で業務を行ってはならない。

⑦　在宅勤務時間中、勤務場所に業務に関連のない備品や機器を新たに持ち込んではならない。

第7章　安全衛生

【在宅勤務時の安全衛生】

第17条　会社は、在宅勤務者の安全衛生の確保及び改善を図るために、必要な措置を講ずる。

2　会社は、在宅勤務者の安全衛生の確保および改善を図るために必要と判断した場合には、勤務場所に出向き、在宅勤務者立ち会いのもと、勤務場所における執務環境等の確認を行うことがある。

3　在宅勤務者は、安全衛生に関する法令や安全衛生規程を守り、会社と協力して労働災害の防止に努めなければならない。

4　在宅勤務の災害補償については、就業規則第●章の定めるところによる。

第8章　費用負担

【在宅勤務時の費用負担】

第18条　在宅勤務者は、在宅勤務実施に伴い通信回線等の初期工事料や回線使用料等を支出した場合は、会社に請求することができる。会社は、業務に用いる通信回線使用料等の料金、光熱費、事務用品等の消耗品に係わる費用として、1月あたり○○○円を負担する。

2　会社は、在宅勤務者に対しては、業務に必要に応じて、パソコン、プリンタ等の情報通信機器、ソフトウェア、携帯電話等を貸与する。

第9章　連絡体制

【在宅勤務時の連絡体制】

第19条　在宅勤務時の連絡体制は次のとおりとする。

① 在宅勤務時は、定期または随時に、所属長に対し業務の報告をおこなうこと。

② 事故・トラブル発生時には所属長に連絡をすること。

③ 前号の所属長に連絡がとれない場合には、所属長の指定する代理の者に連絡をすること。

④ 社内における従業員への緊急連絡事項が生じた場合、在宅勤務者には所属長が連絡をすること。なお、在宅勤務者は不測の事態が生じた場合に確実に連絡がとれる方法を予め、所属長に連絡をしておくこと。

⑤ 情報通信機器に不具合が生じ、緊急を要する場合は、情報管理部門へ連絡をとり、指示を受けること。その場合には、事後速やかに所属長に報告すること。また、不具合が解消せず、在宅勤務を続行できない場合には出社すること。

⑥ 前各号以外の緊急連絡の必要が生じた場合には、前各号に準じて判断し、対応すること。

第10章　教育訓練

【在宅勤務時の教育訓練】

第20条　在宅勤務者は、会社から教育訓練を受講するように指示された場合には、特段の事由がない限り、指示された教育訓練を受けなければならない。

附　　則

本規程は、　　年　月　日より施行する。

正社員転換制度規程

【目　　的】

第１条　この規程は、パートタイマー従業員（以下「パートタイマー」という」の正社員転換制度に関する事項について定めるものである。

【正社員転換の条件】

第２条　正社員に転換することができるパートタイマーは、第３条に定める受験資格を満たした者が転換を希望し、第４条に定める転換試験に合格した者とする。

【受験資格】

第３条　正社員転換試験を受験することができるのは、原則として次の各号のいずれも満たしている者とする。

①　勤続年数が１年以上であること

②　正社員と同じ所定労働時間の勤務ができること

③　心身ともに健康であり、職務に対する意欲が旺盛であること

④　転居を伴う異動が可能であること

⑤　所属長の推薦があること

2　前項の規定にかかわらず、限定正社員への転換を希望する場合は、前項第２号及び第４号についてはこの限りではない。

【正社員転換試験】

第４条　正社員転換試験の内容は原則として次の通りとする。ただし、職務内容に応じて、一部を省略または追加試験を設けることがある。

①　一般常識に関する筆記試験

②　業務知識に関する筆記試験

③　社長による面接試験

【申請の受付】

第５条　会社が正社員を募集する場合または正社員転換申請を受け付ける場合は、事前に申請期間等を定めてパートタイマーに周知する。

2　正社員への転換を希望するパートタイマーは、所属長の推薦状を添えて、総務人事部へ申請するものとする。

【審査、試験の実施】

第６条　正社員転換の申請があったときは、会社は第3条に定める要件を満たしているかどうかを審査し、適格な者に対して、転換試験を実施する。

2　試験の結果は、試験日から1か月以内に書面により本人に通知する。

3　合格者の正社員転換日は、本人と協議のうえ決定する。

【労働条件】

第７条　転換後の労働条件は正社員就業規則による。ただし、短時間正社員の労働時間は次の各号のいずれかとし、本人と協議のうえ決定する。

①　1日の所定労働時間を8時間未満とする。

②　週の所定労働日数を4日以下とする。

③　1日の所定労働時間および週の所定労働日数を減じる。

2　年次有給休暇の勤続年数の算定においては、パートタイマーの期間を勤続年数に通算する。

附　　則

この規程は、　　年　　月　　　日より施行する。

短時間正社員規程

第1章　総　　則

【目　　的】
第1条　この規程は、短時間正社員の就業条件について定めたものである。

【適用範囲】
第2条　この規程は、短時間正社員（所定の手続で制度の適用を受けた者をいう。）に適用される。

第2章　人　　事

【適用事由】
第3条　正社員が、以下の事由により短時間正社員制度の利用を希望し、かつ、会社が認めた場合には、短時間正社員として勤務させることができる。
① 育児および家族の介護を行う場合
② 疾病または傷病によりフルタイム勤務が困難な場合

【雇用契約期間】
第4条　雇用契約期間は定めない。ただし、正社員が短時間正社員制度の適用を受けた際に、適用期間が決定された場合にはその期間とする。

【転　　換】
第5条　第4条に定める事由によって、この制度の適用を受け正社員

から短時間正社員へのコース転換を希望する者は、「短時間正社員制度適用申請書」を会社に提出し、会社が承認した場合は「短時間正社員制度適用承認通知書」にて労働条件を通知する。

2　この制度の適用を受け、正社員から短時間正社員にコース転換した限定正社員が、適用期間を満了して正社員に転換した場合、原則として、その後3年間はコース転換をすることができない。また、コース転換は2回を限度とする。

【人事異動】

第6条　短時間正社員は、人事異動による転勤の対象とはしない。ただし、職種変更の対象とする。

【勤務時間】

第7条　1日および1週間の所定労働時間は、採用または転換時に個別に決定する。

第3章　賃　　金

【賃　　金】

第8条　短時間正社員の賃金および賞与は、賃金規程に定めるとおりとする。

附　　則

本規程は、　　年　　月　　日より施行する。

おわりに

働き方の多様化は、働く時間・時間帯、働く場所、雇用の期間をはじめとする契約形態などの多様化を意味しますが、これには、IT 技術の急速な進化という要因だけでなく、働く人の多様化も大きな要因となっています。例えば、第 3 章でご紹介した事例のように、性別に関係なく、核家族制が崩壊し、以前よりも育児・子育て、老親の介護など、家庭生活上の課題や社員自身の体力、健康などの問題を抱えています。このため、仕事と両立ではなく、むしろこちらの課題を優先させなければならない社員も増えてきているのも事実です。

また、コロナ禍によって大きく働き方は変化し、テレワークが当たり前の時代になりました。同時に、社員は以前よりもプライベートを優先する傾向が高まったともいわれます。

このため企業は、さまざまなバックグラウンドを持つ人材や働き方を受け入れることが、経営にとって非常に重要となってきています。

そこで、企業はこれら社員が抱える課題を解決しつつ、労働生産性の向上に努めなければいけません。このためには、多様で柔軟な働き方を実現する雇用管理システムを構築することが必要となってきます。

本書では、筆者が長年、主張し続けてきた職務基準の役割等級人事制度の有効性について示しました。これまでの時代の雇用管理システムが「人」であるなら、これからの時代は個々の「役割」です。企業の労働生産性を維持、向上させつつ、雇用形態に関係なく、社員を公正、衡平に扱うことができる雇用管理システムを追及することで、社員がそれぞれのフィールドで活躍できるような明るい労働社会が実現できると考えています。また、そうなることで社員自身の価値観に基づく、自立・自律を促進するためのキャリアの構築も可能となってくるものと考えています。

このためにも、本書で示したような正しい考え方、手法に基づく役割等級人事制度が今後、さらに広まっていくことを願っています。

＜参考文献＞

・「欧米における非正規雇用の現状と課題」JILPT 資料シリーズ №79（独立行政法人労働政策研究・研修機構）

・西岡八郎・星敦士「夫のワーク・ライフ・バランスが妻の出産意欲に与える影響」人口問題研究 65 巻 3 号（平成 21 年 9 月）58 頁～72 頁

・村上あかね「出生意欲の規定要因」東京大学社会科学研究所パネル調査プロジェクト　ディスカッションペーパーシリーズ №80（平成 26 年 6 月）

・伊達雄高・清水谷諭「日本の出生率低下の要因分析：実証研究のサーベイと政策的含意の検討」（内閣府経済社会総合研究所）

・玄田有史・川上淳之「就業二極化と性行動」日本労働研究雑誌№556（平成 18 年 11 月号）

・「多様就業型ワークシェアリング制度導入実務検討会議報告書」（平成 18 年 1 月 19 日）

・樋口美雄・山本勲「わが国の高齢者雇用の現状と展望」金融研究 21 巻別冊 2 号（平成 14 年 10 月）

・厚生労働省職業安定局　高齢・障害者雇用対策部「高齢者雇用対策の現状と課題」（平成 23 年 1 月）

・日本貿易振興機構（ジェトロ）在欧州事務所　海外調査部 欧州ロシア CIS 課「欧州各国の雇用政策の最新動向」（平成 24 年 12 月）

・財団法人 21 世紀職業財団「介護を行う労働者の両立支援策に係る調査研究報告書」（平成 23 年 3 月）

・亀野淳「ワークシェアリングと従業員の能力開発」公教育システム研究 2 号（平成 14 年）

・東京海上日動リスクコンサルティング株式会社「ワーク・ライフ・バランス社会の実現と生産性の関係に関する研究（平成 22 年度）報告書」（平成 23 年 3 月）

・脇坂明「育児休業は本人にとって能力開発の妨げになるか」学習院大学経済論集 44 巻 4 号（平成 20 年 1 月）

・浅野博勝・権丈英子「労働時間と満足度―日英独の比較研究―」（独立行政法人経済産業研究所）

・中野あい「夫の家事・育児参加と妻の就業行動：同時決定バイアスを考慮した分

析」日本統計学会誌 39 巻 1 号（平成 21 年 9 月）121 頁～135 頁
・東京大学社会科学研究所ワーク・ライフ・バランス推進・研究プロジェクト「「働き方とワーク・ライフ・バランスの現状に関する調査」報告書」（改訂第 3 版、平成 21 年 7 月）
・青山悦子「非正規雇用と「多様な社員」」嘉悦大学研究論集 56 巻 2 号（通巻 104 号、平成 26 年 3 月）
・永瀬伸子「非正社員と正社員の賃金格差の納得性に関する分析」国立女性教育会館研究紀要 7 巻（平成 15 年 8 月）
・阿部未央「改正パートタイム労働法の政策分析―均等待遇原則を中心に」日本労働研究雑誌№ 642（平成 26 年 1 月号）
・両角道代「均衡待遇と差別禁止―改正パートタイム労働法の意義と課題」日本労働研究雑誌№ 576（平成 20 年 1 月号）
・山口一男「男女の賃金格差解消への道筋：統計的差別に関する企業の経済的非合理性について」（独立行政法人経済産業研究所）
・石井久子「アメリカにおける労働者派遣の拡大：その実態と展望」高崎経済大学論集 43 巻 2 号（平成 12 年）29 頁～43 頁
・柴田裕通「人事異動システムと情報技術：日米比較」經濟學研究 50 巻 2 号（平成 12 年 9 月）87 頁～98 頁
・公益財団法人日本生産性本部　生産性総合研究センター「日本の生産性の動向 2014 年版」（2014 年 12 月）
・川口大司・鶴光太郎「ワークシェアリングは機能するか」RIETI Discussion Paper Series 10-J-013（独立行政法人経済産業研究所）
・権丈英子「オランダにおけるワーク・ライフ・バランス―労働時間と就業場所の柔軟性が高い社会―」（独立行政法人経済産業研究所）
・塩田咲子「ワーク・ライフ・バランス政策の意義と限界」地域政策研究 12 巻 4 号（平成 22 年）1 頁～19 頁（高崎経済大学地域政策学会）
・禿あや美「ジェンダー平等社会と同一価値労働同一賃金」生活経済政策№ 148（平成 21 年 5 月号）
・山口一男・樋口美雄『論争　日本のワーク・ライフ・バランス』（日本経済新聞出版社、平成 20 年）
・水町勇一郎「「同一労働同一賃金」は幻想か？―正規・非正規労働者間の格差是

正のための方原則のあり方―」RIETI Discussion Paper Series 11-J-059（独立行政法人経済産業研究所）
・樋口美雄・財務省財務総合政策研究所編著『少子化と日本の経済社会』（日本評論社、平成 18 年）
・鶴光太郎・樋口美雄・水町勇一郎『労働市場制度改革』（日本評論社、平成 21 年）
・大橋勇雄・中村二朗『労働市場の経済学』（有斐閣、平成 16 年）
・清家篤・山田篤裕『高齢者就業の経済学』（日本経済新聞社、平成 16 年）
・八代尚宏『労働市場改革の経済学』（東洋経済新報社、平成 21 年）
・津谷典子・樋口美雄『人口減少と日本経済』（日本経済新聞出版社、平成 21 年）
・白波瀬佐和子『日本の不平等を考える』（東京大学出版会、平成 21 年）
・水町勇一郎・連合総研編『労働法改革』（日本経済新聞出版社、平成 22 年）
・森ますみ・浅倉むつ子編『同一価値労働同一賃金原則の実施システム』（有斐閣、平成 22 年）
・今野浩一郎『正社員消滅時代の人事改革』（日本経済新聞出版社、平成 24 年）
・窪田千貫『適正労働分配率の算定と運用』（中央経済社、平成 6 年）
・木谷宏監修『ワーク・ライフ・バランス推進マニュアル』（第一法規、平成 22 年）
・長坂寿久『オランダモデル―制度疲労なき成熟社会』（日本経済新聞社、平成 12 年）
・木谷宏・中島康之・武田かおり・新井栄三『在宅勤務導入のポイントと企業事例』（社団法人全国労働基準関係団体連合会、平成 21 年）
・佐藤博樹・矢島洋子『介護離職から社員を守る』（労働調査会、平成 26 年）
・菅野和夫・土田道夫・山川隆一・大内伸哉『ケースブック労働法　第 2 版』（弘文堂、平成 20 年）
・大内伸哉『最新重要判例 200　労働法　第 3 版』（弘文堂、平成 26 年）
・大内伸哉『雇用改革の真実』（日本経済新聞出版社、平成 26 年）
・濱口桂一郎『新しい労働社会―雇用システムの再構築へ』（岩波書店、平成 21 年）
・濱口桂一郎『働く女子の運命』（文藝春秋、平成 27 年）
・中野円佳『「育休世代」のジレンマ　女性活用はなぜ失敗するのか？』（光文社、平成 26 年）
・高橋美紀『「コマギレ勤務」が社会を変える―多様な働き方を目指して』（労働調査会、平成 25 年）
・田澤由利『在宅勤務が会社を救う』（東洋経済新報社、平成 26 年）

・石嵜信憲『就業規則の法律実務　第2版』（中央経済社、平成22年）
・厚生労働省「人材の定着・組織活性化に"効く"短時間正社員制度導入マニュアル」
・厚生労働省「「短時間正社員制度」導入マニュアル」
・西村聡『役割等級人事制度のための賃金設計実務講義』（日本法令、平成28年）
・西村聡・三浦眞澄『役割等級人事制度導入・構築マニュアル』（日本法令、平成22年）
・久保原和也・西村聡『職務給の法的論点』（日本法令、令和3年）
・西村聡『同一労働同一賃金を実現する　職務分析・職務評価と賃金の決め方』（日本法令、令和元年）
・西村聡『改訂版　経営戦略を実現するための目標管理と人事考課』（日本法令、令和元年）

＜著者略歴＞

西村　聡（にしむら　さとし）

大学卒業後、大日本スクリーン製造株式会社で管理・企画業務を担当。その後、公益財団法人関西生産性本部に入局し、主任経営コンサルタントとして活動。平成 22 年 6 月に独立し、株式会社メディンを設立、代表経営コンサルタント。一般社団法人日本職務分析・評価研究センター代表理事。経済学修士。近畿大学非常勤講師、株式会社日本マンパワーマネジメントコンサルタント、NPO 法人企業年金・賃金研究センター上席講師。

日本経営診断学会、日本労務学会、経営行動科学学会、日本経営工学会、日本経営システム学会正会員、日本労働ペンクラブ会員。

主として、ビジネスプロセスの構築および変革から経営革新につながる人事制度改革、生産現場革新、業務改革の指導をする。現場を重視した実践的な指導で製造業、小売業から学校、病院まで数多くの業種の現場に立つ。

平成 21 年日本経営診断学会第 42 回全国大会にて診断事例研究報告「成果主義人事制度が従業員意識に与える影響に関する一考察」で優秀賞を受賞。

著書・論文：『役割等級人事制度導入・構築マニュアル』『賃金コンサルタント養成講座』『人事コンサルタント養成講座』『役割等級人事制度のための賃金設計実務講義』『経営戦略を実現するための目標管理と人事考課制度』『「多様な働き方」を実現する役割等級人事制度』『職種ごとの事例でわかる役割等級人事制度による病院の経営改革』『職務給の法的論点　人事コンサルタントによる導入実務をふまえた弁護士による法律実務 Q&A』（以上、日本法令）、『賃金の本質と人事革新』（三修社）、「生産革新が組織活性化につながる条件を考える」（日本ＩＥ協会）、「経営戦略を実現するための人事制度とは」（日本医療企画『医療経営フェイズ３』）、雑誌「労働と経済」（労働開発研究会）、「ビジネスガイド」（日本法令）にて連載執筆など多数。

山岡美由紀（やまおか　みゆき）

大学在学中に社会保険労務士試験に合格し、社会保険労務士事務所勤務を経て、独立開業。

日本マンパワー人事コンサルタント養成講座にて役割等級人事制度を学び、人事制度改革、生産現場改革の指導実習を経て、人事コンサルタントとして活動している。

人事制度改革に活かすため、一般社団法人日本労務研究会の認定診断員として、モラールサーベイ（NRCS）を行う。

三ツ星通代（みつぼし　みちよ）

企業での総務勤務を経て、社会保険労務士みつぼし事務所を開業。特定社会保険労務士、人事コンサルタント。自身の就労経験から企業を支える人の大切さを実感し、従業員が自ら考え自ら行動できる「骨太の組織」を作ることを目指している。

また、西村聡氏から役割等級人事制度の指導を受け、実践を通じて研鑽を積むとともに、教員の働き方改革にも注力している。

改訂版「多様な働き方」を実現する
役割等級人事制度

平成28年8月20日　初版発行
令和4年10月1日　改訂初版

検印省略

日本法令®

〒101-0032
東京都千代田区岩本町1丁目2番19号
https://www.horei.co.jp/

著　者　西村　聡
　　　　山岡美由紀
　　　　三ツ星通代
発行者　青木健次
編集者　岩倉春光
印刷所　日本ハイコム
製本所　国宝社

（営　業）　TEL　03-6858-6967　　Eメール　syuppan@horei.co.jp
（通　販）　TEL　03-6858-6966　　Eメール　book.order@horei.co.jp
（編　集）　FAX　03-6858-6957　　Eメール　tankoubon@horei.co.jp

（オンラインショップ）　https://www.horei.co.jp/iec/
（お詫びと訂正）　https://www.horei.co.jp/book/owabi.shtml
（書籍の追加情報）　https://www.horei.co.jp/book/osirasebook.shtml

※万一、本書の内容に誤記等が判明した場合には、上記「お詫びと訂正」に最新情報を掲載しております。ホームページに掲載されていない内容につきましては、FAXまたはEメールで編集までお問合せください。

ISBN 978-4-539-72931-1

続々リニューアル！ 主要

SJS 1

ビジネス書式・文例集 随時更新

社労士業務，人事・労務管理業務に必要な各種申請・届出様式や，ビジネス文書・契約書・内容証明等をダウンロードできます（Word, Exce, PDF形式。収録書式：2,000以上）。キーワード検索のほか，提出先別・事例別・申請月別でも検索可能です。

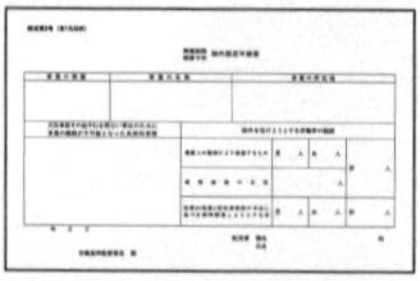
Wordファイル版

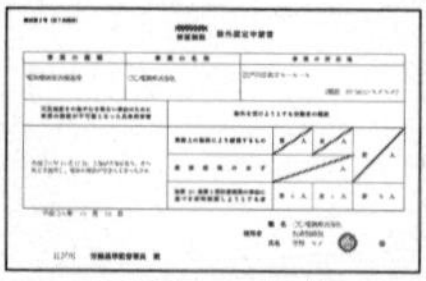
PDFファイル版

未払い残業代リスク簡易診断システム

これまでの未払い残業代請求訴訟の傾向を踏まえた４大リスクに着目した質問に答えると，自動的に発生していると考えられる未払い残業代が算出されます。印刷・保存が可能なので，そのままコンサルツールとして利用できます。

社労士業務必携シート 2022年４月 新項目追加！

６訂版まで版を重ねた名著『社労士業務必携マニュアル』をデータ化！ Ｉ項目ごとにWordファイルでまとめたため，必要項目を刷りだしてファイリングしたり，タブレット等を利用して顧客に説明したりする際にとても便利です。全104シート，使い方解説動画付き。（監修・制作　ご存知平八会）

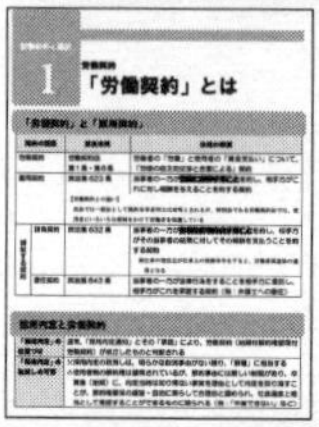

業務関連ニュースを満載したメールマガジン「SJS Express」 毎週配信

社労士業務や人事・労務関連業務に影響のある最新ニュース，法改正情報，厚労省関連情報，当社の新商品，セミナーのご案内等をいち早くお届けします（原則として週一回配信）。

SJS Hot Topics 毎日更新

①法律・政省令・通達等改正動向や手続きの最新報，②労務関連施策の動やパブコメ情報，③パンレット・リーフレット等の新情報を，コンパクトなニュース記事としてほぼ毎日提供しているＳＪＳオリジナルコンテンツです。

厚生労働省最新資料 毎週更新
（労働・雇用・派遣・年金・医療保険等）

厚労省から毎日のように公表される莫大な資料のうち，社会保険労務士の実務に影響の大きなものを抽出して掲示しています。

社労士事務所だより（記事・ひな形）の配信 毎月更新

季節にあわせた数種類の事務所だよりのひな形と，タイムリーな記事10本を更新しています。ひな形と記事を選んだら，あとはお好みで貴事務所の案内を載せる等ご自由に作成いただけます。（A4判・B5判のWord文書形式）

就業規則・労務書式バンク 2022年７月 新規程＆書式追加！

写真の各書籍の就業規則・各種規程の条文データおよび，労務書式（労働条件通知書，社内書式，契約書）がダウンロードできます（労務書式は順次追加予定）。

私がSJSをお薦めする理由

畑中 義雄　先生（有限会社人事・労務）

利用頻度が高いのは，やはり書式や規程のひな形です。人事の基本的な書式などは自分のストックの中にありますが，社内告知文書や社外への要望書など，人事や管理部門で必要な文書などが，シンプルな形で多くあるので，アレンジしてすぐに使うことができます。労働判例のデータベースで過去の判例が検索できるのも助かっています。

さらに!! 会員特典

★書籍・雑誌の割引販売

弊社発行の書籍、雑誌のすべて（在庫のあるものに限ります）を２割引でご購読いただけます。

★様式・CD-ROM の割引販売

弊社が発売している様式、CD-ROM 等を原則として２割引でご購入いただけます。

★弊社主催・共催セミナーの割引受講

弊社主催または共催のセミナーを特別価格にて受講いただけます。

★「社労士市場」における割引販売

弊社と提携している各メーカーの業務関連ソフト等を、特別価格にてご購入いただけます。

★プロフィール掲載（希望者のみ）

当サイト内の「社労士紹介ページ」にご自分のプロフィール等を掲載することができます（掲載期間は会員期間と同じ１年間。開業社労士の方のみ掲載可能）。会員専用ページ（マイページ）内で随時更新することができます。

会員期間中は無制限に利用できます。

年会費

ベーシック会員　税抜 **27,500** 円（税込 30,250 円）

プレミアム会員　税抜 **76,500** 円（税込 84,150 円）

会員加入資格

どなたでもお申し込みいただけます。ただし、「社労士紹介ページ」への掲載は、開業社会保険労務士の方に限らせていただきます。なお、法人にてご利用いただく場合は、ご担当者様個人とのご契約とさせていただきます。

申込方法

新規申込の場合

SJS ホームページ（https://www.horei.co.jp/sjs/）からお申し込みください。

ビジネスガイド定期購読会員から SJS 会員に変更する場合

ビジネスガイド定期購読料金と SJS サイト年会費の相殺を行いますので、SJS 会員担当にご連絡ください。

お問合せ先　㈱日本法令 SJS会員担当
✉ sjs@horei.co.jp　☎ 03-6858-6965 平日 9:00～12:00 13:00～17:3